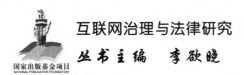

俄罗斯联邦网络安全法律与政策研究

米铁男 著

北京邮电大学出版社
www.buptpress.com

内 容 简 介

本书系统地介绍了俄罗斯互联网产业发展的历史以及现状，分析了俄罗斯网络空间中存在的安全问题和违法犯罪现象，在此基础上重点梳理了俄罗斯网络安全方面的法律法规和政策体系，覆盖了刑事法、民法、知识产权法、行政法、国际法等众多领域，涉及几乎全部俄罗斯信息网络政策，总结了俄罗斯网络治理规范"两大类，双层次"的结构特征。本书还论述了俄罗斯在网络安全领域国际合作的特征与发展趋势，详细地解读了美俄在网络安全领域对话的相关概念术语，并提出了中俄网络空间合作的建议。为帮助读者更好地了解俄罗斯网络空间发展的战略思想，本书后附有《俄罗斯联邦信息安全学说》的中译本。

图书在版编目（CIP）数据

俄罗斯联邦网络安全法律与政策研究 / 米铁男著. -- 北京：北京邮电大学出版社，2021.9
ISBN 978-7-5635-6371-5

Ⅰ. ①俄… Ⅱ. ①米… Ⅲ. ①计算机网络—科学技术管理法规—研究—俄罗斯
Ⅳ. ①D951.221.7

中国版本图书馆 CIP 数据核字（2021）第 083069 号

策划编辑：马晓仟	责任编辑：孙宏颖	封面设计：七星博纳

出版发行：北京邮电大学出版社
社　　址：北京市海淀区西土城路 10 号
邮政编码：100876
发 行 部：电话：010-62282185　传真：010-62283578
E-mail：publish@bupt.edu.cn
经　　销：各地新华书店
印　　刷：唐山玺诚印务有限公司
开　　本：720 mm×1 000 mm　1/16
印　　张：11.5
字　　数：229 千字
版　　次：2021 年 9 月第 1 版
印　　次：2021 年 9 月第 1 次印刷

ISBN 978-7-5635-6371-5　　　　　　　　　　定　价：52.00 元

・如有印装质量问题，请与北京邮电大学出版社发行部联系・

前　言

俄罗斯是欧洲互联网用户最多的国家，互联网在俄罗斯社会生活中的地位也越来越重要。中国社会科学院俄罗斯东欧中亚研究所2015年的一项研究显示，俄罗斯网民数量每年以大约9％的速度递增，在18岁以上居民中，有约7 630万人使用网络，占66％，在这一年龄段中每天访问互联网的人数达到约5 360万人，占46％。在俄罗斯网民中，有56％的网民来自人口超过10万的城市，有26％的网民来自人口不足10万的城市，另有20％的网民生活在乡村。[①]截止到2019年6月30日，Internet World Stats统计的全球互联网用户数量前20的国家中俄罗斯处于第8位，据Internet World Stats统计的数据显示，俄罗斯的总人口数为143 895 551人，其中互联网用户为109 552 842人[②]，互联网普及率是76.13％，互联网应用发展迅速，普及程度大幅度提升。一般来说，俄罗斯人上网主要是浏览新闻、阅读信息、拓展知识、交流互动、娱乐休闲、表达自我、收发电子邮件、在线办公、从事商业活动等。此外，俄罗斯人还可以随时通过网络了解国家的政策走向，通过互联网参与选举，通过网络表达诉求进而影响政府决策。总之，互联网对俄罗斯政治生活的影响越来越明显。

在需求和应用规模不断扩大的同时，网络威胁也随之而来。不法分子利用网络传播计算机病毒，盗取银行账号密码，侵犯版权，散布色情淫秽制品，散播极端主义和恐怖主义思想，从事网络恐怖活动，诱导青少年犯

[①] 李淑华，《俄罗斯加强网络审查状况分析》，载于《俄罗斯东欧中亚研究》，2015年第6期，http://www.chinaruslaw.com/CN/InvestRu/Law/2016128132310_153362.htm，2019年4月1日访问。其中百分比数因各项四舍五入的原因，总数超过100％。

[②] 数据来源于Internet World Stats，https://www.internetworldstats.com/top20.htm，2019-11-02。

罪，这些事件层出不穷。2013年年末，俄罗斯著名信息安全公司卡巴斯基实验室发布报告称，2011—2012年俄罗斯连续两年在全球网络安全风险指数排名中列居首位，俄罗斯一些重要的政府部门网站经常遭受黑客攻击，最多可达到每日上万次。① 俄罗斯网络安全问题不仅来自违法犯罪行为，同时也来自国际上网络强国的挑战。

美俄在国际政治舞台上长期处于竞争对手的状态，而在网络技术和网络资源方面拥有绝对优势的美国显然是俄罗斯网络空间安全的最大潜在威胁。正因如此，俄罗斯始终主张制定国际层面的网络空间行为准则，并已经携手中国等国家共同提出了具体的行为准则方案。美国作为网络强国，当然不会主动放弃优势地位，而是不断强化其"制网权"，利用一切手段提升其网络进攻与防御的能力。早在2009年美国就组建了网络战司令部，打造了一支庞大的网军队伍，近年来还在不断扩大规模。2013年发生了令全世界为之震惊的"棱镜门"事件②，包括俄罗斯在内的世界各国对此都深感不安，同时也进一步认识到网络安全的重要性，纷纷开始加快推动网络安全立法进程。③

鉴于以上原因，俄罗斯这些年来在推动信息化发展、维护网络安全方面采取了多种举措，制定了众多的法律和政策，对内加强国内网络监管，对外拓展国际合作空间，具体归纳起来主要呈现出如下框架。

第一，积极推进信息化专门立法，完善网络空间基本法律制度。

受苏联科技情报工作规范化的影响，从互联网出现之初，俄罗斯就非常重视信息安全的问题，及时制定和修订了一批与治理和监管网络空间相

---

① 李淑华，《俄罗斯加强网络审查状况分析》，载于《俄罗斯东欧中亚研究》，2015年第6期，http：//www.chinaruslaw.com/CN/InvestRu/Law/2016128132310_153362.htm，2019年4月1日访问。

② "棱镜门"事件源于前中情局职员爱德华·斯诺登披露的棱镜计划。该计划是指由美国国家安全局（NSA）自2007年小布什时代起开始实施的绝密电子监听计划，根据该计划，美国国家安全局有权直接进入美国国际网络公司的中心服务器挖掘数据、收集情报，包括微软、雅虎、谷歌、苹果等在内的9家国际网络巨头皆参与其中。

③ 两年后我国出台了《中华人民共和国国家安全法》，其中第25条规定，国家建设网络与信息安全保障体系，提升网络与信息安全保护能力，加强网络和信息技术的创新研究和开发应用，实现网络和信息核心技术、关键基础设施和重要领域信息系统及数据的安全可控。在此基础上我国于2017年施行了《中华人民共和国网络安全法》，对网络安全进行了全面规范。可以说，"棱镜门"事件对于我国网络安全立法的出台起到了推动作用。

关的法律，其中包括《俄罗斯联邦宪法》《国家安全法》《国家保密法》《电信法》《信息、信息化和信息保护法》①《国际信息交易法》《电子文件法》《电子合同法》《电子商务法》《电子数字签名法》《保护儿童免于遭受危害其健康和发展的信息侵害法》等。此外，还有一些涉及网络管理的其他法律，如《大众传媒法》、《个人数据法》、《刑法》第二十八章计算机网络犯罪的规定等。上述法律各自在专门领域发挥着调整互联网社会关系的作用，在遏制网络违法犯罪行为，维护良好的商业环境，保护公民个人信息，保护未成年人免受不良信息侵害等方面发挥了积极作用。

近些年来，俄罗斯不断重拳出击，强化网络监管，加大网络审查力度，其中非常重要的原因就是西方国家通过互联网开展干预俄罗斯内部事务的活动，俄罗斯认为这已经侵害到国家的利益。自普京第三次当选俄罗斯总统以来，在网络空间中曾多次出现反对派的反政府活动，有的反对派还利用网络平台作为沟通联络的工具，在线下组织大规模的游行示威活动。经调查，俄罗斯认为这些活动的背后都有西方国家的支持，而且很多大型的知名网络公司也参与其中，甚至为反对派提供宣传阵地，帮助反对派组织各种针对政府的抗议活动，这些行为都干扰了俄罗斯国家和社会的稳定。俄罗斯在这样的背景下加强了对网络空间的审查监管，包括通过专门的监管机关对相关网站进行警告、处罚直至关停，对传播违法信息的行为追究责任，构成犯罪的依据刑法定罪量刑。俄罗斯的举动在一定程度上招致了新一轮的攻击，美国就有媒体指责俄罗斯网络不自由，认为俄罗斯在国内采取了不当的审查监管措施。面对挑战，俄罗斯加大了政府信息公开的力度，积极澄清事实，说明监管举措的合法性与必要性，获得了国内的广泛理解与支持，维护了政府的良好声誉，也赢得了国际社会的信任。

第二，积极推动国家信息化进程，制定顶层宏观发展战略。

俄罗斯在网络治理方面的一个显著特征就是"大视角、大格局、大步

---

① 俄罗斯于1995年2月20日颁行了《信息、信息化和信息保护法》，后经大规模修订，俄罗斯国家杜马于2006年7月8日通过了新的《信息、信息技术和信息保护法》（Федеральный закон об информации, информационных технологиях и о защите информации），同年7月14日经联邦委员会批准，于2006年7月27日颁布的联邦第149号法律案中正式颁行。

伐"。在制定和修订专门立法的同时，始终关注网络治理的宏观问题，很早就确定了国家网络治理与信息化建设的发展方向。俄罗斯早在1997年就颁布了《俄罗斯联邦国家安全构想》，2000年出台了第一个《俄罗斯联邦信息安全学说》，2009年出台了《2020年前国家安全战略》，2010年10月20日通过了《信息社会2011—2020年规划》，2013年8月，俄罗斯联邦政府公布了《至2020年国际信息安全领域俄联邦国家政策纲要》，细化了《2020年前俄罗斯联邦国家安全战略》《俄罗斯联邦信息安全学说》《俄罗斯联邦外交政策构想》，以及俄罗斯联邦其他战略计划文件中的某些条款。俄罗斯最高领导人一般都参与了上述文件的制定过程，而且这些文件都是立足国家层面，全方位地、极具前瞻性地勾画出了未来的发展图景。例如，在2000年的《俄罗斯联邦信息安全学说》当中就确定了国家信息利益的4个维度：一是尊重个人和公民获得和使用信息的宪法性权利和自由，保证俄罗斯的精神复兴，保护和加强社会的道德价值观、爱国主义和人道主义及国家的文化和科技潜力；二是国家保障公民或组织获取国内外公开的关于国家政策的准确信息的权利，及时准确地公开政府信息；三是推进现代信息技术的发展、国内信息工业的发展（包括信息和通信设备工业），满足国内市场对信息产品的需求，并将信息产品推向国际市场，同时确保国家信息资源的汇集、存储和有效利用，俄罗斯必须要在世界领先的微电子和计算机行业占有一席之地；四是保护信息资源不被未经授权获取，确保信息和通信安全的系统已经在俄罗斯领土上部署和建立。总而言之，俄罗斯互联网法律体系框架及其内容就是由上述宏观发展战略等规范性文件框定的。

第三，积极寻求国际合作，维护网络空间主权和国家信息安全。

俄罗斯网络空间安全问题非常严重，其中隐患时刻威胁着国家安全。鉴于网络自身的特点，俄罗斯认识到必须在更广泛的空间内寻求合作，寻找战略伙伴。《2020年前俄罗斯联邦国际信息安全领域国家政策纲要》中就明确指明了6项任务：一是建立双边、多边、地区和全球层面国际信息安全体系的任务；二是创造条件减少实施损害国家主权、破坏国家领土完整、威胁国际和平、威胁安全和战略稳定性的敌对行为和侵略行动危险的任务；三是建立国际合作机制，共同对抗将信息和电信技术应用于恐怖主义目的的行为；四是打击将信息和电信技术用于极端主义目的的行为，其中包括运用上述技术手段干涉主权国家内部事务的行为；五是在打击利用信息技术和电信技术的犯罪中加强国际合作，提高国际合作的效能；六是保障信息和通信技术领域内的国家技术主权。2015年5月8日，在习近平主席访问俄罗斯期间，中俄外交部部长在两国元首的见证下签署了《中华人民共和国政府和俄罗斯联邦政府关于在保障国际信息安全领域合作协定》，这一协定的签署显然是践行俄罗斯国际合作方略的典型例证。

俄罗斯网络立法、网络政策以及各种举措体现了从微观到宏观、从民生到国家、从国内到国际的层次关系，上述框架的第二项内容既是俄罗斯国内立法的指导思想，又是其开展国际合作的直接依据，这些所谓顶层设计的规范性文件正是衔接其基本法律与对外网络空间政策的中间环节。

综上，俄罗斯建立了严格的网络监管法律体系，同时非常注重网络安全的战略统筹和顶层设计，并积极开展网络空间的国际合作，维护其网络主权和国家利益。

俄罗斯对内的审查监管力度很大。在俄罗斯看来，第一，网络活动应该符合俄罗斯的国家利益，以俄罗斯宪法和法律为准绳，网络活动应该符合其国家安全的要求，反对各种形式的恐怖主义、极端主义和分裂主义利用网络危害国家利益；第二，网络活动应该符合俄罗斯的社会利益，有违社会主流价值观的色情、暴力、赌博等"网络毒品"在俄罗斯的危害性越来越大，必须对其进行清除，以维护社会文明与秩序；第三，网络活动应该符合公民的个人利益，凡是涉及网络诈骗、侵犯隐私、侮辱诽谤、侵犯个人信息安全等的行为都被归入禁止之列。

俄罗斯对外的合作需求非常强烈。网络侵害遍布全球，单纯依靠自身力量难以解决，合作才是有效的解决途径。更为重要的是，为了不受网络霸权主义的侵害，维护自身利益，俄罗斯需要世界范围内的网络空间合作伙伴，既可以放大国际呼声，推动世界网络新秩序的形成，也可以相互协作，解决国内存在的技术和制度问题。

从国际合作这个角度来看，我国同样也有这个需求，甚至可以认为，目前这种合作对我国更为有利。无论是从顶层设计，还是从国内立法来看，俄罗斯毕竟走在了我们前面，值得我们学习与借鉴的东西不少。但合作也应保持距离，俄罗斯的合作基础是其自身利益的保障，因此笔者认为两国在各个领域的合作都是有限的。曾因被指控向中国出售情报而被判处叛国罪的波罗的海国立技术大学教授在乌里扬诺夫斯克州监狱死去，其核心证据曾经存在争议，但这个教授仍然被判罪名成立。这个事件说明在国家利益面前，俄罗斯不会允许有任何的隐患存在，即使没有足够的证据，俄罗斯也会采取措施。中俄从世界大格局上来说，具备结成伙伴合作关系的基础和背景，但这种合作一定是分阶段、分步骤、有限范围内的合作。

目　　录

第一章　俄罗斯互联网发展概况 … 1

一、俄罗斯互联网发展历史 … 1
二、俄罗斯互联网发展现状 … 3
三、存在的主要问题及其原因 … 7

第二章　俄罗斯网络安全立法研究 … 9

一、俄罗斯联邦网络空间的立法背景 … 9
二、俄罗斯联邦网络立法概况 … 10
三、网络犯罪立法 … 11
四、版权保护立法 … 20
五、个人信息保护立法研究 … 22
六、电子商务立法 … 29
七、网络舆论立法 … 31
八、未成年人网络保护立法 … 33
九、政府信息公开立法 … 38
十、其他信息安全立法 … 40
十一、小结 … 44

第三章　俄罗斯网络空间政策研究 … 52

一、俄罗斯网络空间安全政策概况 … 52
二、《俄罗斯联邦信息安全学说》 … 61
三、《至2020年国际信息安全领域俄联邦国家政策纲要》 … 74
四、俄罗斯联邦网络安全战略构想 … 78
五、2016年新版《俄罗斯联邦信息安全学说》 … 84

第四章　俄罗斯网络治理监管机构 …………………………………… 92

一、网络监管概况 ……………………………………………………… 92

二、俄罗斯联邦数字发展、通信与大众传播部 ……………………… 93

三、俄罗斯联邦通信、信息技术与传媒监督局 ……………………… 96

四、联邦内务部网络犯罪侦查局 ……………………………………… 98

五、俄罗斯网络治理与监管的特点 …………………………………… 101

第五章　俄罗斯网络空间安全的国际合作 …………………………… 103

一、俄罗斯网络安全国际合作鸟瞰 …………………………………… 103

二、俄罗斯网络安全国际合作的主要方向 …………………………… 106

三、俄罗斯网络安全国际合作的评价 ………………………………… 109

四、美俄网络空间对话重点概念借鉴 ………………………………… 112

五、中俄网络空间安全合作的建议 …………………………………… 135

六、结论 ………………………………………………………………… 140

附录1　俄罗斯主要信息安全政策与法律法规概览 ………………… 142

一、俄罗斯早期相关政策性文件 ……………………………………… 142

二、2000年以后俄罗斯相关政策性文件 ……………………………… 143

三、俄罗斯相关立法 …………………………………………………… 147

附录2　《俄罗斯联邦信息安全学说》(原文) ……………………… 150

附录3　《俄罗斯联邦信息安全学说》(译文) ……………………… 164

第一章 俄罗斯互联网发展概况

一、俄罗斯互联网发展历史

1. 起步阶段

俄罗斯互联网起步较晚,可以追溯到20世纪90年代。1990年苏联成立了格拉施奈特公司,该公司帮助一些教师、法律工作者和科学家从互联网上获取所需的信息,这成为俄罗斯使用互联网技术的开端。此后,库尔恰托夫原子能研究所以该研究机构的科学家为核心力量开创了列尔科姆和杰莫斯两个网络服务商业公司,对俄罗斯网络的发展起到了奠基性的作用。1990年9月19日,苏联政府注册了国家顶级域名".su",这正式标志着苏联互联网的诞生。1991年8月19日,苏联政局变革,国家进入紧急状态,大多数的新闻媒体,如广播、电视、报纸等被迫停止工作,网络成了俄罗斯国民,乃至世界媒体获取相关信息的主要渠道。1992年列尔科姆网络服务公司在欧洲地区的"欧盟网"(E-Unet)上以"欧盟网-列尔科姆网"(EUnet-Relcom)为名登记注册。紧接着,太阳神子孙网[1]、苏联情报局网[2]、《消息报》网络版、叶甫盖尼电子图书馆[3]等各类网站相继建立。列尔科姆网络服务公司还适时地建立非商业性的教育科研网站——列拉尔恩,它可以通过设在莫斯科的中央枢纽站与俄罗斯及独联体国家的200多个城市和地区实现互联,还可以通过设在圣彼得堡的中央枢纽站与国际互联网、北欧网和欧盟网完成互联。

1993年乔治·索罗斯在俄罗斯投资了一项电信交流计划,引起了俄罗斯对互联网的进一步重视。该年年末,俄罗斯多个网站从使用文件传输协议(ftp)转为使用万维网技术(www),也正是在这一年,欧盟网-列尔科姆网正式连接上了国际互联网。

2. 快速发展阶段

从1994年开始,俄罗斯网络的发展进入快速进阶时期。同一年,俄罗斯正式

---

[1] 这是由俄罗斯天体物理学家谢尔盖·纳乌莫夫在美国用英语建立的关于俄罗斯多神教资料的网站。
[2] 瓦季姆·马斯洛夫建立的关于在俄罗斯强制推行俄国化和申请美国签证的网站。
[3] 叶甫盖尼·别斯金建立的传播俄语文学的电子图书馆网站。

登记注册了域名".ru",这被认为是俄罗斯真正存在互联网的开始。此后,大量的个人网站涌现出来,俄罗斯政府也逐渐认识到互联网的重大价值,开始加大投资并且倡导网络信息的自由传播。当时由政府投资建设的代表性网站"俄罗斯联邦大学计算机网"① 和"俄罗斯支柱网络"② 成为俄罗斯联邦科研教育的核心类网站。步入1996年,网络结构向商业化和文化类方向倾斜,内容包罗万象。1998年金融风暴为俄罗斯网络的发展提供了契机,以发布金融政治类信息为主的网站得到了认可,"俄罗斯商务资讯网"就是典型代表,它获得了当年商业网站竞赛第一名的殊荣。与此同时,"邮件网"也迅速崛起,它满足人们大量增长的收发电子邮件的需求。在网络搜索工具方面,俄罗斯目前存在两个主要的搜索引擎,分别是产生于1996年的"漫游者"(Rambler)搜索引擎和诞生于1997年的"地址"(Yandex,俄文为Яндекс)搜索引擎,后者如今已经发展成为俄罗斯第一大搜索引擎,并开始进军国际市场。

1999年11月底,俄罗斯互联网协会召开成立大会。在同年12月1日召开的新闻记者招待会上,协会的组织委员发表声明,要使俄罗斯互联网成为大家都能享用的网络,使俄语互联网合乎俄罗斯作为世界文化大国的地位,使互联网成为俄罗斯生活方式的重要部分。协会组委会协调人普罗霍洛夫强调了协会的任务,就是要使广泛的俄罗斯人把互联网看作像电影、电视、文学作品那样有血有肉的文化场所,使人们感觉到今天的互联网是一个普通的、稳定的文化分支,吸引人们关注互联网,指出互联网会成为一种新的生活方式。③ 俄罗斯互联网协会的成立标志着网络发展即将进入一个平稳规范的时期。

3. 平稳过渡阶段

进入21世纪以来,俄罗斯互联网的发展揭开了崭新的一页,发展日趋平稳和规范,网民数量激增,形形色色的网站大量涌现,电子商务开始出现,网络方面的立法也纷纷出台。新闻类网站越来越受到网民的欢迎,长期处于访问量排行榜的榜首。其他诸如医疗类网站、商业类网站、娱乐类网站等依然很受网民欢迎。俄罗斯政府对信息社会、信息安全、电子政府以及教育信息化这些问题予以高度重视。这一时期,俄罗斯政府开始实施"俄罗斯电子化"的发展纲要,计划把网络通信线路连接到国家的每一个偏远角落,为互联网在俄罗斯的全面腾飞奠定基

---

① 该网英文为Russian University Network,简称RUNNet。1995年该网络中心在圣彼得堡精密机械和光学学院建成,由各地局域网和俄罗斯主要科研、教育网络组成。1996年该网络在15个地区实现运转,如今已经成为整个俄语地区互联网资源的正式称谓。

② 该网英文为Russian Backbone Network,简称RBnet。成立于1996年,主要协调科技部、教育部、科学院和俄罗斯基础研究基金会在科学教育领域的活动。

③ 普罗霍洛夫的话具有当时的社会背景,当时俄罗斯互联网的用户只占全国人口的1%,而且基本集中于受过高等教育的人,约95%的网民是知识分子。

础。但毋庸置疑，俄罗斯互联网从起步到发展均落后于西方发达国家，甚至有些民用网络硬件设施与发展中国家也存在差距。俄罗斯最著名的综合大学——罗蒙诺索夫国立大学——直到2009年前，学生宿舍还不能使用快捷廉价的国家网络服务，2009年才开始为学生宿舍安装网线，此前的上网服务则被一些私人公司垄断，收费高昂，而在中国，北京大学的学生早在若干年前就已经在宿舍用上了近乎免费的宽带。当然，俄罗斯互联网发展受到众多因素的影响，不仅是技术或经济因素。一旦这些障碍被排除，俄罗斯互联网的发展速度将是惊人的。

4. 新的飞跃

截止到2010年年底，俄罗斯已经成为欧洲最大的互联网市场，拥有超过5 330万互联网用户[①]，是欧洲网民规模最为庞大的国家。俄罗斯互联网渗透率的提升将推动互联网用户数量的增长。特别是在莫斯科以外的地区，个人计算机以及宽带使用普及率有着极大的上升空间，预计会进一步推动互联网渗透率的增长。同时，宽带接入的不断发展、寒冷的气候和社交网络的盛行将促使用户花更多的时间在互联网上，使其成为用户与外界交流和室内娱乐的一种常规方式。根据comScore的统计数据，俄罗斯网民平均每月花在网上的时间在2009年6月为15个小时，而到2010年6月，这个数字已达到22.5个小时。俄罗斯庞大的用户群体给俄罗斯的互联网公司带来了巨大的机会，这些互联网公司可以通过展示型和文字型的在线广告、MMO游戏、社交游戏以及各种社交网站中的收费物品等互联网增值服务带来收益。[②]

随着互联网技术的进步和个人计算机的普及，网络用户的数量大幅度增加，这就给网络空间带来了新的挑战，出现了很多网络违法行为，互联网成为滋生不法行为的新场所。于是俄罗斯政府在充分推动互联网发展之后又开始着手治理互联网，为此俄罗斯出台了很多关涉互联网内容和网络行为规则的法律法规和公共政策，对互联网健康发展、保障国家安全发挥了积极作用。

二、俄罗斯互联网发展现状

目前俄罗斯网民数量每年以大约9%的速度递增，在18岁以上的居民中，有7 630万人使用网络，占66%，在这一年龄段中每天访问互联网的人数达到5 360

[①] 也有报告称，到2010年年底，俄罗斯互联网用户达到了6 000万，占俄罗斯居民总数的42%。参见 Интернет в России，Википедии（2011г. 4. января）。此外，还有报道称，截止到2010年秋季，俄罗斯互联网用户达到4 650万，参见 http://news.xinhuanet.com/it/2011-04/25/c_121343944.htm。本文的数据来自《俄罗斯互联网行业报告（2010年）》，参见 https://wenku.baidu.com/view/6ad7684acf84b9d528ea7ad4.html，2019年4月1日访问。

[②] 参见《俄罗斯互联网行业报告（2010年）》，https://wenku.baidu.com/view/6ad7684acf84b9d528ea7ad4.html，2019年4月1日访问。

万人，占 46%。在俄罗斯网民中，有 56% 来自人口超 10 万的城市，有 26% 来自人口不足 10 万的城市，另有 20% 生活在农村。① 俄罗斯已经成为欧洲互联网发展速度最快、网民规模最大的国家。但俄罗斯普通民众对网络的接受程度尚不及中国，移动网络使用的比例相对较低。

1. 网络广播电视

俄罗斯的网络广播电视采用的是通过互联网提供的以个人计算机为主要接收终端的网络音视频传输模式。它以公共开放的互联网为基本平台，内容广泛，可以提供在线点播、在线播放和下载播放的服务。随着宽带的普及、网络软硬件设施的升级，网络数据传输的效果显著提升，传统的下载播放模式已经逐渐让位给在线播放模式。目前，俄罗斯比较流行的音频网站包括 Mozofon、zvukoff 免费音乐网、MP3 库、滑块音频、VPLEER 网、Babada 新音乐网、嘻哈文化与说唱音乐（Rap）网、卡拉 OK 在线等②；著名的网络广播有莫斯科回声、101 网、莫斯科在线、RECORD. DANCE 广播、欧洲网、爱听网、俄罗斯新闻服务广播电台、俄罗斯之声广播电台等③；俄罗斯影响较大的视频网站包括全球电影网、连续剧在线、Lostfilm 系列剧、电影在线等，其中全球电影网位居首位，根据 2012 年 5 月 6 日 15 点 45 分④的统计显示，特定时段内标题页浏览量达 325 905 人次，特定时段内网页浏览量达 3 314 780 人次⑤。Rembler 和 Yandex 作为俄罗斯的两大门户网站，其信息量非常大，不仅是俄罗斯领先的搜索引擎，而且都具有强大的音视频在线播放和下载的功能。除了俄罗斯本土的网络广播电视以外，国外的网络公司如谷歌等也进驻俄罗斯网络市场，其著名的 YouTube 视频网站在俄罗斯大受欢迎，此外，诸如 EX-Tube 视频网站业绩也颇不俗。

2. 网络新媒体

俄罗斯网络的快速发展使得一些门户网站和网络服务得到迅速推广，也使得一些本土的门户网站和应用得到长足发展，具体如下。

①YouTube.com。免费提供视频服务的网站（所有者是谷歌公司）。由于其在使用上简单方便，所以 YouTube 进入了最流行视频网站的名单。如今 YouTube 越来越像现代社交网站，并具有如下功能：在个人主页上发布消息；在网站上整合喜欢的视频；组建完整的游戏平台；评价视频、解说、点赞或不点赞。

---

① 李淑华，《俄罗斯加强网络审查状况分析》，载于《俄罗斯东欧中亚研究》，2015 年第 6 期，http://www.chinaruslaw.com/CN/InvestRu/Law/2016128132310_153362.htm，2019 年 4 月 1 日访问。

② http://top100.rambler.ru/navi/? theme=245/246&src=cat，2012 年 5 月 6 日访问。文中网站列表是根据俄罗斯门户网站的网站导航页检索出来的。

③ http://top100.rambler.ru/navi/? theme=440/445&src=cat，2012 年 5 月 6 日访问。

④ 此处指莫斯科时间。

⑤ http://top100.rambler.ru/navi/? theme=245%2F276&stat=1，2012 年 5 月 6 日访问。

②RuTube.ru。俄罗斯最大的视频门户网站。建立于2006年,所有者是俄罗斯天然气工业集团。很多音乐家、商业活动家和其他文艺界人士经常登录这个网站,在这里可以观看日最佳或是月最佳的视频。

③Vmeo.com。免费视频网站。主要播放其他网站中高点击率的视频,创建于2004年11月。尽管它是英文网站,但这并不妨碍它在俄罗斯用户中的满意度与普及度,网站上可以自由上传视频。

④Google video(video.Google.com)。这是一个谷歌公司运行的免费服务网站,它与YouTube有着足够相近的基础条件和方便的服务。

⑤Яндекс.Видео(video.yandex.ru)。创建于2008年7月,所有者是Яндекс公司。在它的主页上每天会发布20部当天点击率最高的微电影。

3. 网络阅读及教学

随着网络用户数量的增长、移动互联网设备的不断更新、通信费用的降低和印刷读物发行量的锐减,俄罗斯电子书市场迅速发展。电子书阅读器和平板电脑是主要的阅读工具,并且消费者偏爱电子书阅读器。印刷读物市场的缩小,使俄罗斯大的出版社不得不跟随数字化发展的趋势,寻找满足读者群体需求的新方法。

2012年夏天,为了发掘俄罗斯消费者在电子书领域的偏好,РБК(research.rbc.ru)网站进行了一次网上调查。结果显示,超过20%的受调者只阅读电子书,近25%的受调者偶尔阅读电子书。电子书的受众群体主要集中在30~50岁的读者中(超过85%的受众),而年龄超过60岁的老人则只有少部分阅读电子书(占总数的4%)。[①] 俄罗斯最早的电子书发行公司是成立于2012年4月的WEXLER(wexler.ru)公司,该公司通过购买普通书籍版权将其进行电子化、数字化处理,形成新的电子产品,或者与作者协商直接发行在线的电子阅读产品,该公司已经逐渐发展为俄罗斯的网络电子书销售巨头。电子书产品的销售通常是在线完成的,产品的消费则既可以在线实现,也可以在不联网的情况下实现,所使用的工具多样,可以是专门的电子阅读器、平板电脑,也可以是一般的个人计算机或智能手机等移动终端,俄罗斯人非常注重日常阅读,在线提供电子书服务越来越受到人们的欢迎。如今,俄罗斯电子阅读所涉及的领域越来越广,已经不再限于一般的文学类作品,而是覆盖到诸如科学研究类的文献、新闻类的电子出版物,甚至已经在国家正式教育教学活动中允许使用电子教材,并已经涵盖了多数年级的多种科目。

---

① 谢飞,《俄罗斯网络数字化产业发展现状》,载于《青年记者》,2015年第6期。该文还提到,从2013年2月起,莫斯科率先准许中小学使用电子教材,并在莫斯科60个教育机构试点实行。莫斯科教育局负责审定电子教材的书单,经批准的书单包括不同科目的11本电子教材:俄语(5~9年级)、文学(5年级)、俄罗斯历史(7~8年级)、数学(5年级)、代数和几何(7~9年级)、物理和化学(9年级)、生物(7年级)、绘画艺术和音乐。教育局明确表示,使用电子教材对教师的教学和实践会有很大的帮助。

4. 电子商务

根据国家邮政局发展研究中心发布的《俄罗斯电子商务报告》，2013—2016 年俄罗斯电子商务市场规模分别为 5 440 亿卢布、7 130 亿卢布、7 600 亿卢布、9 200 亿卢布，2014—2016 年市场规模同比增长率分别为 31%、7%、21%。2013—2016 年，俄罗斯跨境电子商务市场规模分别为 1 344 亿卢布、2 086 亿卢布、2 192 亿卢布、3 018 亿卢布，2014—2016 年，同比增长率分别为 55.2%、5.1%、37%。[①] 根据全球领先的零售业研究公司 Planet Retail 2015 年 8 月的统计，俄罗斯网络零售额为 256 亿美元，只占总零售额的 4%。2019 年俄罗斯网络零售总额为 269.2 亿美元。[②] 目前俄罗斯较大的电子商务企业包括：2010 年 4 月上线的"速卖通"，该企业是阿里巴巴旗下的国际在线交易平台；俄罗斯本土最大的电子商务企业，即软件公司 Reksoft 于 1998 年创立的 Ozon.ru 在线零售平台；在线上线下同时运营的成立于 1994 年的 Eldorado.ru，其以销售生活用品为主，实体店也遍布全国。随着电子商务运营规模的不断扩大，俄罗斯于 2017 年 1 月颁行新的税务条例，规定通过互联网向俄罗斯居民提供服务的外国公司需提交在俄罗斯境内的销售信息，并缴纳 18% 的增值税；同时规定，俄罗斯居民向境外的电子商务网站订购货物，应该向海关提供买方的护照信息，还应向海关提供个人纳税号和所购商品的网上链接。电子商务服务在俄罗斯网络市场中的需求日益增长，但其广袤的领土在客观上制约了物流业的发展，进而影响到了电子商务中的配送业务。俄罗斯与电子商务配套的物流服务水平并不高，尤其是第三方物流服务，远远不能满足电子商务的发展，很多电子商务企业不得不自己组建物流服务链，这在一定程度上阻碍了电子商务的发展。

5. 信息内容分级制度

俄罗斯在信息产品的发展方面逐渐走上正轨，2010 年俄罗斯颁行了《保护儿童免于遭受危害其健康和发展的信息侵害法》，从此俄罗斯的信息产品开始受到信息内容分级制度的制约。这部法律旨在保护未成年人的网络安全，使他们免于遭受网络有害信息的侵扰，具体的手段就是对网络信息产品进行分级管理，规定未成年人只能接触指定级别的网络信息产品。这部法律虽然主要是保护儿童网络安全，但其所建立的信息分级管理制度则适用于全部的网络信息产品，其中自然包括成年网民使用的信息产品。该法案所载的分级标准对全部网络信息产品有效。具体的监管部门是联邦通信、信息技术与传媒监督局。该法案从 2012 年 9 月 1 日

[①] 国家邮政局发展研究中心，《俄罗斯电子商务报告》，https://baijiahao.baidu.com/s?id=1594262433124290431&wfr=spider&for=pc，2019 年 4 月 1 日访问。

[②] http://www.sohu.com/a/18982298_115514，2019 年 4 月 1 日访问。2020 年全球电子商务市场规模及未来发展趋势分析，https://www.chyxx.com/industry/2020101902336.html，2020 年 12 月 19 日访问。

起正式生效,其中明确规定,对网络信息产品及数字化产品进行分级管理,具体标准由法律规定,分级义务人是产品的生产者。考虑分级制度的意义在于保护未成年人免受网络有害信息的伤害,那么倘若这些有害内容在线下传播,同样也会伤害未成年人的身心健康,于是监管机关建议将此种制度推而广之,在线上调整的同时也应该同样在线下发挥作用,对非电子出版物、传统纸媒出版物等也应该适用分级管理制度。该法案生效以后,2012年有180个网站被俄罗斯联邦通信、信息技术与传媒监督局列入黑名单。其中40%的网站是因为散布麻痹毒害人的信息,30%的网站是因为散布自杀信息,还有10%是因为对未成年人散布淫秽作品。[1] 关于该法案的具体内容,我们将在下文详述。

总之,俄罗斯互联网的发展十分迅速,并且已经深入社会生活的方方面面,同时网络的发展也为政府工作带来了便利,推动了科技进步,真真切切地改变了人们的生活方式。国家在政治活动中充分利用互联网的优势作用,打造政府电子平台和塑造信息化政府形象。电子商务的发展如火如荼,电子商务网站众多,生活中几乎所用商品都可以通过该类网站完成交易。大众传媒(新媒体、卫星数字电视)充分依托于互联网,传统纸媒如报纸、杂志、书籍等实现电子化,电子书销路很好,电子媒体如广播、电视等也纷纷网络化,此外还有卫星数字电视、专门的新闻门户网站等新媒体纷纷涌现。俄罗斯还建有很多数据库网站,覆盖大多数的科研机构、高等学府,成为科研工作者、教师和学生的理想研究场所。除了传统的电子邮件和即时通信软件以外,新一代的移动网络已经逐渐覆盖大多数用户。在生产领域,尤其是重工业和军工业生产已经电子化、网络化管理。人们的日常生活更是与网络密切相关,即时社交平台成了最为火爆的社交平台。

三、存在的主要问题及其原因

俄罗斯互联网的发展也存在一些不良现象,影响着互联网本身的健康发展,也影响着用户的体验,甚至还在一定程度上威胁国家和用户的安全。苏联解体以后,20世纪末和21世纪初的两次大规模金融风暴都严重打击了俄罗斯的经济,致使相当长一段时间内,其国内缺乏足够的经费支撑互联网的发展,同时也导致很多计算机网络专家和人才流失海外,致使其国内人才匮乏,重新培养还需要若干周期,这在一定程度上制约了其互联网的发展速度。网络本身的问题出现得较为缓慢,因此国内立法滞后,导致网络犯罪、网络恐怖主义肆虐,严重危害了国家和社会的安定,对网络的发展产生了负面影响。当然这是相对于欧美国家而言,近几年来,俄罗斯在网络技术方面已经有明显的进步,网络安全立法也获得了长

---

[1] 谢飞,《俄罗斯网络数字化产业发展现状》,载于《青年记者》,2015年第6期。

足发展。

俄罗斯的网络安全立法针对其国内爆炸式的网络不法行为，已经逐渐显现出作用。俄罗斯互联网的发展本身就是爆发式的，导致其短时间内出现了大量的网络不法行为，例如，网络钓鱼已经开始侵蚀金融市场的正常秩序，计算机网络犯罪也十分猖獗，俄罗斯是僵尸网络[①]肆虐的核心区域，尽管国际上的受害者要超过俄罗斯本土，但是其国内的受感染者正在增长。此外，俄罗斯个人信息保护的问题也比较严重，存在极大的安全隐患，商业数据信息也处在不法分子的威胁之中。俄罗斯的黑客世界闻名，既包括对个人用户的侵扰，也包括对政府的攻击，主要方式是分布式拒绝服务攻击[②]。个人用户使用盗版软件和侵权多媒体内容的现象也很普遍。最后，还有所谓的网络恐怖主义，高加索地区的穆斯林极端恐怖分子已经开始尝试在线的攻击行动，并有可能会继续提高网络攻击的能力。正是由于网络安全问题非常复杂，同时互联网还要面临发展，俄罗斯才会制定一系列的法律来规制网络行为，互联网的应用是全球性的，故此俄罗斯还制定了一系列的发展战略，从国家层面和国际层面共同保障网络的安全性。

如今，俄罗斯在保障网络空间安全方面逐渐形成了3个层次的架构。第一层次是国内规范互联网的法律法规，其成为俄罗斯调整网络法律关系的最重要的、最直接的法律依据；第二层次是具有长远发展意义的各种网络战略规划，用以指引国家未来网络发展的大方向、大框架，其对国内立法有一定的指导意义，但并不能被援引处理具体案件；第三层次是积极参与国际网络规则的制定，与世界各国在维护网络安全方面积极开展合作，营造俄罗斯网络安全的外部环境。第三层次的合作需要其国内立法和公共政策的有力支撑，同时也会反过来引导国内政策的制定。以下的研究我们将沿着上述3个层次逐步递次展开，以期廓清俄罗斯网络的治理与监管，乃至安全战略的整体与细节。

---

① 所谓僵尸网络是指由一组已被恶意软件感染并受恶意行为者控制的计算机构成的网络，包括多个被感染的主机，并被恶意行为者控制和任意驱使。

② 所谓分布式拒绝服务攻击是指联合多个计算机系统组成攻击平台，对一个或多个目标进行打击，致使目标系统丧失提供服务的功能或阻碍其提供相应服务。

第二章 俄罗斯网络安全立法研究

一、俄罗斯联邦网络空间的立法背景

俄罗斯联邦目前并没有专门的网络部门法，对于发生在网络空间的各种行为主要根据其他部门法和一些个别领域的立法进行规范。互联网的发展依托于计算机技术的进步。早在 20 世纪 60 年代末到 70 年代初期，苏联法学界就出现了"信息法"这个术语，在一些文献中，这个术语也被称为"计算机法"。我们知道，目前信息法与网络法并不是完全相同的范畴，只是存在交集。从苏联当年的用语中可以发现，当时的信息法基本等于计算机法，其所谓的信息可以理解为由于计算机技术的发展而带来的与计算机相关的电子数据信息。正是由于这样的渊源，俄罗斯联邦在网络信息保护方面的专门立法，即《信息、信息技术和信息保护法》成了在网络空间信息内容保护方面最为重要的法律。因此，我们认为，在俄罗斯联邦，信息法与网络法是紧密联系在一起的，信息成了网络空间立法重要的保护对象，网络本身则为信息提供了崭新的载体，并为其传播提供了独特的渠道。

俄罗斯的互联网技术起步并不算早，但近十余年来，发展还是迅速的，这与俄罗斯历史上对信息情报工作的重视以及当今国际网络技术的迅猛发展密切相关。20 世纪 50 年代，苏联的科技情报工作得到长足发展，并于 1952 年成立了科学情报研究所，它是世界上建立较早、规模最大的科技情报中心。[①] 该中心的发展在一定程度上促进了苏联计算机技术的发展与应用。20 世纪 70 年代，苏联开始研究组建各类情报的自动化系统，情报信息开始电子数据化，进而提高了科技情报的加工深度和应用效率。

随着互联网的应用与普及，俄罗斯出现了很多与网络相关的违法行为，既包括民事侵权行为，也包括刑事犯罪行为。可以确定的是，这些违法行为与互联网以外的那些违法行为在本质上并没有根本区别，只是把这些违法行为从现实世界挪到了虚拟的网络空间。正是由于空间的转换，产生了互联网上独特的违法行为方式，因此也就需要一些新的适合网络特征的调整行为的规则，为实现真实世界

[①] 1952 年苏联科学院建立了科学情报研究所，后改名为全苏科技情报研究所（ВИНИТИ）。参见肖秋惠：《俄罗斯信息政策和信息法律研究》，武汉大学出版社，2008 年 7 月出版，第 10 页。

中的民事补偿和刑事惩罚提供网络空间上的根据。互联网应用技术的发展相对于俄罗斯传统法律体系而言仍然属于新兴事物，对于网络法律行为的规制主要根据已有的部门法进行调整。《俄罗斯联邦民法典》第150条也规定了作为民事权利客体的非物质利益，这些权利主要包括"公民与生俱来的或依法享有的生命权和健康权，个人尊严权，人身不受侵犯权，人格与名誉权，商业信誉，私人生活不受侵犯权，个人秘密和家庭秘密"等，可见，《俄罗斯联邦民法典》中的规定也是网络空间保护公民个人隐私和相关信息权利的重要依据。

二、俄罗斯联邦网络立法概况

俄罗斯联邦互联网规范性文件主要呈现两大类、双层次的分布特征。所谓两大类是指政策类和法律类。其中政策类有综合类和专项类两个层次，法律类包括传统部门法和涉及网络领域的专项法律两个层次。综合类政策有《俄罗斯联邦在信息和信息化领域立法发展纲要》（1995年）、《国家信息政策纲要》（1998年）、《俄罗斯建立信息社会纲要》（1999年）、《至2010年俄罗斯信息化发展纲要》（2001年）、《2002—2010年电子俄罗斯联邦规划》（2002年）、《俄罗斯信息社会发展战略》（2006年）、《至2010年俄罗斯区域信息化发展规划》（2006年）等。专项类政策有《俄罗斯联邦信息安全学说》（2000年）、《俄联邦发展和使用互联网国家政策的联邦法律纲要》（2000年）、《俄罗斯互联网领域立法纲要》（2000年）、《2001—2005年俄罗斯互联网发展规划》（2001年）、《至2010年建立普遍利用的俄罗斯移动通信网络纲要》（2000年）、《俄罗斯远程通信服务市场发展纲要》（2002年）、《俄罗斯网络通信信息安全纲要》（2003年）、《数据保护、生产和加工国家网络中心建设纲要》（2006年）等。涉及网络行为调整的传统部门法包括《宪法》《刑法》《民法》《著作权与邻接权保护法》《国家秘密法》《商业秘密法》《通信法》《邮政法》《大众传媒法》《个人数据法》等。涉及网络行为调整的专项法律包括《信息、信息技术和信息保护法》《国际信息交换法》《电子数字签名法》《电子商务法》等。

《俄联邦发展和使用互联网国家政策的联邦法律纲要》[①]（以下简称《纲要》）中规定，俄联邦发展和使用互联网的国家政策是俄联邦国家权力机关和联邦主体的国家权力机关根据俄联邦宪法、国际条约和俄联邦法律所采取的司法、经济、组织措施及其他措施的总和。俄联邦发展和使用互联网的国家政策的基础是：必须承认，利用互联网及其他相应的信息传递工具获取信息资源是促进俄罗斯社会经济和科学技术发展的重要因素。俄联邦制定互联网国家政策的目的是：国家支持

---

① 即 Федеральный закон О государственной политике Российской Федерации по развитию и использованию сети Интернет，2000年5月18日俄罗斯国家杜马讨论通过。详见 http://www.libertarium.ru/18771，2019年4月1日访问。

有利于俄罗斯用户、经济实体、非商业机构、国家权力机关和地方自治机关的互联网发展；利用互联网上的信息资源确保经济的增长和社会任务的解决；促进互联网的使用，使互联网成为普遍和有效的信息传递工具。该法律议案强调：在规范俄联邦互联网使用中产生的各种关系时，应建立在国家规范和社会自治相结合的基础之上；保障俄联邦宪法所规定的公民权利和自由；应考虑互联网服务商和用户群体中约定俗成的与俄罗斯法律不相抵触的规则和习惯；只要不涉及俄罗斯联邦法律所规定的个人、社会和国家的权利和利益，一般不得使用司法规范的方法；修改有关现行的法律、法规，使其与俄联邦关于互联网的国家政策相吻合；用于规范俄联邦境内互联网使用关系的法规，必须先征询互联网用户和专业人员等社会代表的意见。该《纲要》不仅表明了俄罗斯网络政策要以具体的法律规范为支撑，同时还说明了网络政策制定的基本方向。

三、网络犯罪立法

《俄罗斯联邦刑法典》第二十八章规定了计算机信息领域的犯罪，包括4个典型的计算机犯罪罪名，分别是第272条非法调取计算机信息罪，第273条编制、使用和传播有害的电子计算机程序罪，第274条违反电子计算机、电子计算机系统或其网络的使用规则罪，第274.1条非法侵害俄罗斯联邦关键信息基础设施罪。俄罗斯把严重侵害国家、社会和个人法益的网络不法行为规定为犯罪，从一般预防的角度来规范人们在网络空间的行为。

1. 非法调取计算机信息罪

刑法第272条非法调取计算机信息罪规定，非法调取受法律保护的计算机信息，即非法调取信息设备载体上、电子计算机中、电子计算机系统或网络中的信息，如果这种行为导致信息的毁坏、闭锁、变异或信息复制，致使电子计算机、电子计算机系统或电子计算机网络的工作遭到破坏，处以20万卢布以下或被判刑人18个月以下的工资或其他收入的罚金，或者处以6个月以上1年以下的强制劳动，或者处以2年以下的剥夺自由，或处以2年以下的强制劳动，或者处同期限的剥夺自由；如果上述行为导致了巨大损失或者是在为牟取私利的情况下实施的，则处以10万～30万卢布或者被判刑人1～2年的工资或其他收入的罚金，或者1～2年的强制劳动，或者4年以下的剥夺自由，或者4年以下的强制劳动，或者6个月内的拘役，或者同期限的剥夺自由。前款行为，如果是有预谋的团伙或有组织的集团实施的，或者利用自己的职务地位实施的，以及是有可能进入计算机、计算机系统或其网络的人员实施的，处以50万卢布以下或者3年以内从事非特定职务或非特定活动的工资或其他收入的罚金，或者4年以下的限制自由，或者5年以下的强制劳动，或者同期限的剥夺自由。本条规定的一、二、三款行为，若造成极其严重的后果,带来极其重大的损失,则处以7年以下的剥夺自由。需要特别说明的是,此处的计算机信息是指以电信号形式呈现的信息或数据,而不论其存储、传输和处理的具体方式如何。所谓的重大损失是指造成100万卢布以上的损失。

该罪有两个犯罪客体,一是信息的合法占有权,二是第三人的信息权利。俄罗斯很早就确立了信息权利的概念。在刑法中之所以把这一罪名进行独立规定,是由作为犯罪对象的计算机信息本身的特点决定的,长期以来由于立法规范的不完善造成了对计算机网络领域犯罪进行刑事侦查和法庭审理的困境,故此在刑法中规定该罪名很有必要。

根据《信息、信息化和信息保护法》,这里所说的信息,包括关于人、物、事件等的各种数据资料,至于其具体的表现形式如何则不论。计算机信息就是指存储在信息系统载体中或以计算机能读取的形式通过电讯渠道传输的信息。计算机信息的特征在于其传输、编辑、复制的方式相对简单,非法侵占计算机信息与非法侵占财物明显不同。前者可以在侵占该数据信息的同时,保留原数据信息的完整,可以实现多个主体同时侵占计算机信息系统中的同一段数据信息,而不改变原数据信息。非法侵占财物则一般属于独立排他的占有状态。在此类案件中,应该查明所调取的信息是受国家保密法、所有权法和著作权法等保护的,未经允许调取计算机信息这一事实本身侵犯了国家的特权与所有权人、占有人、作者或其他法人、自然人的权利。同样地,也可能进一步侵害到法律所保护的个人私生活、商业秘密和通信秘密等。

俄罗斯的法学理论承认信息的财产属性,认为信息资源应该属于法人或自然人所有,是其财产的组成部分。民事立法的效力也及于信息资源,根据俄罗斯的民法原理,所有人可以请求排除对其权利的任何侵犯,即使这些侵犯与其丧失其占有无关。因此,行为人非法调取计算机信息的行为,虽然在客观上并未妨害权利人对该数据信息的占有,但同样会构成对占有权的侵害,应承担相应的责任。对所有人权利的这种侵犯正是计算机信息领域犯罪的特点。同样地,在著作权法领域,计算机程序、数据库等属于著作权法保护的对象,也就是权利人的权利客体也应该受到著作权法的保护。

本罪规定的调取行为发生的空间是指在存储信息的机器载体、电子计算机、计算机系统或计算机网络上。机器载体包括各种磁盘、磁带、磁鼓、磁卡、半导体网络等,并根据其物理特点和结构特点分成若干种类。计算机信息也可以通过上述机器载体保存在计算机的存储器中,作为记忆装置使用的机器载体有外部载体(即可以任意安装的磁盘等)、内部载体(即固定在电子计算机结构上的载体),

实现计算机内部存储的记忆装置与处理器直接联系在一起并含有直接参与运算的信息。① 计算机网络信息能够以电信或数字形式在计算机终端之间或服务器之间互相传输，并通过显示装置，即计算机的显示器表现整个传输过程。特定功能的软件程序可以把多个计算机终端的工作联系在一起并形成有系统的工作网络。鉴于此，刑法 272 条所保护的计算机信息并不限于其具体的存储位置。换言之，无论是该信息存储于某个具体的计算机终端中，或是处在某个具体的通信信道，还是存储于某个暂时独立于网络的存储器中，都在本条款的保护范围之内。

本罪的犯罪嫌疑人通常利用木马等黑客程序，攻入被害人的计算机信息系统，直接劫取数据，或者进行伪装，模拟计算机正常的工作状态，在被害人不知情的情况下非法窃取需要的各类数据信息，其中也可能包括大量的秘密数据，于是就构成了非法调取电子计算机信息罪。当然，如果上述数据信息已经被以其他方式固定保存，形成了特定的物理载体，例如使用打印技术将计算机中的信息打印成纸质材料，或印刷成册，此时这些物理载体若被窃取则不构成本罪，本罪强调的是对数据信息的读取过程也应依靠计算机信息设备来实现。这里已经被以其他物理方式固定的信息数据，如果被非法获取或处理，给其所有人、占有人、使用人和其他人造成损失的，也应受到法律的规制。该行为虽不在本罪规制范围内，但亦可通过其他联邦法律予以保护。

本罪的客观方面是指非法调取受法律保护的计算机信息并造成信息毁损、闭锁、变更或复制，进而破坏电子计算机、电子计算机系统和网络正常工作的行为。调取电子计算机信息是指使用信息技术手段以任何能够控制数据信息的形式，即毁坏、闭锁、变更、复制信息，侵入电子计算机系统。占有未进入工作状态的计算机，或者以物的形式占有机器载体的，不认为是调取计算机信息，此类情形可以依照侵犯所有权的犯罪和专擅行为类的犯罪条款予以调整。使用热、电磁波、机械性打击和其他类似方法从外部对机器载体进行破坏从而使计算机信息灭失或发生错误，也同样不属于此类犯罪的客观方面。此外，未经允许侵入电子计算机管理机关或计算机网络的，应该视为非法调取计算机信息罪的预备行为。

关于何为"非法"，应从以下几方面来认定：行为人没有调取该信息的权利；犯罪人有权调取该信息，但不按照管理程序、违反信息保护规则来调取信息。一般来说，俄罗斯联邦的国家信息是公开的，可以为公众所知晓，但对于法律明确规定为限制获取的信息，例如国家秘密、商业秘密等，作了例外规定。有权了解该信息的只能是法律法规、部门规章等规范性文件和公务细则规定的人员。有权知晓这种信息和有权调取使用相关信息的人员，一般根据其职务或业务上的权限，

---

① 参见斯库拉托夫、列别捷夫主编，黄道秀译《俄罗斯联邦刑法典释义》，中国政法大学出版社，2000 年 1 月，第 758～759 页。

可以从浏览使用计算机的过程中获知信息,或者对系统和数据库的内容以及计算机程序本身进行修改编辑。部分信息可能只对特定的人员开放知情和使用的权限,如这些人员未经允许擅自提高浏览和使用信息的密级,应被认为是非法调取计算机信息罪或者该罪的预备行为。

对计算机信息进行保护的手段繁多,其中包括加密技术、访问和使用控制系统等一般性的保护手段,也可以通过制定相应的制度规则来限定知情使用范围,规定相关人员的访问权限。将制度规范与技术手段相结合,一旦发生非经授权的人员访问或处理禁止其访问或处理的计算机信息的情形,程序工作就会自动停止,并以醒目的方式提示有权限的人员,危险正在发生。此外,作为一般的计算机信息系统用户,也可以自行采取安全保障措施,可以同时结合计算机自身已经具备的安全功能,根据自己的需要和使用特点,对计算机信息系统进行有效的保护。根据计算机信息系统安全的重要性,有必要将国家的计算机信息安全保障作为重中之重。对俄罗斯联邦政府、各州的国家权力机关、其他国家机关,以及对国家政府计算机信息具有文件化加工权限的组织等的信息系统应该实行强制安全认证制度。同时对从事研发设计、生产制作计算机信息保护系统的组织进行严格市场准入,要求其取得特定业务的特别许可。

非法调取计算机信息的同时通常会使计算机信息系统的安全保障功能失效,该行为本身已经构成非法调取计算机信息犯罪的既遂形态,或者在没有造成信息或其保护措施的毁坏、闭锁、变更或复制的情况下,应该视其为非法调取计算机信息罪的未遂形态。

毁坏计算机信息是指从电子计算机的存储设备上消除信息,同时将信息传输到另一个机器载体上的行为。这就意味着毁坏的行为本身会给合法使用人的使用或调取行为造成障碍,一旦信息被毁坏,就会客观上阻碍合法使用人提取该信息,否则不应认定为该罪中的"毁坏"。当然,即使该信息被毁坏,合法使用人也有可能通过恢复性程序将被毁坏的信息予以恢复,或者从其他信息保有人那里重新获得该信息,尽管如此也不能排除犯罪嫌疑人的责任。此外,需要说明的是,行为人仅将计算机信息文件的名称进行变更,或者用新的文件版本替换旧的文件版本,虽然也会给权利人使用该信息带来障碍,但通常不将其视为毁坏信息的行为。

闭锁计算机信息是指人为地阻碍用户调取计算机信息,但不毁坏信息的行为,也可称其为封锁计算机信息。在实践中应将计算机程序故障与毁坏或闭锁计算机信息相区别。一般情况下,计算机程序发生故障时,计算机信息并未消失,在特定情况下仍然可以提取和使用,但与计算机信息互动的工具(即相关程序)则通常失效。倘若行为人实施的是使计算机程序发生故障之行为,那么有可能会受到刑法其他条款的规制,如果行为人通过毁坏或闭锁的计算机信息的手段而使相关的计算机程序发生故障，则应认定为非法调取计算机信息罪。

何为对计算机信息的变更？如果不是计算机系统运行或数据库工作所必须的改动，那么任何对计算机信息的修改都属于对计算机信息的变更。所谓保障计算机信息系统或数据库正常运转所必须的改动，是指那些仅为了保障上述目的，并且在合法用户的管理下进行的修改。

所谓计算机信息的复制是指将信息在机器载体或其他载体上重复并永久性地记录下来。具体的复制行为包括：将计算机硬盘内存储的文件信息复制到外接存储设备中；用手工方式将计算机信息复制到物理载体上；通过拍照、截屏、录屏等方式对显示器显示的计算机信息进行记录。通过截取电子计算机电磁辐射信号或分析解读打印机声音等方式获取的计算机信息是本罪的犯罪客体。此外还应该注意到，计算机信息的复制不同于计算机信息的备份，所谓计算机信息的备份是在原有信息载体设备上的复制，例如在计算机系统内存中生成的复制件，或者在权利人所控制支配下的同类载体上实现的复制，例如权利人自主决定通过外接设备完成的复制。如果行为人在经过合法授权或经权利人许可的情况下，为了了解计算机信息的内容而进入系统，非其本人意愿而是其他权利人采用的程序自动触发而形成的复制件，由于不具有行为人主观的过错，因此该复制件的产生不视为行为人的可归责行为，计算机信息的复制只有在法律禁止未经允许进行复制的情况下才应视为发生了该条款规定的不利后果。

本条款中的破坏计算机信息系统及计算机网络运行是指暂时或永久性地对它们造成干扰，使其不能正常运行工作。此类破坏可能表现为计算机信息本身遭到毁损，支撑计算机程序运行的硬件设备遭到破坏，运行安全保障程序的系统遭到破坏，通信系统被破坏等。此处不仅是指对计算机设备及存储器的直接破坏，也包括计算机信息在显示和复制过程中受到的来自其他设备的信号干扰和攻击。

关于本条款规定的计算机及其网络的定义和类别，俄罗斯联邦总检察院作过如下解释。电子计算机是指在运行过程中能够将信息进行数字化的计算机器。安装在使用人个人工作场所的小容量电子计算机是个人计算机或个人电脑。若干台电子计算机可以联合组成协同解决具体问题的计算机系统，这种联合要求使用电信渠道进行联络，需要程序资源和组织保障。电子计算机网络是指在若干远距离的计算机之间建立联系，形成协同工作、信息共享的状态，即计算机的互联形态。通过计算机网络，网络使用人能够利用技术在自己的工作场所调取网络上和与网络联系在一起的计算机上循环的信息。当然计算机实现联网后，仍然可以通过设定访问权限来区分用户浏览和使用计算机信息的具体范围。计算机应用技术和通信技术共同组成了保障计算机信息收集、加工、储存和传播的技术基础，计算机网络亦可称为电信网络，是计算机之间进行信息交互的保障。俄罗斯联邦的电信网络具体包括：俄罗斯联邦的互联网，即俄罗斯联邦领域内由国家统一管理并予以技术支撑的电信网络综合体；共用电信网，是俄罗斯联邦互联网的组成部分，也是最主要的部分，为所有的公民和法人提供服务；部门电信网，是指国家各个部委或行政机关根据自己的职能范围与管理需要而建立的，具有专业性，因此其应用范围不及共用电信网；单位内部电信网，是指单位出于内部管理与组织工作的需要而建立的不对外提供服务的网络，俄罗斯联邦的行政机关和法人单位通常因为工作需要会建立自己的所谓内网；局域网，某些自然人和法人会组建在部分主体之间可以分享信息服务的网络，该网络没有通向共用网络的信道。以上就是最为常见的进入国际互联网或其他各类网络的途径。

本罪中的"利用职务地位"，是指犯罪嫌疑人担任着某种工作或职务，而这种工作或职务可以直接对有权进入计算机系统的人员产生影响，从而获得进入计算机系统的机会。此类人员并不具备直接进入计算机系统的权限，如果具备就不会是"非法获取"的情况，此外该类人员是否具有公职人员身份不论。所谓受到影响且有权限进入计算机系统的人员是指，合法地从事计算机工作或从事相关服务工作的任何人，具体包括程序设计人员、数据库维护人员、电力工程师、维修人员、计算机技术研发人员等。在计算机工作场所或设备存放场所工作的人员不限于上述列举的人员，虽然有权进入该场所，但如果其工作与接触计算机信息或设备没有直接关系，例如保洁人员、物流人员等，都不是本罪中所指的有权进入计算机系统的人员。

从俄罗斯司法实践中来看，实施非法调取计算机信息的行为通常有两类目的，或者是为了利用获得的计算机信息从事其他违法犯罪行为，或者是为了炫耀或测试自己的技术水平，满足好奇心。前者的主观恶性和客观危害显然更大，由此可能引发其他犯罪行为，例如侵害私生活不受侵犯权的犯罪（137条）、侵害通信秘密罪（138条），侵犯著作权、邻接权的犯罪（146条），侵犯发明专利的犯罪（147条），诈骗罪（159条），非法取得贷款罪（176条），非法获得和泄露商业秘密及银行机密信息的犯罪（183条），逃税罪（199条），隐瞒或歪曲关于危及人们生命或健康的信息犯罪（237条），间谍活动犯罪（275条、276条）等。

犯罪人在非法调取计算机信息后，如果没有进行其他犯罪的，仍应承担本罪的责任，如果针对被侵害的信息还存在其他行为，通常并不评价为另一个犯罪行为，不发生数罪并罚，但如果利用该信息从事其他犯罪的则应数罪并罚。本罪的实施可以是出于故意，也可以是因为过失，过失主要表现在行为人对自己调取计算机信息的合法性及对该罪不利后果的认识方面。对该罪承担刑事责任的只能是犯罪时已年满16岁且有刑事责任能力的人。

2. 编制、使用和传播有害的计算机程序罪

刑法第273条编制、使用和传播有害计算机程序罪规定，编制、传播或使用计

算机程序或其他计算机信息，对计算机信息进行销毁、拦截、修改、复制，或者使计算机信息保护程序失效的，处以 4 年以下的剥夺自由，或者处以 4 年以下的强制性劳动，或者处以同期限的剥夺自由并处以 20 万卢布以下或 18 个月以下的工资或其他收入的罚金。本条第一款规定之行为，若是有预谋的团伙或有组织的集团，或者是利用职务之便，为牟取私利导致严重损害后果的，处以 4 年以下的剥夺自由；或者处以 5 年以下的强制性劳动，其中至少包括 3 年以内不得从事特定职务或特定活动；或者处以 5 年以下剥夺自由并处以 10 万~20 万卢布或相当数量的工资及其他收入的罚金，或者至少 2~3 年不得从事特定职务或特定活动。本条第一、二款规定之行为，若其导致极其严重的后果，或者造成极其严重的损害，处以 7 年以下的剥夺自由。

本罪犯罪构成的客体是合法及安全使用计算机信息所形成的公共安全、公共秩序，这也就是该刑法规范所保护的客体。

本罪的客观方面是编制、使用和传播有害的计算机程序，或未经授权利用上述手段对计算机程序进行有害的修改。常见的有害软件类型包括计算机病毒、蠕虫病毒、扫描程序、电子防护模拟器、计算机流量控制程序、其他有害的补丁程序等。[①] 本罪的具体行为方式是以恶意计算机程序表现出来的编制、使用和传播的行为。计算机程序就是指为了获得一定的结果而用于电子计算机运行的资料和命令总和的客观表现形式，编制计算机程序是指编写计算机的算法，即逻辑命令的先后顺序，并进一步将算法转变为计算机的机器语言。对现有程序进行修改就是指通过删改程序的局部，并用其他程序片段代替现有程序片段以及进行补充从而改变程序的算法。软件程序的传播是指提供任何形式的对该计算机程序的访问，包括网络传播及其他形式，例如销售、租赁等，传播有害软件最常见的方法之一就是将它们放在各种电信网站或网页上。

未经许可毁坏、闭锁、变更或复制信息是指缺少法律上的授权并且未经信息所有人或用户准许而实施上述行为。电子计算机程序有害或者有益并不取决于它们毁坏、闭锁、变更或复制信息的目的或能力，而是看这些行为是否符合如下要求：第一，事先将程序的性质通知信息所有人或者其他善意使用人；第二，是否取得信息所有人或者其他善意使用人的同意。违反上述两点中的任何一点都将使计算机程序被评价为有害程序。所谓计算机病毒之所以是有害程序，是因为它们能够自我复制并能够在不通知善意使用人和不经其同意的情况下干扰电子计算机的正常工作。病毒程序通常含有保障其自我复制和伪装的命令。鉴于此，一般来说，能够导致电子计算机信息被毁坏、闭锁、变更或复制的，则认为属于本条款

---

① http://stykrf.ru/273，2019 年 4 月 1 日访问。

所规定的有害计算机程序，应该适用于本条款。

　　本罪中所谓的利用计算机程序除了指按照计算机程序自有功能使用以外，还包括出版发行、复制计算机程序，以及按照其原有的形式或修改后形式将其投入市场流通的行为。利用该程序的计算机载体实质上其目的仍然在于使用计算机程序本身，以此为目的而利用计算机就视为使用计算机程序。如果使用有害的计算机程序不是为了侵害其他主体的合法权益或者满足其他不法目的，而纯粹是为了自身需要，那么不视为犯罪行为，不受本条款的规制。传播电子计算机程序是指以任何物质形式提供复制的电子计算机程序，包括使用网络方式和其他方式，以及出售、出租、出借以及制造程序传播条件等。传播含有电子计算机程序的机器载体是指以任何条件将载体交付于第三人。

　　编制、使用或传播有害计算机程序的严重后果是指无法挽回地遗失有价值的信息，导致重要技术手段发生故障，例如国防系统、导航系统发生故障，导致人身伤亡、重大事故或灾难。如果有害计算机程序的作用是为了实施另一个犯罪行为，则无论另一个犯罪行为的严重程度如何，均应数罪并罚。编制、使用或传播有害计算机程序在主观方面只能是出于直接故意，是指犯罪人已经意识到程序的有害性质，而且明知该程序能够引起上述的有害后果，仍然编制、使用或传播该程序。编制、使用有害程序后通过第三人传播该程序的，如果存在预见发生危害后果的可能性，则应该对所发生的严重后果负责。如果编制、使用和传播有害程序与有关的严重后果之间存在的中间环节过多，使得主体显然不能预见到如此严重的后果，则不能认为主体具有过失形式的罪过。另外，只有在犯罪时已年满16周岁的人，才能对本条款规定的犯罪承担刑事责任，本条款对犯罪主体是否具有公职人员身份、从事何种职业及文化程度等不作特别规定。

　　3. 违反电子计算机、电子计算机系统或其网络的使用规则罪

　　第274条违反电子计算机、电子计算机系统或其网络的使用规则罪规定，有可能进入电子计算机、电子计算机系统或其网络的人员违反电子计算机、电子计算机系统或其网络的使用规则，导致受法律保护的电子计算机信息的遗失、闭锁或改变，如果这种行为造成了重大损害，则处以50万卢布以下的罚款，或处以18个月以下的工资或其他收入的罚金，或处以6个月以上1年以下的矫正性劳动，或处以2年以下的限制自由，或处以2年以下的强制性劳动，或处以2年以下的剥夺自由。[①] 若前款之行为导致严重后果，或者致使产生严重后果之巨大威胁，处5年以

[①] 俄罗斯的矫正性劳动亦被称为劳动改造，是刑罚的种类之一，本文直译为矫正性劳动，它不同于强制性劳动，通常是在居住地点服刑并参加劳动，劳动报酬有一定比例要上交国家，具体比例各个地方的规定不同，期限一般是6个月以上不超过两年。强制性劳动则通常在服刑地点进行，常常与其他自由刑合并执行，期限较长，劳动报酬也要由国家扣除一定的比例。

下的强制性劳动或相同期限的剥夺自由。

本罪的犯罪客体或者保护对象与第273条相同,是合法及安全使用计算机信息所形成的公共安全、公共秩序。电子计算机的使用规则由相应的规范性文件规定,在用户合法获得计算机技术设备的同时,向用户交付的性能说明书、技术说明书和使用细则以及电子计算机程序的使用细则等文件共同组成了所谓的"使用规则"。相关细则可以使用纸张载体或机器载体予以承载表现,采用机器载体的情况下,其使用规则已经被写入程序,以保证用户需要时就可以查阅相关规则。通常情况下,违反电子计算机使用规则的行为可以分为两类:一是物理违反,例如设备安装错误,计算机工作场所环境不适宜,电源接入错误,未及时进行技术维护,使用未经认证的保护手段和自制的连接设备等;二是程序违反,例如对计算机程序使用错误,向计算机发出其程序无法处理的资料等。

本条款中所谓的重大损害,是指重要信息的遗失,生产活动的停止,必须对计算机及其程序进行复杂或长时间的修理及调试,系统或网络中的计算机之间的联系长时间中断等。损害是否重大还应根据电子计算机所有人或占有人的财产状况和组织能力来确定。违反电子计算机使用规则的严重后果是指有价值的信息不可挽回地遗失,导致重要的技术手段发生故障,例如国防系统、导航系统发生故障,致使发生人身伤亡、重大事故或灾难。如果违反计算机使用规则还导致犯罪人实施其他的犯罪,并且其他的犯罪已经足够严重,则应数罪并罚,如果其他的犯罪非常轻微,则应该认为本条款已经涵盖了对其他轻微行为导致不利后果的评价。

违反计算机使用规则罪的主观方面既可以是故意,也可以是过失。犯罪主体只能是年满16岁的具有刑事责任能力的自然人。本条款对犯罪主体是否具有公职人员身份、从事何种职业及文化程度等不作特别规定。

4. 非法侵害俄罗斯联邦关键信息基础设施罪

本条款旨在保护国家关键信息基础设施的安全,具体规定,故意非法地编制、传播和(或)使用计算机程序或信息,致使联邦关键信息基础设施遭受损害,包括关键信息基础设施中信息的销毁、闭锁、修改、复制,以及针对上述信息保护措施的非法解除行为,处以5年以下的强制劳动及2年以下的限制自由,或处以2~5年的剥夺自由及50万~100万卢布的罚金或1~3年的工资收入或其他收入。非法获取联邦关键信息基础设施中受保护的计算机信息,也包括使用那些能够损害关键信息基础设施的计算机程序及信息的行为,应处以5年以下强制劳动并处50万~100万卢布的罚金,或者1~3年的工资收入或其他收入,或2年以下限制自由;或处以2~6年的剥夺自由并处罚金50万~100万卢布,或者1~3年的工资收入或其他收入。

俄罗斯联邦关键信息基础设施中的计算机信息受到法律的保护，其存储、传输、处理等环节应符合操作规则，如果违反这些规则就可能会受到本条款的规制。与关键信息基础设施有关的信息系统、电信网络、自动化管理系统等设施也有自身的操作和使用规则，如果违反了这些规则并导致联邦关键信息基础设施遭受严重损害的，则构成本罪。对于上述行为构成犯罪的，应处以 5 年以下的强制劳动并处以剥夺 3 年内从事特定职业或特定活动的权利，或处以 6 年以下剥夺自由并处以剥夺 3 年内从事特定职业或特定活动的权利。触犯本罪，如果是事先通谋的共同犯罪，或者是有组织的犯罪，或者是公职人员利用自己的权力实施本罪，则处以 3~8 年的剥夺自由，同时可并处剥夺 3 年内从事特定职业或特定活动的权利。如果非法侵害俄罗斯联邦关键信息基础设施并造成极其严重的后果，则判处 5~10 年剥夺自由，同时可并处剥夺 5 年内从事特定职业或特定活动的权利。

本罪是对违反电子计算机、电子计算机系统或其网络的使用规则罪的补充规定，并没有单独增设条文，而是作为第 274 条的内容之一，是基于网络应用技术的发展，是国家关键信息基础设施面临重大威胁的情况下补充的罪名。直到 2018 年 2 月 8 日联邦政府 127 号令通过了《关于确认俄罗斯联邦关键信息基础设施的规定》，才正式明确了关键信息基础设施的概念。该文件对关键信息基础设施定义为：关键目标的生产和技术过程管理自动化系统与确保其协作的信息通信网络，以及完成国家管理任务，确保防御能力、安全和法律秩序的信息系统和通信网络的总和。

四、版权保护立法

俄罗斯在 2006 年正式颁行了《俄罗斯联邦民法典》的第四部分，即知识产权保护的相关内容，其中既有关于版权（著作权）保护的规定，也有关于专利、商标等保护的规定。原则上，关于知识产权保护的所有条款都能够适用于网络空间。《俄罗斯联邦民法典》第 1 227 条第 1 款规定，智力权利与表现相应智力活动成果或个别化手段物质载体（物）的所有权无关。这实际上说明了基于智力成果的权利与权利载体的形式或该形式的所有权无关，网络形式当然包括在内。作品传播包括各种技术手段，其中也包括通过电信网络的方式。《俄罗斯联邦民法典》专门把计算机软件和数据库明确规定为著作权保护的客体。《俄罗斯联邦民法典》第 1 261 条规定，可以用以任何语言和任何形式表现的各种电子计算机程序（包括运行系统和综合程序），包括原始文档和源代码，其著作权享有与文学作品相同的保护。电子计算机程序是以客观形式出现的、为获得一定结果而用于电子计算机和其他电子计算机装置运行的数据和命令的总和，包括在编制电子计算机程序过程中获得的预备材料以及由电子计算机程序派生的音像再现形式。《俄罗斯联邦民法典》第1 260条规定,数据库是作为汇编作品来处理的。该条规定,数据库是以客观形式出现的独立材料(文章、计算、规范性文件、法院裁判和其他类似材料)的总和,其系统化方式应该使这些材料可以借助于电子计算机被检索和加工。

2013年6月21日俄罗斯国家杜马通过了《俄罗斯联邦反盗版法案》(О внесении изменений в отдельные законодательные акты Российской Федерации по вопросам защиты интеллектуальных прав в информационно-телекоммуникационных сетях),[①] 同年6月26日经联邦委员会批准,于2013年7月2日颁布的联邦第187号法律案中正式颁行,2013年8月1日生效。《俄罗斯联邦反盗版法案》重点规定了关于影视作品的网络传播问题,各类电影、电视剧作品等一旦在网络上发行传播,也应该受到著作权法的保护。该法案是网络版权的重大进步,也是一种有益的探索,由此建立一种网络版权保护的新模式、新思路,为将来对文学作品、音乐作品,以及其他作品的数字化过程提供保护的依据。俄罗斯曾经也是盗版现象严重的国家,但近年来立法完善,监管得力,盗版现象已经得到有效遏制。根据《俄罗斯联邦反盗版法案》,莫斯科城市法庭成了审理影视作品网络盗版侵权的专门机关,负责管辖影视作品网络侵权的第一审案件。莫斯科城市法庭可以直接受理影视作品著作权人的控告,也可以通过在线的方式不受时间限制地接受著作权人的投诉,著作权人发现作品被侵权后,可以直接向该法庭提起诉讼,同时应该提交证据。目前由俄罗斯联邦通信、信息技术与传媒监督局负责监管影视作品的网络盗版侵权行为,并负责该法案的落地工作,对侵权行为予以查处和追责,同时配合莫斯科城市法庭的司法程序。

《俄罗斯联邦反盗版法案》赋予莫斯科城市法庭专有裁决权,对民事诉讼法第26条补充的第3款内容如下:"莫斯科城市法院负责审理与信息通信网络上保护电影独家经营权有关的第一审民事案件,包括影视作品、电视片,也包括在互联网领域发行的视频作品,根据此项权利可采取符合本法典[②]第144.1条的预防性保障措施。"第140条第1款补充以下内容于第3.1项:"附加被告与其他当事人于完成特定行为之义务,此特定行为是与损害包括互联网在内的信息通信网络上的影片、影视、电视片的独家经营权而产生争议相关的行为。"[③]

《俄罗斯联邦反盗版法案》还规定了保护专有权利的新举措。其中修订后的第144.1条规定,法院有权采取保护互联网和信息通信网络的影片、电影、电视片独

---

① 原意是"俄联邦对信息通信网络中知识产权保护法律的修订",就是指对《俄罗斯联邦民法典》第四部分知识产权保护篇的修订。

② 此处指《民事诉讼法典》。

③ http://ivo.garant.ru/#/document/70405630/paragraph/12:0,2020年4月1日访问。

家经营权的措施。具体就是指法院有权按照组织或公民的书面申请，实施互联网和信息通信网络影片、电影和电视片独家经营权的初步保护措施，直至起诉之前。该申请可以通过填写法院互联网主页上表格的方式加以提交，并按照联邦法律程序的规定用电子签名的方式签署。因法院实施互联网和信息通信网络影片、电影、电视片独家经营权初步保障措施而被损及权利和法益之组织或个人，在起诉前有权按照自己的选择要求申请人依照《民事诉讼法典》第146条规定的程序赔偿损失，其前提是如果申请人在法院规定期限内，未按照此前法院采取初步保护措施的要求提交索赔申请，或者生效的司法裁定在诉讼中被驳回。第1 302条补充以下内容于第3项："为了保障损害信息通信网络和互联网影片、电影、电视片独家经营权而提起的诉讼，可以对损害意图指向的信息资源采取民事诉讼法规定的保护措施，或者采取旨在限制侵权信息存取的措施。限制信息存取的程序由俄罗斯联邦信息立法予以规定。"

总之，俄罗斯联邦对网络版权的保护采取的是一般法与特别法相结合的立法模式，即通过民法领域的知识产权法来对著作权进行专门保护，其范围较广，不限于作品是线上还是线下，作品的形式也不受限制，在网络空间中传统的知识产权法依然有效；通过线上版权保护的专门立法——《俄罗斯联邦反盗版法案》，来为线上影视作品提供特别保护，目前仅限于视频类作品，以后有延伸至其他类作品的可能。从《俄罗斯联邦反盗版法案》的内容还可以看出，俄罗斯也有类似"避风港原则"的规定，例如《俄罗斯联邦反盗版法案》第3条就规定，根据权利人或专门机关的通知，网络服务提供商有3天的时间来删除侵权内容，若未按照要求及时删除，法庭可对网络服务提供商作出长达15天封锁网站的禁令。在监管方面，俄罗斯体现出常规行政司法机关与特别行政司法机关并行监管的特点。一般的法院当然可以审理相关的知识产权违法犯罪案件，而莫斯科城市法庭则是专门管辖网络盗版侵权民事案件的专门法院，联邦通信、信息技术与传媒监督局则是专门的行政监管部门。

五、个人信息保护立法研究

俄罗斯的个人信息保护立法起步较早，俄罗斯制定有专门的《个人数据法》。此外，《信息、信息技术和信息保护法》也有很多关于个人信息保护的规定。俄罗斯联邦在很多网络立法中都有关于个人信息或隐私数据保护的条款。上述法律共同构成了个人信息保护的法律体系。

1.《个人数据法》

2006年7月8日俄罗斯国家杜马通过了《个人数据法》(Федеральныцй закон о

персональных данных)①，同年 7 月 14 日经联邦委员会批准，于 2006 年 7 月 27 日颁布的联邦第 152 号法律案中正式颁行。该法调整的是俄罗斯国家权力机关、俄联邦各州国家权力机关、其他国家机关、地方自治机关、市政机关、法人和自然人在利用（或不利用）自动化手段加工个人数据时产生的社会关系，实际上就是对国家政府各个主体利用和处理个人数据的行为进行规范。《个人数据法》包括对相关基本概念的界定、加工个人数据的原则和条件、个人数据主体的权利、经营者的义务、对加工个人数据的监管以及法律责任等内容。其目的是在个人数据加工中保护个人和公民的权利和自由，包括保护其私生活不受侵犯的权利，保护个人及家庭秘密。《个人数据法》与《信息、信息技术和信息保护法》共同成为俄罗斯联邦个人信息保护的重要法律依据。

《个人数据法》第 5 条规定了个人数据加工的基本原则：①个人数据的加工应建立在合法和公正的基础上；②个人数据加工应与事先确定的具体的合法目的相一致，不允许加工个人数据的目的与收集个人数据的目的不一致；③禁止建立相互之间目的不同的个人数据信息系统数据库联合体；④只有对符合个人数据加工之目的的数据进行处理才属于加工；⑤加工的个人数据内容和范围应该符合申明的加工目的，被加工的个人数据不应超出申明数据加工目的的范围；⑥在加工个人数据时应该保障个人数据的准确性和完整性，在极其必要的情况下可以要求保障符合个人数据加工目的的及时性，经营者应该采取必要措施保障删除或者确认那些不完整或不准确的数据；⑦个人数据应以能确认数据主体的形式保存，保存时间不能多于加工目的所要求的时间，如果联邦法律没有规定个人数据保存期限，那么就根据合同约定，合同受益人或保证人是个人数据的主体，按照加工的目的的达成或者该目的的必要性消失，加工的个人数据应被销毁或使之失去个性，联邦法律另有规定的除外。

个人数据主体有权获得与其个人数据加工相关的信息，其中包括以下内容：确认经营者加工个人数据的事实；加工个人数据的法律根据和目的；经营者加工个人数据的方法和目的；经营者的名称和住所，存取个人数据的他人信息，还包括与经营者签订合作合同或者根据联邦法律加工个人数据的其他人的信息；经营者加工的个人数据的来源，若联邦法律规定有其他获取这些数据信息的程序，则个人数据主体不能直接从经营者那里获取，而应依照法定程序获取信息。个人数

---

① 国内有些书中将该部法律译为《个人信息保护法》或《个人资料法》。笔者根据原意将其译为《个人数据法》。俄罗斯个人资料立法的最直接推动力来自俄罗斯 2001 年加入、2005 年 12 月 19 日批准的《在自动化处理个人数据时保护自然人欧盟公约》。2003 年年底俄罗斯国家杜马审议了《个人资料法》草案，2006 年 7 月 27 日通过并正式公布了《个人资料法》。参见张建文的《俄罗斯个人资料法研究》，重庆大学学报（社会科学版），2018 年第 24 期，第 132~153 页。

据加工的期限，其中包括数据保存期限；本联邦法律规定的实现个人数据主体权利的程序；关于数据跨境传输的信息；接受经营者委托或即将接受委托的从事个人数据加工的个人的姓、名、父称和地址；本联邦法律或其他联邦法律规定的其他信息。个人数据主体的个人数据权利在以下情况下，根据联邦法律的规定应受到限制：为了保卫国防、保护国家安全及维持法律秩序，对于在紧急搜救、反技术侦查和技术侦查活动中获得的个人数据进行加工；国家机关为了逮捕犯罪嫌疑人，向其提起刑事诉讼，或者在提起刑事诉讼之前对其采取强制措施而加工处理其个人数据信息，俄罗斯联邦刑事诉讼法有其他规定的除外；为了调查与恐怖主义犯罪及其他犯罪有关的洗钱行为而加工个人数据；个人数据主体存取自己的个人数据而损害第三人的权利和法益的；俄罗斯联邦关于运输安全立法规定的个人数据加工行为，其目的在于确保运输系统功能的安全，保障个人、社会和国家利益在运输系统领域免受非法干扰。

根据《个人数据法》的规定，对个人数据主体负有保护职责的机关具有以下职权：要求自然人和法人提供为实施其职能所必须的信息，并无偿获得这些信息；对个人数据加工报告中的信息进行检查，并可会同其他国家机关在其职权范围内实施该检查；要求经营者说明、封锁、销毁不准确或通过非法途径获得的个人数据；根据联邦法律规定采取措施暂时停止或终止违法实施个人数据加工的行为；为了保护个人数据主体的权利和利益可以向法院提请诉讼，其中包括为了保护不特定人群的权利；倘若经营者获得了有关部门的许可而从事个人数据加工活动，并且许可条件是未经个人数据主体的书面同意禁止经营者向第三方传递其个人数据，在这种前提下经营者违反了许可条件，则应向许可经营者活动的机关提出声明，要求暂时停止并审查违法加工行为，或者根据法律规定宣告其许可无效；向负有安全保障义务和拥有反技术情报保护职能的联邦权力机构提供法律规定之信息；向检察机关和其他护法机关发送材料，根据侵害个人数据主体的犯罪特征解决所引发的刑事犯罪问题；向俄联邦政府提交完善个人数据主体权利法律调整的建议；追究违反本法的犯罪人的行政责任等。

2. 《信息、信息技术和信息保护法》

2006年7月8日俄罗斯国家杜马通过了《信息、信息技术和信息保护法》（Федеральныцй закон об информации, информационных технологиях и о защите информации），同年7月14日经联邦委员会批准，于2006年7月27日颁布的联邦第149号法律案中正式颁行。《信息、信息技术和信息保护法》为俄罗斯联邦境内主体自由查找、获取、传递、生产和传播信息提供了法律依据，明确规定了俄罗斯联邦各个信息主体在信息活动中的权利义务关系。《信息、信息技术和信息保护法》的前身是1995年2月20日颁行的《信息、信息化和信息保护法》，从《信息、信息技术和信息保护法》施行之日起，《信息、信息化和信息保护法》即告失效。

《信息、信息技术和信息保护法》包括信息、信息技术和信息保护领域法律关系调整的基本原则、信息法律关系的对象、信息主体、公共信息、信息存取的权利及其限制、信息传播和信息提供、信息技术应用领域的国家调控、国家信息系统、信息通信网络的利用、信息保护及其法律责任等多项内容。目前,《信息、信息技术和信息保护法》是俄罗斯联邦最重要的关于信息保护的法律规范。

《信息、信息技术和信息保护法》主要是从信息内容本身的安全性角度进行规范,而所谓的"信息",当然包括个人信息。《信息、信息技术和信息保护法》确立了信息保护法律关系的基本原则,其第三条指出,信息、信息技术和信息保护领域法律关系调整建立在以下原则基础之上:①以任何合法的方式自由地查找、获得、传递、生产和传播信息;②只有联邦法律才能规定信息的限制存取;③国家机关和地方自治机关活动的信息应公开,并可自由存取,联邦法律有规定的除外;④在建立和经营信息系统的过程中俄联邦各民族语言拥有平等权利;⑤在建立和经营信息系统的过程中保护俄联邦的安全和系统中的信息安全;⑥信息提供应准确、及时;⑦私生活不可侵犯,未经本人同意,不能收集、保存、利用和传播与个人私生活有关的信息;⑧除为了建立和操作国家信息系统而有应用某种特定信息技术之必要的,不得用规范性法律来规定优先使用某种信息技术。上述原则可以归纳为合法获取信息原则、限制存取法定原则、政府信息公开原则、语言平等原则、信息安全原则、信息准确原则、保护隐私原则和信息技术竞争原则。

《信息、信息技术和信息保护法》第 9 条是关于限制存取信息的相关规定,根据该条款,禁止要求公民(自然人)提供与其私生活有关的、构成其私人及家庭秘密的信息,或违背公民(自然人)意志获取该信息,联邦法律有其他规定的除外。此外,俄罗斯联邦《个人数据法》规定,对公民(自然人)个人数据进行限制存取的,应从其规定。

违反《信息、信息技术和信息保护法》规定的,应承担相应的民事法律责任、行政法律责任或刑事法律责任。由于限制存取的信息泄露或其他对该信息的非法利用而使当事人的权利和合法利益遭受损失的,当事人有权通过司法程序保护自己的权利,包括提请赔偿损失、精神损害赔偿、保护名誉、尊严和商誉的诉讼。在当事人不采取措施保守信息秘密,或者违反关于信息保护的联邦法律,或者采取上述措施和遵守上述要求是当事人的义务时,则不能满足当事人赔偿损失的要求。如果传播联邦法律限制存取或禁止存取的信息,提供如下服务的当事人不承担传播信息的民事法律责任:①在向他人传递信息时,信息未发生变化或修改;②在保存和提供信息存取时,当事人无法知晓信息传播的非法性。此外,互联网网络服务提供商和网站经营者在符合本法规定的情况下限制权利人和用户存取或传播信息,不承担责任。

3. 个人信息保护的其他相关法律

《大众传媒法》中也规定有隐私保护方面的条款。根据该法,编辑部无权在传播的消息和材料中公开公民要求保密的信息。[①] 编辑部有义务对信息来源保密，无权披露要求在保密状态下提供信息的自然人的信息，因法院审理案件而需要披露的除外。编辑部无权在传播的消息和材料中未经未成年人及其法定监护人同意，传播能够直接或间接指向实施犯罪或涉嫌犯罪的未成年人的信息，以及实施了行政违法行为和反社会行为的未成年人的信息。编辑部无权在传播的消息和材料中传播《大众传媒法》第4条第6款指出的信息，如果传播该信息有利于对因违法行为被判决的未成年人权利和法益的保护则除外。可以在大众传媒和信息通信网络中传播披露上述信息的情形包括：经年满十四周岁因违法行为（不作为）而被判决的未成年人及其法定监护人同意；经不满十四周岁因违法行为（不作为）而被判决的未成年人的法定监护人同意；若取得年满十四周岁因违法行为（不作为）而被判决的未成年人及其（或）法定监护人的同意是不可能的，或者该未成年人的法定监护人也涉嫌或被控实施了该违法行为，那么可不必取得上述同意。

2008年12月26日俄罗斯联邦颁行了第294号《在实施国家监督（监管）和政府监督过程中保护法人和个人、企业权利》的法案，该法案同样也适用于国家对通信领域进行监管和检查时有关的组织、法人和个人。从业者有义务保守通信秘密，具体包括：在俄罗斯联邦境内，通过通信和邮政网络进行传递的来往信函、电话谈话、邮件、电报和其他通信内容的秘密受法律保护；所有通信业务经营者均有义务保守通信秘密，只有在联邦法律批准的情况下，通过通信和邮政网络进行传递的来往信函、电话谈话、邮件、电报和其他通信内容的私密性才受到限制；网络经营者有义务保证通信的私密性；除联邦法律另有规定外，检查和打开邮件、调查存款、检查通过通信网络传递的信息等，都必须在司法授权的基础上，持有检查证明文件或其他批准涉密的有效证件；除联邦法律另有规定外，通过通信网络传输的信息、邮件和邮政汇款情况，只能提供给发送者和接收者，或者他们的授权代表。但为了保障国家安全，通信业务经营者依据俄罗斯联邦法律的规定，有义务向实施搜查（侦查）活动的机构提供有关通信服务用户的信息及提供通信服务方面的情况。联邦通信权力执行机关与实施搜查（侦查）活动的国家安全机关所商定的、对用于搜查（侦查）活动的通信网络和设备提出的要求，通信业务经营者有义务执行，并采取措施保证上述活动的秘密性。在进行搜查（侦查）活动的国家机关要求下，通信业务经营者有义务为其提供刑事诉讼所需要的各种证据材料和便利条件。

2010年俄罗斯联邦通信和大众传播部[②]制定了《电信运营商信息系统中的个人数据保护规定》(Концепция защиты персональных данных в инфромационных

---

① 该规定的隐私标准实际上采取的是主观标准，与我国一些学者的观点不谋而合。
② 现已更名为"俄罗斯联邦数字发展、通信与大众传播部"。

системах персональнных данных оператора связи），对互联网信息通信领域的个人数据安全进行规范。该规定对个人数据的范围进一步明确，尤其是对在互联网信息系统交互过程中涉及的个人数据进行了界定，规定了对运营商控制处理的个人数据和个人数据系统进行保护的一般原则、个人数据保护的方法、运营商个人数据信息系统的一般特征、威胁个人数据信息系统安全的模式、保障个人数据安全的基本措施等内容。该规定对俄罗斯的《个人数据法》起到了补充作用。

《电信运营商信息系统中的个人数据保护规定》是为了补充 2006 年 7 月 27 日联邦"关于个人数据"的第 152 号法律而制定的，旨在保护个人数据的安全，而这同时也与个人数据信息系统经营者，以及俄罗斯联邦履行国际义务相关。该规定的法律依据是联邦宪法，联邦国家安全法规，《俄罗斯联邦信息安全学说》，联邦法律，联邦总统令，联邦政府法令，主管通信行业、保障信息技术安全的联邦权力执行机构的规范性法规（命令、法令），以及俄罗斯联邦加入的国际条约等。该规定进一步明确了个人数据保护中的主要概念。个人数据信息系统（即关于个人数据总和的信息系统）包含运用自动化或非自动化手段可以实现个人数据加工的信息技术和技术方法。个人数据即属于特定自然人主体的数据，或在此类数据基础上特定化的自然人（个人数据主体）的任何信息，其中包括其姓、名、父称，出生年月日、地点、地址、家庭、社会、财产状况、教育程度、职业、收入以及其他信息。通信方法是指为了建立、接收、加工、保存、传递、提供电子通信信息或者邮件而应用的技术和程序性手段，包括提供通信服务或保障通信网络功能的其他技术和程序性方法。数据主体是指：①通信服务之用户——订购和（或）使用通信服务的自然人，此类主体包括那些通过签订通信服务协议而享有该项服务并为此获得用户号码或唯一识别码的用户；②其个人数据被加工处理的自然人，运营商为了提供通信服务而采取技术手段加工了这些主体的个人数据，这类主体包括：工作人员，即与雇主（电信运营商）发生劳动关系的自然人，实践中常见的有为电信运营商提供技术支持和专业化支持的工作人员；其他个人数据被加工的自然人，且其个人数据被加工是提供通信服务所必须的技术过程。

俄罗斯国家杜马 2015 年 7 月通过《被遗忘权》法案，联邦委员会上院一致通过，总统普京 2015 年 7 月 14 日签字批准。自 2016 年开始，俄罗斯公民正式享有互联网被遗忘权，即公民有权要求搜索引擎运营商删除指向自己的不实信息或非法信息链接，如果后者没能应用户请求删除相关不实信息或链接，将可能受到处罚。网民如果认为按其名字在网上搜索出的链接是指向他们的不实、无关紧要或涉嫌侵犯个人隐私的信息，则有权要求删除。法定可删除的内容不包括申请者的刑事指控信息或犯罪记录，以及公务员的收入和个人资产信息。需要注意的是，搜索引擎经核实后只删除相关链接，使其不在网页上显示，也就是不会被搜索引擎再次搜索到，但原链接所指向的网站信息将不会受到影响，会继续保留在原存储位置。处理"被遗忘"申请时，申请人应该向搜索引擎服务商提供证明自己个人身份的信息以及存在不当信息的证据，搜索引擎服务商在收到处理申请后在10个工作日内进行删除。如果搜索引擎服务商对申请未能在法定期限内作出处理，则申请人有权向法院起诉服务商，符合条件的法院将责令服务商删除相关信息，倘若搜索引擎服务商拒绝执行法院的命令，则会面临高达100万卢布的罚金。

4. 关于数据本地化

所谓的数据本地化问题实际上就是对数据信息的跨境流动进行规制的问题，其中最主要的就是网络用户的个人信息，以及基于网络用户个人信息的应用而产生的大量与用户网络行为相关的其他信息。数据本地化已经成为关涉互联网产业发展、网络安全，乃至国家安全的重要内容之一。俄罗斯近年来不断加强数据信息本地化的网络立法，其根本出发点就在于维护国家利益与安全，其中最为直接的、具体的推动因素就是斯诺登曝光的"棱镜门"事件，该事件把信息系统数据安全问题暴露无遗。很多国家因此而十分担忧本国的安全，俄罗斯也不例外，就在该事件发生后不久，俄罗斯信息政策、信息技术与通信委员会就发出声音，呼吁加强对数据信息的管理，强调国家的所谓"数据主权"，希望通过法律将网络用户在俄罗斯互联网交互中产生的数据信息留存在俄罗斯本土的服务器上。此后俄罗斯通信部还草拟了一份法令，规定电信服务商及网络服务提供者负有将用户数据留存在俄罗斯境内的义务。

2014年5月5日普京签署的97号联邦法令《俄罗斯联邦〈关于信息、信息技术和信息保护法〉修正案及个别互联网信息交流规范的修正案》对原法律的第10条第1款补充了如下内容：网络服务提供者有义务将网络用户接收、提供、传输、处理的语音信息、文字信息、图像信息、声音信息或者其他电子信息储存在俄罗斯联邦境内六个月，互联网信息传播服务提供者必须在俄罗斯境内对上述信息及网民个人信息进行保存。互联网信息传播服务者有义务保留和（或）提供给国家侦查机关和安全机关上述信息，不履行该义务者将受到行政处罚。[①]

2014年7月21日普京签署了242号联邦法令《关于"进一步明确互联网个人数据处理规范"之俄罗斯联邦系列法律修正案》，其中也补充了关于数据本地化的内容。在《信息、信息技术和信息保护法》第16条第4款中增加了以下内容：规

---

① 参见 Федеральный закон от 5 мая 2014 г. N 97-ФЗ "О внесении изменений в Федеральный закон " Об информации, информационных технологиях и о защите информации " и отдельные законодательные акты Российской Федерации по вопросам упорядочения обмена информацией с использованием информационно-телекоммуникационных сетей?", http://ivo.garant.ru/#/document/70648932/paragraph/10:0, 2020年4月1日访问。

定信息拥有者、信息系统运营方有义务将对俄罗斯联邦公民个人信息进行收集、记录、整理、保存、核对（更新、变动）、提取而形成的数据库存放在俄罗斯境内。在《个人数据法》第 18 条中增加了第 5 款，规定收集个人数据（包括使用网络手段）时，运营商需要保证使用位于俄罗斯境内的数据库，对俄罗斯公民的个人数据进行搜集、记录、整理、保存、核对（更新、变动）和提取。数据处理者在处理数据前应该向数据保护机关告知包含俄罗斯公民个人数据的数据库所在地的信息，并且根据俄罗斯联邦法律规定，对违反俄罗斯联邦《个人数据法》的信息进行访问限制。[①]

根据以上内容，可以看出俄罗斯联邦数据本地化立法主要是从行为和内容两个方面来加以规制的。一是网络服务提供者，主要是从事网络信息传播业务的主体，负有使用本国境内数据库来加工处理公民个人信息的义务，同时也负有配合执法机关执法的义务；二是数据本地化中的数据，主要指的是公民个人信息、公民在网络上处理数据的记录，以及由上述数据构成的数据库，这些都应依法存储于俄罗斯联邦境内的设备上。通过数据本地化立法，俄罗斯实现了国家对国内数据信息情况的掌控，加强了对数据跨境流动的监管，有效地提升了国家信息安全水平。

六、电子商务立法

在电子商务方面俄罗斯的立法主要是《电子商务法》和《电子数字签名法》，目前俄罗斯正在酝酿出台规范电子商务领域的新法律。《电子商务法》和《电子数字签名法》的主要作用是规范电子商务市场的行为，以保障电子交易方式的安全。

《电子商务法》颁行于 2001 年，至今已经过多次修订。其立法目的在于，保障良好的电子商务法律环境，保障交易各方合法的权益，确立电子交易的基本规则，确定各类交易文件的形式及其法律效力等。《电子商务法》主要调整运用电子文档进行商业交易的当事人之间的法律关系，也包括在此环境下其他参与商业交易的民事主体之间的法律关系。

《电子商务法》所称的电子商务，是指通过交换电子文档而进行的以下行为：俄罗斯联邦民法所规定的交易，包括买卖、供货、提供服务、运输、融资贷款、金融服务、银行投资、银行账户结算业务、保险委托业务、信托业务、财产信托管理、商业租赁等。上述行为通过电子形式来行使权利承担义务的，均属于《电

[①] 参见 Федеральный закон от 21.07.2014 г. No 242-ФЗ "О внесении изменений в отдельные законодательные акты Российской Федерации в части уточнения порядка обработки персональных данных в информационно-телекоммуникационных сетях", http://www.kremlin.ru/acts/bank/38728, 2020 年 4 月 1 日访问。

子商务法》所指的电子商务。《电子商务法》所称电子文档是指在电子商务领域，为了完成交易而在使用电子通信手段过程中，打印、发送、接收或保存的各种电子信息。

《电子商务法》第 5 条规定了其调整的基本原则。从事电子商务活动的当事人之间法律地位平等，契约自由，无障碍从事商业活动，在俄罗斯联邦境内自由安排商品、服务和金融资金，确保法院对从事电子商务的当事人权利能够给予充分的保护。自然人和法人能够在电子商务领域根据自己的意志和利益实现权利承担义务。双方当事人在不违背合同立法的前提下，能够自由设定合同中双方的权利义务关系。对电子商务中当事人权利和义务进行限制只能依据联邦法律的规定。

2011 年 3 月 25 日俄罗斯国家杜马通过了《电子数字签名法》(Федеральныцй закон об электронной цифровой подписи），同年 3 月 30 日经联邦委员会批准，于 2011 年 7 月 1 日颁布的联邦第 169 号法律案中正式颁行。《电子数字签名法》是俄罗斯联邦重要的电子商务类立法之一，早在 2002 年 1 月，俄罗斯就已经颁行了第一部《电子数字签名法》，但在此后的十年里，俄罗斯互联网发展速度非常快，已经逐渐成为欧洲最大的互联网应用市场，电子商务的发展也格外瞩目，于是俄罗斯联邦在 2011 年对该法进行了大规模的修订，直接废止了 2002 年的立法，从 2011 年 3 月立法以来截止到目前，该法经过多次修订。该法包括基本概念、电子签名的适用原则、电子签名的种类、运用电子签名的数字电文承认之条件、一般电子签名的运用、电子签名的识别、电子签名的手段、认证中心、密钥证书、证书发放等内容。与《电子商务法》相比，《电子数字签名法》在电子签名认定和效力方面规定得更为详尽。

《电子数字签名法》调整了电子签名应用领域的法律关系，电子签名应用领域是指签订民事法律合同、提供国家和市政服务、实现国家和市政功能，以及实施其他重大法律行为的情形，也包括其他联邦法律规定的情形。

使用电子签名的原则如下：①若联邦法律或与其相应的法律规范，以及电子互动双方协议中均未有关于使用具体电子签名规定的，则电子互动双方有权按照自己的意志使用任何形式的电子签名；②电子互动参与者能够按照自己的意志使用任何信息技术和（或）技术手段，前提是该手段能满足本法关于具体电子签名形式之要求；③禁止因为电子签名不是直接出自手写，而是为了在信息系统中实现自动生成和自动审查而借助电子签名手段产生的，否认其本身和（或）运用其签署的数据电文具有法律效力。

对依据外国法律规范和国际标准创设的电子签名如何承认的问题，《电子数字签名法》规定，俄罗斯联邦根据本法承认依据外国法律规范和国际标准创设的电子签名为本国承认的电子签名,不能因为审查电子签名的密钥证书是依据外国法律规范发放的而认定该电子签名和用电子签名签署的数据电文无效。

电子交互双方在运用强化电子签名中应负担如下义务:①保障电子签名密钥的私密性,特别是不能允许在未经权利人同意的情况下使用属于他们的电子签名密钥;②在获悉电子签名密钥私密性被破坏之日起不超过一个工作日内将此信息通知发放审查电子签名密钥证书的认证中心和电子交互参与者;③在有根据认为电子签名密钥私密性被破坏的情况下,不可使用电子签名密钥;④为了建立和审查安全电子签名、建立安全电子签名密钥和审查符合本联邦法律规定的电子签名手段的密钥,而使用安全电子签名。

俄罗斯电子商务立法符合其国内及世界范围内的线上交易需求,在电子商务技术日益发达、跨境电子商务日趋普遍的情况下,该立法的调整作用越发凸显。

七、网络舆论立法

1991 年俄罗斯颁行了《大众传媒法》(Закон о средствах массовой информации),该法成为俄罗斯联邦保护大众新闻自由、规范新闻传播的最重要的法律依据。但当时互联网并未成为新闻信息传播的主流渠道,随着互联网应用技术的普及,对互联网中的新闻传播行为进行规范成为当务之急,经过多次修订,该法补充了在互联网领域的新闻信息传播规则,同时,传统媒体领域的新闻信息处理规则也同样适用于互联网空间。

《大众传媒法》明确规定禁止滥用新闻自由;禁止利用大众传媒实施刑事犯罪活动;禁止披露国家秘密或者法律所保护的特别秘密;禁止传播实施恐怖主义行为或宣传恐怖主义的资料信息以及其他宣扬极端主义的材料;禁止传播含有色情、暴力、残忍和侮辱性语言内容的材料;禁止在广播、电视、录像、电影节目、纪录片和故事片中,以及在属于大众信息传媒的计算机信息文件和加工处理信息文本的程序中使用隐藏插件或其他信息技术传播方法,传播对人的潜意识和健康有害的信息;禁止传播 2002 年 7 月 25 日联邦第 114 号"关于反对极端主义行为"法律(即《反极端主义法》)规定的被法院确认为应该消除和禁止行为的那些社会组织、宗教团体和其他组织的相关信息;禁止在大众传媒以及信息通信网络中传播关于研发、制造、使用、获取毒品的方法,以及其他精神药品及替代品,宣传某种毒品、精神药品及其替代品的使用好处,以及其他联邦法律禁止传播的信息等;禁止通过大众传媒、信息通信网络传播因违法作为(或不作为)而被判决的未成年人的信息,包括姓、名、父称,以及该未成年人的照片或录像制品,该未成年人的双亲和其他法定监护人,该未成年人的出生日期、声音的录音、居住地点和临时住所、学习和工作地点,以及其他能够直接或间接确定其身份的信息,《大众传媒法》第 41 条第 4 款第 1～3 项规定的情形除外①。滥用新闻自由，即违反《大众传媒法》第 4 条要求的，依俄联邦法律规定应追究刑事、行政、纪律处罚和其他责任。

《大众传媒法》同时还规定禁止滥用记者权利。禁止利用该法规定的记者权利于隐瞒或伪造社会重要信息的目的，以及散布谣言、搜集对他人或组织（非大众传媒组织）有利的消息的目的。禁止利用记者发布新闻的权利污蔑公民，或以性别、年龄、种族、民族、语言属性、宗教信仰、职业、居住地和工作地、政治倾向诋毁某类公民。滥用记者权利，违反《大众传媒法》第 50 条和第 51 条，不遵守记者义务的，依俄罗斯联邦立法应追究刑事责任和行政责任。

此外，《信息、信息技术和信息保护法》第 10 条第 6 款规定，严禁传播挑起战争、民族、种族或宗教仇恨和敌意的信息以及其他相关资料，对传播此类信息的行为将处以刑事制裁或行政制裁。

俄罗斯政府为了加强对外资控股网络平台的监管，采取了一系列措施，并于 2008 年制定了《外国投资俄罗斯国防和国家安全战略意义的企业的管理办法》，于 2012 年进行了修订。根据该法，网络平台被视为新闻媒体，应承担新闻媒体的义务，接受如同新闻媒体一样的监管，将其同新闻出版单位和广播电视台一并纳入俄罗斯国防战略性企业名单。该法指出，俄罗斯门户网站纳入国防战略性企业的标准是，连续 6 个月内平均每个月的用户访问为 2 000 万人次以上，且来自俄罗斯本土的点击量不少于 50%。外国投资者控股 10% 以上的就需要经过俄罗斯联邦反垄断总署 44 天的预审，并且外国投资者在投资合同中的比例超过 10% 的，则应该取得国家安全总局和国防部的同意，再经由政府外国投资监督委员会和俄罗斯联邦反垄断局审查通过。该法极大地提高了外国投资的网络企业进入俄罗斯市场的门槛。

俄罗斯于 2012 年 10 月颁行了《网络黑名单法》。该法是对《信息、信息技术和信息保护法》的补充性规定，是关于统一自动化信息系统"对信息电子通信网络上含有禁止在俄罗斯联邦传播信息的域名、网页的索引和允许识别网站的网址进行统一登记"的规定。我们认为，该法在形式上是对不良网站登记的规制，但在实质上是通过建立网络黑名单制度，来加强对违法网络信息的监管的。因此，该法既有不少关于网站登记的细节性规定，也有不少关于违法信息的监管主体的

---

① 该 3 项内容是：经年满十四周岁因违法行为（不作为）而被判决的未成年人及其法定监护人同意；经不满十四周岁因违法行为（不作为）而被判决的未成年人的法定监护人同意；若取得年满十四周岁因违法行为（不作为）而被判决的未成年人及其（或）法定监护人的同意是不可能的，或者该未成年人的法定监护人也涉嫌或被控实施了该违法行为，那么可不取得上述同意。本条第 4 款根据 2013 年 4 月 5 日联邦第 50 号法律修订。

规定。

根据该法，由俄罗斯联邦通信、信息技术与传媒监督局进行统一的登记。俄罗斯联邦毒品流通监督局监管通过互联网传播关于麻醉药品与精神药品的生产、制作以及使用方法，获取这些药品、药物的地点，以及种植麻醉药品药用原植物的方法和地点的信息。俄罗斯联邦消费者权益保护和公益监督局监管通过互联网传播自杀手段、教唆与诱导自杀行为的信息。俄罗斯联邦通信、信息技术与传媒监督局监管通过互联网传播未成年人色情图片或散播引诱未成年人参与色情性质演出活动的广告；通过互联网传播关于大众信息产业中麻醉药品与精神药品的生产、制作以及使用方法，获取这些药品、药物的地点，种植麻醉药品药用原植物的方法和地点，以及关于自杀手段、教唆与诱导自杀行为的信息；授权机关或法院禁止在俄罗斯联邦境内通过互联网传播的违禁信息。可见，联邦通信、信息技术与传媒监督局属于全面的监管部门，其他部门各司其职，共同应对网络有害信息的传播。

2014年5月，俄罗斯通过了《知名博主新规则法》。根据该法，博客网页日均访问量超过3 000人次的，该博客的博主就会被确认为是知名博主，知名博主必须履行俄罗斯联邦法律对大众传媒的规定，博主不能匿名，有权发布广告。如果不能确定知名博主的身份，俄监管机构将向网站托管服务提供商发去通知，告知其必须提供相关资料。提供商在收到通知起3个工作日内必须做出回答，对不提供信息者将予以罚款。知名博主不能利用网站或自己的博客网页从事违法活动，泄露国家机密，传播包含公开呼吁实施恐怖活动或公开美化恐怖主义的材料及其他极端主义材料，传播宣传色情、暴力、残暴行为的材料，传播包含污言秽语的材料。知名博主在发布信息前还必须检验其可靠性，一旦发现信息不可靠应立即删除。同时，知名博主不允许传播公民私生活信息。对滥用信息传播权利的行为将追究刑事、行政或其他责任。此外，社交网络、搜索引擎和论坛必须将使用者留下的信息保留至少半年，以备查证。

八、未成年人网络保护立法

俄罗斯对未成年人的网络保护工作是随着互联网在其国内迅速发展而逐渐展开的。从立法活动和制度建设方面，目前未成年人网络保护立法中最主要的法律就是《保护儿童免于遭受危害其健康和发展的信息侵害法》。该法首次确立了信息产品的分级管理制度，而且是作为保护儿童免受有害信息干扰的专门立法而予以颁行的。除此之外，俄罗斯颁行的一些调整互联网法律关系的其他法律也同样适用于对未成年人的保护，例如《大众传媒法》《信息、信息技术和信息保护法》《个人数据法》《通信法》等。

1. 网络信息分级管理制度

《保护儿童免于遭受危害其健康和发展的信息侵害法》的调整范围并不限于互联网，而是包括所有的信息产品在内。该法通过确立信息分级管理制度来保护儿童免受不良有害信息的侵扰。

该法第1条是关于效力范围的规定，该法调整儿童免受有害健康和发展的有害信息干扰的法律关系，其中包括信息产品内部所包含的信息。儿童信息安全就是指，儿童在受到保护的状态下，不存在有害于其健康和（或）身体、心理、精神、道德等方面发展的信息。该法中的信息产品专指在俄罗斯联邦境内流通的大众传媒产品、印刷产品、任何载体形式的视听产品、电子计算机程序和数据库，以及通过表演方式传播的信息，通过信息通信网络传播的信息。这里所称的网络是指互联网和广播电视网。有害于儿童健康和（或）发展的信息是指联邦法律禁止或限制在儿童群体中传播的信息，此类信息可能存在儿童专用信息产品中，也可能存在其他信息产品中。

在保护儿童免受对其健康和发展有害信息侵扰方面，国家相关部门的具体工作是：①研究和落实国家在保护儿童免受有害信息侵扰方面的统一政策；②研究和落实联邦保护儿童信息安全，儿童信息产品研发、销售等一系列计划，以及区域性计划；③根据联邦法律规定，制定儿童信息产品的统一标准；④行使对《保护儿童免于遭受危害其健康和发展的信息侵害法》遵守情况的国家监督权。

该法的第5条明确规定了有害儿童健康和发展的信息类型，其中禁止在儿童中传播的信息包括：①刺激儿童实施威胁其生命和健康行为的信息，其中包括威胁自身健康行为和自杀行为的信息；②唤起儿童使用毒品、麻醉药品、精神药品、烟草制品、酒精类制品欲望的信息，引诱其参与赌博、从事卖淫、流浪乞讨等活动的信息；③刺激儿童对人或动物实施暴力、残酷行为的信息；④宣传反家庭价值观、违背传统的性关系以及对父母及其他家庭成员不尊重的信息；⑤鼓励违法行为的信息；⑥含有粗言秽语的信息；⑦色情信息；⑧关于因实施违法行为（含不作为）而受到处罚的未成年人的信息，其中包括该未成年人的姓、名、父称、照片和视频音像的信息，该未成年人父母及其他法定监护人的信息，该未成年人的生日、声音录音、家庭住址和临时居住地、学习和工作地址等信息，以及其他能够直接或间接地识别该未成年人的信息等。在特定年龄段限制传播的信息包括：①使用描述或图像的方式展现残酷、身体或心理暴力、犯罪或其他反社会行为的信息；②引起儿童惊恐、恐怖、恐慌的信息，其中包括用毫无人性尊严的方式描述非暴力死亡、疾病、自杀、意外事故、灾难及其后果的信息；③描述两性关系的信息；④虽不属于野蛮粗鲁淫秽的语言，但却含有辱骂他人词汇的用语。

该法确立了俄罗斯联邦的信息分级管理制度，或者说分类管理制度，目的在于区分信息产品的使用主体,进而限制未成年人接触到不适合其接触的内容。其中,对信息产品进行分级管理时依据的评价要素包括3项:①产品的主题、题材、内容和艺术形式;②含有特定年龄阶段儿童信息的产品被该阶段儿童感知的特点;③产品所含信息对损害儿童健康与发展的概率。根据该法,国家对信息产品进行下列分级管理:①适合6岁以下儿童的信息产品;②适合6岁以上不满12岁儿童的信息产品;③适合12岁以上不满16岁儿童的信息产品;④适合16岁以上未成年人的信息产品;⑤禁止向儿童传播的信息产品[①]。此外,电影产品的分级也应与该法的规定及俄罗斯联邦关于电影事业促进相关立法的规定相符合。信息产品的分级信息应该由生产者或流通者(销售者)在其产品说明书或外包装、广告中予以明确展示。由此可见,俄罗斯信息产品共分为4个等级,供未成年用户选用。

6岁以下儿童的信息产品是指,含有无害儿童健康和发展信息的产品,其中包括那些虽然在体裁和情节上反映和描述了肉体或精神暴力等内容(性虐待暴力除外),但其主旨仍在宣传善良战胜邪恶、对暴力牺牲的同情以及谴责暴力的内容的信息产品。

6岁以上不满12岁儿童的信息产品除了可以包括6岁以下儿童的信息产品以外,还可包括含有以下情节和(或)风格的信息产品:①通过无损于人类尊严的方式短时间和非有意地描述人类疾病(严重疾病除外)及(或)其后果;②非有意地描述不幸事件、灾难、事故或非暴力死亡,且未展示上述事件中可能引起的儿童惊恐、恐怖、恐慌的后果;③在对某些含有反社会行为或犯罪行为描述信息进行否定评价和谴责的情况下,该类信息不能发生煽动儿童实施反社会行为或犯罪行为效果。

12岁以上不满16岁儿童的信息产品除了可以包括上述所指信息产品外,还可包括含有以下情节和(或)风格的信息产品:①在表达对牺牲者的同情或对残酷暴力行为谴责(为保护公民权利、保护国家和社会法益而实施的暴力行为除外)的前提下,偶尔描述残酷、暴力行为(性暴力除外),且非有意地展现剥夺生命或致残的过程的信息;②不会引起实施反社会行为(其中包括饮用含酒精成分的饮料、啤酒以及其他酒精类饮料,参与赌博、色情、流浪乞讨等活动)的描述,在不鼓励实施反社会行为及站在谴责的立场上偶尔谈及(而非展现)麻醉药品、精神类药品、烟草制品,并指明此类物品危害性的信息等;③在不会引起对性的强烈好奇心,或不带有能激发其兴趣,或者不带有侮辱性质的前提下,描述两性关系的信息,但描述性行为的信息除外。

适合16岁以上儿童的信息产品除了可以包括上述所指信息产品外,还可包括

[①] 即前文中所指的《保护儿童免于遭受危害其健康和发展的信息侵害法》第5条规定的有害儿童健康和发展的信息。

含有以下情节和（或）风格的信息产品：①在并非有意展示能引起儿童惊恐、恐怖和恐慌后果的情况下，描述不幸事件、灾难、事故、疾病和死亡的信息；②在表达对牺牲者的同情或对残酷暴力行为持谴责态度（为保护公民权利、保护国家和社会法益而实施的暴力行为除外）的前提下，描述残酷、暴力行为（性暴力除外），且非有意地展现剥夺生命或致残的过程的信息；③在对其使用持否定评价和谴责态度的情况下，含有毒品、精神药品、麻醉药品（非展示）的信息，以及使用上述物品的危险后果信息；④个别虽不属于野蛮粗鲁淫秽的语言，但却含有辱骂他人的用语；⑤在不会引起对性的强烈好奇心，或者不带有侮辱性质的前提下，描述两性关系的信息，但描述性行为的信息除外。

《保护儿童免于遭受危害其健康和发展的信息侵害法》还规定，应该由专人或组织在可供青少年使用的地点向青少年提供互联网等通信网络上传播的信息（签订有书面通信服务合同并据此提供通信服务的经营者除外），这里所谓的专人或组织包括那些有条件使用行政手段、技术及软硬件手段来保护青少年免受有害信息侵扰的人或组织。互联网上没有被注册为大众信息媒体的各类网站主页，应包含一个限制在相应年龄段儿童中传播其信息产品的文本警告或信息产品标识（包括机读形式）。一般来说，被注册为大众媒体的网站就已经处于监管机构的视野内，其具体内容应该经过监管机关的审查，而尚未被认定为大众媒体的网站则应比照《保护儿童免于遭受危害其健康和发展的信息侵害法》中的规定，即应符合该法第6条第3款规定的信息产品的适用范围来加以明确标识。网站的分级由网站所有者按照该法的要求来实施。

2. 隐私保护制度

俄罗斯没有颁行专门的保护未成年人网络隐私的法律，但其他法律中关于公民隐私保护的一般性条款同样也可以适用于未成年人。《大众传媒法》《个人数据法》《信息、信息技术和信息保护法》和《通信法》等都对公民的个人隐私保护予以了规定。

《大众传媒法》还设有专门保护未成年人的条款。该法第41条规定，编辑部无权在传播的消息和材料中未经未成年人及其法定监护人同意，传播能够直接或间接指向实施犯罪或涉嫌犯罪的未成年人的信息，以及实施了行政违法行为和反社会行为的未成年人的信息。编辑部无权在传播的消息和材料中传播该法第4条第6款指出的信息，如果传播该信息能够实现对因违法行为（不作为）被判决的未成年人的权利和法益的保护则除外。可以在大众传媒和信息通信网络中传播披露上述信息的情形包括：①经年满十四周岁因违法行为（不作为）而被判决的未成年人及其法定监护人同意；②经不满十四周岁因违法行为（不作为）而被判决的未成年人的法定监护人同意；③若取得年满十四周岁因违法行为（不作为）而被判决的未成年人及其（或）法定监护人的同意是不可能的，或者该未成年人的法定监护人也涉嫌或被控实施了该违法行为，那么可不取得上述同意。通过信息通信网络在内的大众传媒传播本法第4条第6款指出的信息的，包括被性侵的未成年人信息的，适用本条第4款第1～3项规定时，只能是出于侦破案件、确定犯罪嫌疑人、查询失踪未成年人等目的，并且符合俄罗斯联邦刑事诉讼法典第161条（关于不得泄露审前调查的材料的规定）和第241条（关于公开性原则的规定）所规定的内容。《大众传媒法》第4条规定，禁止通过大众传媒、信息通信网络传播因违法作为（或不作为）而被判决的未成年人的信息，包括姓、名、父称，以及该未成年人的照片或录像资料，该未成年人的双亲和其他法定监护人，该未成年人的出生日期、含有其声音的资料、居住地点和临时住所、学习和工作地点，以及其他能够直接或间接地确定其身份的信息。

3. 未成年人网络保护的其他规定

除了信息产品分级管理制度和隐私保护制度以外，俄罗斯联邦还有一些关于未成年人网络安全的法律法规，这些规范同样也涉及对网络有害信息的规制。

《信息、信息技术和信息保护法》第15.1条规定，在俄罗斯统一登记的域名、网页以及可识别的网址中禁止传播如下信息：含有描述未成年人色情内容的材料，以及（或）含有展示引诱未成年人参与色情表演活动内容的材料。

《儿童权利保障基本法》中也有关于保护儿童免受不良有害信息干扰的条款。该法第14条指出，政府应采取措施，使儿童的道德情操和身心健康免受有害信息的干扰，其中包括那些被国家、民族、社会各阶层所不能容忍的信息，以及宣传烟草制品和酒精制品等不利于儿童身心发展的信息，以及具有色情性质、残酷内容、毒品内容、反家庭伦理性质和反社会性质的信息，而无论这些信息是以出版物、印刷品，还是以视听资料的形式出现。为使儿童免受伤害，政府应采取措施检查包括计算机游戏在内的各类儿童信息产品。

《儿童权利保障基本法》中还有关于限制未成年人进入互联网服务场所的规定。该法第14.1条第3款规定未成年人在夜间不得在没有父母或其他监护人陪同的情况下进入一些特定场所，其中就包括网络服务场所。根据该法的第1条释义部分，夜间是指当地时间晚22点至第二天早晨6点这段时间。可见，俄罗斯并非完全禁止未成年人进入社会网吧，未成年人白天完全可以使用社会网吧的服务，而夜间则需在父母或其他监护人的陪同下进入社会网吧。之所以会这样规定，是因为俄罗斯对网络中传播内容的监管不是通过禁止未成年人上网来实现的，而是通过对内容本身的分级管控来实现的，儿童作为俄罗斯公民，其上网权利理应得到保护。另外，规定成年人陪同，主要是出于对其在夜间活动安全的考虑。

2012年出台的《网络黑名单法》规定，由俄罗斯联邦消费者权益保护和公益监督局监管利用互联网传播自杀手段，教唆、诱导自杀行为的信息；由俄罗斯联邦通信、信息技术与传媒监督局监管通过互联网传播未成年人色情图片或散播引诱未成年人参与色情性质演出活动的广告信息。该法是对《信息、信息技术和信息保护法》的补充。

九、政府信息公开立法

2009年1月21日俄罗斯国家杜马通过了《政府信息公开法》(Федеральный закон о беспечении доступа к информации о деятельности государственных органов и органов местного самоуправления)，同年1月28日经联邦委员会批准，《政府信息公开法》于2009年2月9日颁布的联邦第8号法律案中正式颁行，2010年1月1日生效。该法共5章26条，除规定了政府信息公开的基本概念、适用领域、与此相关的法律调整关系、基本原则等内容外，还规定了信息公开的范围、公开的方式、信息利用者的权利、政府信息提供的方式及违法责任和救济措施等内容。政府信息公开立法的动因之一就是满足公众知情权，提高政务透明度，树立良好的政府形象，俄罗斯的该法对于实现上述价值发挥了积极作用。此外，俄罗斯联邦的腐败问题一直很严重①，该法对改善俄罗斯腐败问题有一定的积极意义。

《政府信息公开法》的第一条规定了政府信息的基本概念，政府信息是指国家机关和地方自治机关活动的信息——国家机关及其地方机关、地方自治机关或组织、国家机关和地方自治机关的下级机构在职权范围内创设的信息（其中包括文件），以及上述机关组织掌握的信息。法律、规范性法律文件属于国家机关和地方自治机关的信息，市政法令规定的组织结构、职权、机关和组织的活动规则及其他信息等属于地方自治机关的活动信息。该法调整信息用户获取政府信息时产生的法律关系，适用于媒体申请公开政府信息，包括不在《大众传媒法》调整范围内的信息关系，该法不适用于国家机关和地方自治机关加工个人数据存取相关的情形，以及国家机关和地方自治机关审查公民申诉的程序，国家机关和地方自治机关向其他国家机关和地方自治机关提供属于自己职权范围内活动信息的程序也不适用。

《政府信息公开法》规定保障国家机关和地方自治机关活动信息存取的基本原则如下：保证国家机关和地方自治机关活动信息的公开性和完整性，联邦法律另有规定的除外；保证国家机关和地方自治机关活动信息的准确性和信息提供的及

---

① 2010年6月10日俄罗斯科学院社会学所的一项调查报告说"连幼儿园的儿童都不相信法律面前人人平等"。参见陆南泉的《为什么俄罗斯难以遏制腐败？》，载于凤凰网国际智库，https://pit.ifeng.com/a/20170314/50776559_0.shtml，2019年4月1日访问。

时性；保障以任何合法的方式自由地查询、获取、传递和传播国家机关和地方自治机关活动之信息；提供国家机关和地方自治机关活动之信息的同时，应维护公民私生活不受侵犯的权利，保护其家庭秘密和名誉，保护相关组织的秘密和商誉等。

根据《政府信息公开法》，禁止存取的国家机关和地方自治机关活动之信息包括：如果属于联邦法律规定的国家或其他法律所保护的秘密信息，禁止存取此类国家机关和地方自治机关活动的信息；属于限制存取信息清单的信息，即联邦法律规定的属于限制存取之列的上述信息。

信息使用者拥有以下权利：获取国家机关和地方自治机关活动的准确信息；拒绝接收国家机关和地方自治机关活动的信息；对于不受限制存取的信息，无义务说明查询国家机关和地方自治机关活动信息的理由；按照规定的程序控诉国家机关和地方自治机关的行为（含不作为），及其主管责任人侵害法定的存取国家机关和地方自治机关活动信息权利的行为；按照法律程序要求恢复侵害其存取国家机关和地方自治机关活动信息的权利而造成的损害。

《政府信息公开法》明确规定了通过互联网公开政府信息的主体，具体是指国家机关和地方自治机关。它们为了公布自己的活动信息可以使用互联网，在网络上建立官方主页，指明电子邮箱地址，用户可以按照该地址发送质询并且获得所要查询的信息。如果地方自治机关不具有在互联网上公布自己活动信息的条件，那么可以在俄罗斯联邦官网主页上公布上述信息，在主页上设置市政组织。属于市辖的定居点地方自治机关活动之信息的，可在该市区的官方主页上公布相关信息。

政府对国家机关和地方自治机关活动信息存取的监管，由国家机关和地方自治机关领导负责。监管国家机关和地方自治机关活动信息存取的程序由国家机关和地方自治机关制定的规范性法律文件来予以规定。对国家机关、地方自治机关、主要负责人执行《政府信息公开法》情况的监督，由俄罗斯联邦检察机关按照联邦检察法规定的程序来进行。

《信息、信息技术和信息保护法》中也有关于政府公开信息的要求。调整信息领域法律关系的基本原则之一，就是国家机关和地方自治机关活动的信息应公开，并可自由存取，联邦法律有规定的除外。该法第 8 条第 4 款规定了不得限制存取的信息，即可以强制存取的信息，包括：涉及个人及公民的权利、自由和义务，以及确立组织的法律地位，国家机关、地方自治机关职权的法规性文件；有关环境状况的信息；有关国家机关及地方自治机关活动的信息，以及预算资金使用情况的信息（属于国家秘密或职务秘密的信息除外）；图书馆、博物馆和档案馆的开放卷宗中存储的信息，以及在国家、市政及其他信息系统中存储的，为保障公民

(自然人）和组织的信息需要而创建的信息；其他联邦法律不限制存取的信息。

此外，《信息、信息技术和信息保护法》还规定了不得公开的信息。该法第9条是关于限制存取信息的相关规定，包括：为了保护基本的宪政制度，保护他人的道德、健康、权利和合法利益，保卫国防及国家安全，联邦法律规定限制存取的信息，联邦法律限制存取的信息必须遵守信息的保密性。根据俄联邦国家秘密法的规定保护构成国家秘密的信息；联邦法律规定属于构成商业秘密、职务秘密和其他秘密的信息，对上述信息负有保密义务的主体将承担违法的责任；对于公民（自然人）在执行职务活动中获得的信息，或者组织在实施其特定活动中获得的信息（职务秘密），如果联邦法律规定他们必须对该信息承担保密义务，则必须实施保护；根据联邦法律规定和（或）法院判决可向第三人提供构成职务秘密的信息；构成职务秘密信息的保密义务期限，只能在提供该有关其自身信息的公民（自然人）同意的前提下进行限制。

十、其他信息安全立法

事实上，信息安全涉及很多方面，包括上文已经提到的个人信息安全、电子商务安全、网络版权安全、网络舆论安全等。此外，信息安全与上文提到的具体法律调整领域不同，其既涉及具体法律调整的领域，又紧密与国家信息政策联系在一起，信息安全的内涵远远大于某个具体领域的网络安全或者某个部门法所调整的网络法律关系。在此，前文中已经介绍过的部分我们将不再重复，而主要依靠俄罗斯国家信息安全政策来诠释的信息安全内容，我们将在下一章进行全面的论述，此节仅就前文中尚未充分说明，而又涉及信息安全的内容进行介绍。

《俄罗斯联邦宪法》第29条第4款规定："每一个公民都享有合法搜集、获取、传递、制造和传播信息的权利。构成国家秘密的信息清单由联邦法律规定。"这是信息安全立法的根本依据，特别是信息活动主体的权益保护通过一系列法律规范得以具体化，成为俄罗斯联邦信息立法的重要内容。

《信息、信息技术和信息保护法》是信息安全方面最重要的法律。该法确定了在信息、信息技术和信息安全领域内产生的各类法律关系应该遵循的基本原则。第一，自然人或法人有权以任何合法的手段自由获取、接收、转让、生产和传播信息。该原则强调信息处理手段的合法性，包括收集信息应有合法的依据和授权，并且在合法的范围内享有充分的信息自由。第二，根据联邦法律，收集信息的行为应该受到限制，此原则有两层含义，首先信息的收集是有限制的，其次这种限制的根据只能来自联邦法律的明确规定。第三，信息获取的主体还包括国家机关和地方政府机关，这两类主体在联邦法律授权的范围内有权自由地获取信息。第四，信息语言平等原则，该原则要求信息系统在生成和处理各类信息时，要平等地对待各联邦的语言。俄罗斯是多民族国家，各个联邦共和国存在很多少数民族，虽然俄语属于官方语言，但在国内使用的语言种类众多，故该原则有一定的现实意义。第五，国家安全原则，在建立信息系统，或者处理信息、对信息采取保护措施时，应该在确保国家安全的前提下进行，该原则把国家安全置于非常高的地位，信息领域的各种活动不能危害到国家的安全。第六，信息准确原则，该原则要求信息的内容是正确精准的，并且能够随着时间及时地进行更新，这也是国际上的通行原则。第七，保护个人隐私的原则。

为了统筹全国信息处理机制，《信息、信息技术和信息保护法》规定建立国家信息系统。创建国家信息系统有助于贯彻国家机关的权力，确保国家机关之间的信息交流共享。国家信息系统的建立和运行依靠完整翔实的统计数据，其功能是在对公民个人、政府机构、地方政府的信息充分掌握的基础上实现的。部分数据信息可以根据联邦法律强制收集，具体的范围和条件在联邦法律允许的范围内，由联邦政府或有关政府部门决定。国家信息系统和市政信息系统的建设应该符合技术规则、国家机关的规范性法规和地方政府规章对其的规范。在没有决定建设国家信息系统的领域，可以由网络服务提供者来实现相应的功能，运营商应与国家签订合同，在国家信息处理中履行相应职责。俄罗斯政府有权要求进入和参与其他国家信息系统的运营。国家信息系统的操作应该有充分的授权和法律依据。用于处理国家信息系统内部信息的技术手段，包括程序技术和信息保护技术，都应该符合俄罗斯联邦技术规范立法的要求。国家信息系统中的信息，以及其他政府机构的一系列资料信息，属于国家的信息资源。

在俄罗斯境内使用信息电信网络应该符合联邦法律的规定。根据网络服务运营者在电信网络领域内活动的国际惯例，俄罗斯联邦境内对信息电信网络的使用和访问调整不限于特定主体，根据《信息、信息技术和信息保护法》规定的要求，其他信息电信网络的使用规则由其管理者制定。俄罗斯境内的经济活动或其他活动中应用信息电信网络的，对其不得制定额外要求，也不得对其限制使用信息电信网络。网络管理者不得制定违反联邦法律的规定。联邦法律规定了对利用信息电信网络进行业务活动的个人、组织强制性身份识别制度。因此，根据联邦法律的规定或协议各方的约定，在俄罗斯联邦境内，电子邮件的收件人有权对发件人的身份进行审核确认。在遵守联邦法律对信息传播和知识产权保护规定的前提下，对利用信息电信网络进行的信息传递不予限制，只能根据联邦法律制定的规定对信息传递进行限制。国家信息系统与信息电信网络连接的特殊规定可由俄罗斯联邦总统签署的或俄罗斯联邦政府制定的规范性文件规定。

俄罗斯联邦制定《信息、信息技术和信息保护法》，是为了保障信息安全，达到保护信息免受非法访问、破坏、修改、封锁、复制、提供、传递及防止利用该信息从事其他非法行为的目的，确保受限制访问的信息机密性，实现信息的访问权。通过制定对信息进行保护的具体要求以及明确违反俄罗斯联邦信息保护法律的责任，实现信息保护领域法律关系的政府规制。对公共信息保护的要求只需满足《信息、信息技术和信息保护法》规定的保护目的即可。根据俄罗斯联邦法律的规定，信息享有者、信息系统运营商应确保防止未经授权访问信息或向不具有信息访问权的主体传递信息，及时发现未经授权的访问信息，防止因破坏信息访问规则所产生的不利后果，禁止应用影响信息正常处理的技术手段，进而防止此类手段干扰信息系统的操作，可及时恢复因未经授权的访问而被篡改或破坏的信息，持续对信息保护的条件进行监控。对公共信息系统中信息保护的要求由安全保障领域以及有权执行反技术侦查和对信息进行技术保护的联邦行政机关规定，在创建和使用公共信息系统时，保护信息的手段和方法应符合相关要求。保护信息的手段和在信息安全领域实施的特定活动由联邦法律规制。

俄罗斯1996年曾制定过《国际信息交换法》(закон об участии в международном информационном обмене)，直到2004年《国际信息交换法》仍然在修订，2006年《信息、信息技术和信息保护法》出台，《国际信息交换法》遂被废止。《国际信息交换法》虽被废止，但其中涉及信息跨境流动的安全问题，并被后来的立法所关注，所以《国际信息交换法》具有一定的研究价值。

《国际信息交换法》旨在为俄罗斯在统一的世界信息范围内有效地参与国际信息交换创造条件，保护俄罗斯联邦、联邦政府和地方政府在国际信息交换中的利益，保护自然人和法人在国际信息交换中的利益、权利和自由。国际信息交换是指信息产品的转交和获取，以及跨越俄罗斯联邦国家边境的信息服务；国际信息交换的资料是指在国际信息交换中的信息系统、网络和使用的联系渠道。《国际信息交换法》所称的信息安全是指保护社会信息环境，保障社会信息环境在公民、组织、国家利益上建立、使用和发展的状况。

俄罗斯对国际信息的交换有如下限制性规定。涉及国家机密或者其他秘密信息、国家财产、档案储备资料及其他俄罗斯联邦法律可能限制出口的文件证明信息等的，通常情况下属于禁止交换的信息。上述信息如果要向境外传输，应该取得俄罗斯联邦政府的许可。如果上述信息虽然已经在境外，但却保存在俄罗斯联邦境外的信息系统中，那么境外的人员或组织如果想获取该信息，同样受到限制，应该取得俄罗斯联邦政府的同意。如果向俄罗斯境内进口可能含有被俄罗斯联邦法律所禁止的活动或思想的外国信息产品，则必须由俄罗斯联邦政府指定授权的机构进行。此外，文件证明信息、信息资料、信息产品、国际信息交换资料的所有者或其他权利主体如果认为限制信息交换的行为侵害其权利，有权向法院提起诉讼。《国际信息交换法》规定，在俄罗斯联邦境内散播国际信息交换中获得的不可信的、虚假的外国文件证明信息，在俄罗斯联邦境内取得这种信息并且散布这种信息的国际信息交换主体，应该承担传播此类信息的责任。

联邦权力机关和各个共和国的权力机关在俄联邦法律确定的职权范围内，检查国际信息交换的情况。在国际信息交换中存在违法情形时，上述机关可以在任何阶段暂时中止国际信息交换2个月，对这些机关暂时中止国际信息交换的行为可以提起诉讼。由于暂时中止国际信息交换而未能完成国际信息交换协议的，协议双方的责任承担应根据俄罗斯联邦参加的相关国际协定和联邦法律予以确认。

2008年3月17日俄罗斯联邦总统普京发布第351号总统令，标题为《国际信息交换领域联邦信息安全保障措施》(О мерах по обеспечению инфомационной безопасности РФ при использовании информационно-телекоммуникационных сетей международного информационого обмена)。总统令明确规定了跨境信息交换中的信息安全保障问题，其中也明确指出了互联网中的信息交换属于这里所谓的信息跨境交换。此次总统令的发布具有独立的效力，但同时也相当于对《信息、信息技术和信息保护法》的补充。

为了保证俄罗斯联邦使用信息通信网络（包括使用国际互联网跨境传输信息）的安全，《国际信息交换领域联邦信息安全保障措施》规定，不允许将为了保存、加工或传递国家秘密、国家机关掌握的部门秘密而使用的信息系统、信息通信网络和计算机技术媒介，连接到可以进行跨境传输的信息通信网络中，其中也包括因特网这样的国际计算机网络，即进行国际信息交换的信息通信网络；如果确有必要将含有上述内容的信息系统、信息通信网络和计算机技术媒介连接至可以进行国际信息交换的信息通信网络中，则该连接应使用专门的信息保护措施，如加密（密写）手段，该方法的运用应符合俄联邦安全局认证程序以及（或）经过联邦技术和出口监督局的确认。对于信息系统经营者、信息通信网络和（或）计算机技术媒介的所有者来说，完成上述要求是必要的。为了保证载于国际信息交换信息通信网络中的公开信息之存取安全，国家机关只能使用经俄罗斯联邦安全局认证程序认证的信息保护手段，以及（或）采取得到联邦技术与出口监督局确认的方法。如果在线谈判中讨论的问题涉及国家秘密，而该谈判所依靠的网络空间又是通过特定方法连接至国际信息交换通信网络的，那么该特定方法必须应用规定的数字证书加以认证。联邦权力执行机构在上述网络空间设置技术方法的费用在预算拨款范围内支付，应计入该机关预算项目之中。

2002年俄罗斯通信和信息化部科技委员会起草制定了《网络通信信息安全规定》(Концепция информационной безопасности Сетей связи общего пользования Взаимоувязанной сети связи РФ)，对互联网信息通信安全进行规范。2003年《网络通信信息安全规定》正式获得批准并实施，这是俄罗斯规范互联网领域的重要部门规章之一。2008年,俄罗斯通信和信息化部改组为俄罗斯通信与大众传播部,之后又改组为联邦数字发展、通信与大众传播部,仍然是管理通信和互联网的主要部门。《网络通信信息安全规定》首先对俄罗斯通信网络中存在的危险、信息安全状况、违法主体、保障信息安全的基本原则、保障信息安全的一般性要求,以及部门政策的基本规定等内容进行了列举,然后又规定了用户的权利和义务,以及保障用户权益的途径。根据《网络通信信息安全规定》,分析、创建和操作公用通信网络的信息安全保障系统必须遵循以下原则:①建立公用通信网络的信息安全保障系统,首先应该事先保障公共通信网络信息安全的基础水平;②为了国家管理、国防利益和执法需求,俄联邦通信经营者应根据通信合同并依照联邦权力执行机构的决议,保障满足公共通信网络信息安全的补充性要求;③为了公共通信网络用户的利益而实施的补充性要求可由通信经营者自己按照合同并根据用户的要求来进行;④公共通信网络信息安全的水平应根据联邦权力执行机构和公共通信网络用户的要求来确定;⑤对公共通信网络信息安全保障系统的分析应依据通信领域的俄罗斯联邦规范性法律文件和联邦权力执行机构的指导性文件来进行;⑥在实现通信领域联邦权力执行机构与联邦安全局、联邦政府电信局和联邦国家技术委员会之间互动关系的同时,保障公共通信网络信息安全领域的活动调整;⑦公共通信网络信息安全的保障应通过综合手段保障公共通信网络的信息安全,例如综合运用法律制度、组织管理、程序管理、技术加密等手段,同时还可通过对保护措施的有效性进行持续的和全方位的监督,来实践保障目的;⑧提供的技术性和程序性的保护手段应该符合信息安全的要求,应在现今的科技发展水平下能够实现,以科学技术为基础,从而保证上述公共通信网络信息安全水平的达成。

十一、小结

俄罗斯联邦很重视对互联网的规范,将互联网技术广泛地应用于各个方面,为了保障其良好发展,维护国家的信息安全,俄罗斯制定了一系列规制互联网的法律法规,并逐渐形成了体系化的系统。经过对上述法律的梳理,我们在此对俄罗斯网络的法律体系做一个总结,需要说明的是,限于本章主要讨论的是俄罗斯联邦的网络法律制度,故此关于公共政策、战略规划的问题将在接下来的章节中进行论述。

1. 从信息安全到网络安全的立法路径

早在苏联时期,俄罗斯就非常重视信息情报工作,并建立了完善的情报信息中心,制定了不少关于信息情报处理的规范。这里所说的情报,并不是指军事意义上的资讯,而是泛指各类重要信息,当然其中也有与政治、外交和军事活动相关的内容。苏联解体以后,信息处理工作并未因此而受到明显影响,而是被新政府所承继，并且还出现了新的内容。苏联时期，信息的处置工作虽然也在一定程度上依靠计算机等设备，但由于当时网络技术并未大范围应用，其影响远没有现在大，故此当时的规范大多以信息处置的操作规范为主。在苏联解体后的相当长一段时间内，俄罗斯仍然沿用着这样的思维模式，即使互联网应用出现了普及的趋势，但在立法上，仍然是以信息作为法律调整的核心内容。

很显然，信息和网络是两个完全不同的概念。没有网络，信息也同样存在并发挥着作用，有了网络以后，其加速了信息的传播，放大了信息的功能，因此可以说互联网是信息价值实现的催化剂。不仅如此，网络的出现也促使了新信息的产出和流转，信息的种类和使用方式也在发生着变化。俄罗斯在初期主要的立法就是围绕规制信息处置行为而展开的，典型的如1991年的《大众传媒法》和1995年的《信息、信息化和信息保护法》[①]，这两部法律是俄罗斯较早制定的可以调整互联网信息的法律，当然并不限于网络中的信息，这两部法律是典型的围绕信息规制的立法，对信息传播的内容、信息的获取、信息的共享、信息的使用、信息的传输、信息的销毁等都进行了详细的规定。2000年以后，互联网应用技术大行其道，从这一阶段开始，俄罗斯开始修订现有法律，增补了大量关于规范网络行为的条款，并制定了一系列关于互联网的专项立法，例如《电子商务法》《个人数据法》和《信息、信息技术和信息保护法》等，由此开始出现了从以信息为中心的立法模式向以网络为中心的立法模式的转变。以知识产权保护为例，知识本身属于信息[②]，故知识产权立法应该属于信息立法的范畴，在没有网络的时代，知识产权立法就已经存在，并在民法典中占据独立的一篇。2006年经过修订以后，加入了关于网络版权的内容，如此就具有了在知识产权领域调整互联网法律关系的功能。至于2012年以来出台的诸如《网络黑名单法》《保护儿童免于遭受危害其健康和发展的信息侵害法》等，则专门针对网络中存在的问题进行规制。

我们认为，虽然在立法模式上俄罗斯经历了从信息安全中心论到网络安全中心论的转变，但其本质上仍然是对信息安全的保护，那么为何不一直以信息为中心进行立法呢？这里存在一个法益保护的层级问题。网络是信息传播的媒介，控制网络等于控制了信息传播的环境，那么网络立法本身就是把信息安全问题提前到了环境控制阶段，提前预防信息安全问题的出现。也就是说，网络安全立法较信息安全立法来说，法益的保护提前了，这也是因为网络安全问题影响重大的缘故。

2. 关联法与本体法并行

俄罗斯在网络立法方面采取了关联法与本体法并行的方式，这实际上也是世

---

① 该法已被2006年的《信息、信息技术和信息保护法》所取代。

② 正因为如此，知识产权立法在本质上应该属于广义信息法的一部分。

界各国的典型做法。所谓本体法就是指关于互联网方面的专门立法，是专门用以规制网络法律关系的法律。而所谓的关联法是相对本体法而言的，是指那些虽然不是用来专门规范网络法律关系的，但其内容却涉及网络法律关系的法律，通常指那些传统立法，进入网络时代以后，为了适应需求，对其进行了修订，增补了一些调整互联网法律关系的条款，从而与本体法共同构成了调整互联网法律关系的法律体系。

俄罗斯在网络方面的专门立法较多，例如我们在前文中提到的《信息、信息技术和信息保护法》《个人数据法》《电子商务法》《电子数字签名法》《网络黑名单法》《网络通信信息安全规定》等。这些立法可以归纳为两大类：专门针对网络信息内容的立法和专门针对技术安全的立法。前者包括个人信息的安全、商业秘密的安全、国家信息的安全、社会舆论信息的安全等；后者包括网络程序的安全、网络信道的安全、网络系统的安全、网络平台环境的安全、网络操作规程的安全、网络电信资源的安全等。本体法的出现通常是在互联网应用技术逐渐发达，网络法益保护需求日益迫切，安全隐患日益严重的情况下发生的，而且其保护客体通常都是紧密围绕着网络技术、网络信息本身而规定的。在关联法方面，其范围更加广泛，可以说几乎覆盖了所有传统的部门法，比较明显的就是刑法与民法。刑法中设专章规定计算机网络犯罪，民法中涉及隐私保护和网络版权保护的内容经过修订以后都可以适用于网络环境。另外，《大众传媒法》也属于典型的网络关联法，此法颁行于1991年，那时互联网在很多人心中还只是一个概念，但立法者已经颇有前瞻性地在此法中为容纳网络保护条款留下了余地。经过多次修订，《大众传媒法》已经覆盖了互联网作为新闻媒体的情形，对通过网络进行新闻信息传播进行了规制。

本体法和关联法的并存可以说是网络立法发展的必然现象。互联网作为中介平台，既要容纳已有的各种法律关系，又可能产生新的法律关系。前者已经被现有的各类部门法所调整，如果重新立法，不但浪费立法资源，也会造成法律规范重叠交叉、效力不明的情况，实乃水平较低的立法技术；后者由于是新的法律关系或者即便是原有的法律关系，但对已有部门法的修订仍不能有效调整的，则有必要采取单独立法的模式，这也就是所谓的网络本体法的产生。因此，本体法与关联法可以说是社会发展与立法技术相融合的产物，我们认为，如此立法模式不会仅出现在网络立法中，随着技术的进步，很可能还会出现在其他部门法领域。

3. 基本法与特别法并行

基本法与特别法并行是大陆法系的传统立法模式，也可说是一般法与特别法的立法模式。苏联和俄罗斯都是典型的大陆法系国家，在法律传统上都承继了这一做法。这种特点不仅体现在法律之间的关系上，还体现在一部具体法律的内部，例如总则性规定和分则性规定之间，实际上也是一般和特殊的关系。俄罗斯几乎每一部网络立法都可以划分为总则和分则两部分，这明显是受到德国立法传统的影响。在网络立法方面，从总体上规范互联网领域的法律是网络基本法，其规定通常应该适用于互联网的各个方面，涉及各类网络应用中的信息安全，具有总括性的特点。而特别法则应该从某个专门的领域或角度调整网络法律关系，原则上，它们彼此之间不应该有明显的交叉关系。

俄罗斯网络立法中的特别法很多，例如：《大众传媒法》是从新闻信息传播的角度来规范网络新闻报道行为的，禁止违法信息通过网络新闻媒介进行传播；《国际信息交换法》则从数据信息跨境传输的角度出发，规定数据信息在国际之间传输时的安全规则，禁止违禁信息跨境传输的行为；《个人数据法》从个人信息保护的角度，确定了对个人数据信息进行收集、使用、处理、加工、分享、传输、删除等行为的规范，其目的在于充分保护个人信息在网络时代的安全，同时也为充分实现个人信息的价值提供了法律依据；《电子商务法》和《电子数字签名法》则是专门规范电子商务领域在线交易行为的，其中涉及大量的电子文件往来，这两部法律为此类电子文档效力的认定提供了法律依据；《保护儿童免于遭受危害其健康和发展的信息侵害法》是专门针对青少年网络安全问题而制定的特别法，其为网络信息产品的分级提供了法律上的标准，成为保护青少年免受有害网络信息侵害的重要法律。

关于俄罗斯网络立法中的基本法，我们认为，目前尚不存在严格意义上的基本法，但相对而言，可以将《信息、信息技术和信息保护法》作为替代性的基本法。该法的规定较其他特别法更为宏观，适用范围更广，可以适用于所有网络信息平台。一般认为，该法是从1995年制定的《信息、信息化和信息保护法》修订而来的，因此它们是同一部法律。我们认为，这种观点值得商榷。从标题上看，这两部法律的确很相似，从内容上看，也有不少承继关系，但我们认为这是两部不同的法律。俄罗斯法律修订频繁是众所周知的，俄罗斯每年都会出台众多的法律案，其中就有不少修正案，《信息、信息化和信息保护法》经过多次的修订，但2006年的修订可以说是根本性的，也正是从那一次修订开始，此法被认为正式废止，《信息、信息技术和信息保护法》则成为取代它的一部新的法律。此外，我们认为，《信息、信息化和信息保护法》同样也是一部具有基本法地位的法律，但不是网络基本法，而应该是信息立法中的基本法。信息立法与网络立法是不同的，信息立法先于网络立法存在是符合社会发展规律的。需要说明的是，《网络黑名单法》是对《信息、信息技术和信息保护法》的补充性规定，因此，原则上应该属于基本法的一部分。

4. 制度规范与技术规范并重

俄罗斯在网络立法方面还体现着制度规范与技术规范并重的特征。所谓的制度规范主要就是指对使用互联网的行为从社会观念的角度予以法律评价而形成的规则体系，例如不得在网络中实施诈骗行为，不得传播色情信息等规定。所谓技术规范则是指使用计算机网络设备的工序、执行过程以及网络信息产品、服务质量要求等方面的准则和标准。当这些技术规范在法律上被确认后，就成为技术法规。互联网本身属于技术产品，以此为依托又迅速衍生出大量的信息技术产品。因此，对网络空间行为的规范离不开技术规则。

网络违法行为不同于传统的违法行为，两者的主要区别是手段的具体形式不同，两者对行为方式的法律评价则是相同的，可以等置于同一个法律规范。在这种情况下，法律实际上是在告诉人们，这个行为是否发生在网络空间不是其承担责任的根据，而只是增加了其承担责任的空间范围。从法理上说，对一个行为无论是否存在明确的法律规定，该行为都被一般的社会正义观念所不容，则该行为就属于不法行为，应该受到谴责，规制此类行为的规范就属于制度性规范。一个行为如果没有关于互联网方面专门法律的规制，而且无论用何种法律解释的规则，也不能将其归为某种违法行为，那么该行为在社会观念层面通常就不能被认为违法，不能获得谴责性评价。事实上，有些网络行为本身可能并不违背一般社会观念，因此在制度规范层面，找不到评价此行为的依据，但该行为在客观上又确实存在危害性，那么就需要考查其是否违反了技术规范，上升为法律规范的那些技术规范恰恰就是用来规制那些如果没有技术规范就不能获得可谴责性的有客观危害的网络行为的。

俄罗斯网络立法中制度规范与技术规范并重。前者如《个人数据法》《电子商务法》《反盗版法》等，其中关于隐私保护、契约自由、合同诚信、著作权保护的内容明显是被一般社会正义观念所接受的，那么即使没有相关立法，社会公众通常也会认可个人隐私应该受到保护、应该诚信履行合同、应该保护作者的权利等观念。关于技术规范，例如《电子数字签名法》中关于电子交互行为参与者在使用安全电子签名时负有的义务之一是：为了建立和审查安全电子签名，建立安全电子签名密钥和审查符合联邦法律规定的电子签名手段的密钥，而使用安全电子签名。此种情形，倘若没有技术规范的明确规定，那么即使被违反，通常也不会受到社会正义观念的谴责，故此类规范属于典型的技术性规范。正是互联网的技术特性，使得在网络立法时出现了制度规范与技术规范并重的趋势。此外，我们认为，有些法律规范实际上融合了制度规范与技术规范。例如刑法中的非法调取计算机信息罪，这里的"非法调取"即意味着违背了技术规范，而随着网络应用技术在俄罗斯的普及，一般公众都能够认识到未经授权调取数据信息的违法性，如此一来该条款又具有了制度规范的特征。可见，两者的分野只是解释论上的阶段性结论，随着时空条件的变化，这种分类也会发生改变。

5. 重视网民基本权利的保护

俄罗斯在网络立法中非常重视网民基本权利的保护。网民的基本权利与公民的基本权利并无本质不同，只是由于本书研究针对的是网络立法与政策，重点着眼于网络安全问题，故此处仅强调网民。网民的基本权利包括其财产权和人身权。俄罗斯的网络立法从惩治违法行为到预防权利侵害，发挥着保护网民基本权利的双重作用。诸如刑法等法律对于实施的网络犯罪，给当事人造成财产或人身损害的，规定科以刑罚，其他诸如《信息、信息技术和信息保护法》等法律则对违法行为予以惩处。其他一些专门针对网络有害信息的法律法规，例如《保护儿童免于遭受危害其健康和发展的信息侵害法》，对有害信息的传播行为进行惩处，但并不要求已经实际造成青少年网民财产的损失或人身的伤害。《大众传媒法》中关于禁止传播有害信息的条款一旦被违反，行为人也将承担相应的责任，但也不要求新闻传媒的受众已经被违法信息所伤害。这些都属于对网民基本权利进行保护的预防性手段。

在网民的众多权利中，网络时代讨论最多的就是个人信息的保护，即个人信息权利的保护，也包括网络隐私权的保护，之所以如此，是因为在网络环境下，个人信息的安全问题被极度放大，其一旦受到侵害或泄露，所造成的危害往往比线下要严重得多。关于这一点，俄罗斯的网络立法还是很值得借鉴的。在1995年的《信息、信息化和信息保护法》中，就已经存在对个人信息保护的内容。其中指出，公民个人信息是指能够识别公民个体生活事实、事件和状态的资讯。各类信息获取主体所掌握的公民个人信息属于不可公开的信息范畴。除根据法庭判决外，不允许未经本人同意而收集、保存、使用和传播有关私人生活的信息，不得侵害个人隐私、家庭隐私、通信隐私等。不得利用个人信息给公民造成财产和精神上的伤害，不得阻碍俄罗斯联邦公民的权益和自由的实现。不得利用俄罗斯联邦公民的社会出身、种族、民族、语言、宗教和政党属性的信息来限制其权益。根据自己的权限而掌握公民个人信息以及获得和使用这种信息的法人和自然人，如果违反联邦法律而处理公民个人信息的，应承担责任。非国家机构和私人从事有关个人信息处理或向第三人提供个人信息的业务的，必须取得许可并申领执照。这些内容被后来的《信息、信息技术和信息保护法》和《个人数据法》所吸收，我们不再赘述。除了这两部法律以外，其他很多法律都规定了个人信息、隐私保护方面的条款，例如《通信法》《电信运营商信息系统中的个人数据保护规定》《网络通信信息安全规定》《大众传媒法》等。可见，俄罗斯对网民的个人信息及隐私保护非常重视。

6. 建立严格的网络监管机制

俄罗斯联邦是网络监管非常严格的国家，互联网的开放性使得俄罗斯联邦在网络普及的初期，经受了严重网络犯罪的打击，各类网络攻击行为频发，网络空间充斥着各种谣言、违法信息，不仅严重地危害了广大网民的利益，也时刻威胁着社会的稳定和国家的安全。为此，俄罗斯联邦一方面加快制定网络法律，完善制度框架；另一方面加强政府监管，逐渐形成了一整套严格的监管机制。总之，俄罗斯的网络监管由两部分内容构成：一是监管依据，即上文中我们介绍的各种网络法律法规；二是执法权限配置，即根据现有的法律法规，如何确定监管部门，如何在监管部门之间分配监管权限。我们在前文中介绍的《网络黑名单法》对俄罗斯网络监管的分工有明确的规定，从中我们可以看到俄罗斯采取的是多元监管与集中监管相结合的双重模式。所谓的多元监管就是根据不同的监管对象配置不同的监管部门，例如：俄罗斯联邦毒品流通监督局监管通过互联网传播关于麻醉药品与精神药品的生产、制作以及使用方法，获取这些药品、药物的地点，以及种植麻醉药品药用原植物的方法和地点的信息；俄罗斯联邦消费者权益保护和公益监督局监管通过互联网传播自杀手段、教唆与诱导自杀行为的信息等。所谓的集中监管就是指俄罗斯联邦通信、信息技术与传媒监督局几乎监管网络传播的所有领域，并负责对所有监管网站的情况进行统一登记。一般来说，多元监管的分工标准就是监管部门的具体职能，该部门的职能是哪个领域的，通常就监管该领域的网络运营，并形成监管记录。俄罗斯联邦通信、信息技术与传媒监督局是专门监管互联网活动的部门（当然其职权不限于此），其是俄罗斯联邦数字发展、通信与大众传播部下设的权力执行机关，主要功能就是监管大众信息传媒领域，也对个人数据的保护情况进行监管。由此可见，网络中的不良信息实际上同时受到来自两方面的监管，这也就是所谓的双层次的监管模式。

当然，俄罗斯国内也存在一些社会组织参与到网络监管活动中来，但他们并不是监管机制中的重要主体，公民的自发监管举报行为虽然发挥着重要作用，但并未制度化，也谈不上所谓的机制，公民的监管行为通常都要与政府的监管机构对接才能真正发挥作用。

从表面上看，俄罗斯的网络监管是非常严格的，但却得到了广大网民的理解和支持，人们已经认识到，要想真正享有安全、自由、健康的网络空间，对网络不法行为的监管是非常必要的，而且也是最有效的方法。俄罗斯政府也清楚地认识到，严格的网络监管有助于保障国家的信息安全，维护国家的网络主权，因此必须贯彻下去。

7. 关注未成年人网络安全

未成年人作为特殊群体，其对社会现象的辨识能力和控制能力明显不足，因此在立法上对其往往有专门的规定。在俄罗斯社会中，包括未成年人在内的青少年群体已经成为网络受害的主要对象，为此，俄罗斯在各类网络立法中大多设有保护未成年人网络安全的专门条款，诸如前文介绍的各种法律中关于未成年人隐私保护及个人信息权利保护的条款。此外，俄罗斯专门针对青少年的《保护儿童免于遭受危害其健康和发展的信息侵害法》把保护对象扩大到青少年，该法通过在俄罗斯联邦确立网络信息分级制度，以期达到杜绝网络有害信息对青少年的侵害。该法不仅是保护未成年人网络安全的重要法律依据，还开创了俄罗斯网络信息产品分级制度的先河。立法者更加理性地对待网络空间中的各种信息，而不是再将其简单地划分为合法信息与非法信息。

在保护未成年人网络安全方面，俄罗斯的立法从多个角度进行规范。其中最明显的是对未成年人个人信息和网络隐私权的保护。除此以外，俄罗斯联邦的立法还规定了色情信息、残酷内容、毒品信息、反家庭伦理内容和反社会性质的信息禁止向未成年人传播。事实上，上述信息不一定会构成违法，要根据其具体内容，以及信息传播的方式、程度等进行具体考量，才能确定其是否违法。但这个所谓的"违法"标准是给成年人准备的，也就是说，如果信息内容不构成违法，则在成年人之间传输也不构成违法，不认为会给成年人造成伤害。但这并不是说达不到违法程度的信息内容也不会对未成年人造成伤害，未成年人对有害信息的防御能力较弱，对于未成年人来说理应降低标准。因此，俄罗斯在制定保护未成年人网络安全的相关条款时，通常考虑的是信息本身是否能够事实上对未成年人造成伤害，而不是考虑信息内容是否达到违法的程度。

俄罗斯通过法律保障未成年人使用互联网的基本权利。立法的主旨不是阻止未成年人上网或者使用社会网吧，其主旨在于阻隔未成年人上网或使用社会网吧过程中遇到的各种威胁。作者认为，这样的立法理念值得我们借鉴。俄罗斯法律允许未成年人进入社会网吧，其间可能遇到的网络安全隐患由联邦法律和监管机构予以消弭。如果是夜间，未成年人仍然有权使用社会网吧的服务，法律关于要求未成年人父母或监护人陪同的规定，并非为了阻碍其使用网吧，而是为了保护未成年人在夜间出入社会场所的人身安全。

总之，俄罗斯已经建立起独具特色的网络法律体系，其中的特色制度值得我们借鉴，俄罗斯在立法过程中非常重视网民基本权利的保护，尤其是对未成年人的保护。俄罗斯联邦政府采取的是对互联网严格监管的模式，为了保证网民在网络空间的安全，以及国家的信息安全，严格监管是必须的选择。

第三章 俄罗斯网络空间政策研究

一、俄罗斯网络空间安全政策概况

俄罗斯学界一般认为,信息安全是指个人、社会、国家在信息领域重大利益的保护状态。从俄罗斯历年出台的公共政策来看,信息安全与网络安全的概念已经通用。俄罗斯除了制定了大量的网络法律法规,用以调整互联网法律关系,维护网络安全以外,还先后讨论和制定了一系列的公共政策和战略规划,以此作为保障国家网络安全、促进信息社会发展的顶层设计。从20世纪90年代开始,俄罗斯就开始研究制定宏观信息政策的问题,几乎与信息立法同步。当时的俄罗斯信息安全政策侧重于保护国家权力机关的利益,而公民和组织的信息安全保障则被忽视。同时,政策所涉及的内容多为信息系统组织以及信息系统中的关系调节、信息资源组织等问题,而对信息安全保护系统的责任则没有明确的规定。[1] 很显然,当时的主要思路是发展,而非安全,只有当信息产业发展到一定程度以后,安全问题才越显突出,政府才更加重视。

俄罗斯信息安全政策的研讨肇始于20世纪90年代。早在1995年,俄罗斯联邦国家安全委员会就讨论过《俄罗斯联邦信息安全纲要》的制定问题,在讨论中对重要概念进行了厘定,把此前经常使用的信息保护概念变更为信息安全这个概念。显然信息安全这个概念更加符合当时信息社会发展和互联网发展的特征,并且对未来社会的相关问题更具包容性。不仅如此,这次讨论开始反思信息安全的重点,原来都是毫无疑问地把国家利益作为核心,从此次讨论开始把信息安全建立在综合性的利益基础之上,即在保障国家利益的同时,也要关注公民个人的信息利益、社会组织的信息利益,它们都应该成为国家利益的重要组成部分,而不能将国家利益作限于政府利益的狭义理解。另外,随着网络的应用,信息安全已经不再是信息系统本身的安全,也就是不再限于"本地安全",而是开始包括网络安全,即远程通信安全、信息传输安全、信道安全等。由此可见,《俄罗斯联邦信息安全纲要》主要在两个维度上扩展了保护信息安全的内容,一是信息利益的主

---

[1] 肖秋惠,《20世纪90年代以来俄罗斯信息安全政策和立法研究》,载于《图书情报知识》,2005年10月第107期,第85页。

体得到了扩张，二是信息安全的内涵得到了扩张。《俄罗斯联邦信息安全纲要》明确了俄罗斯联邦信息安全保护的基本目的与基本任务、信息安全领域亟待解决的关键问题，以及相关的保护政策。根据《俄罗斯联邦信息安全纲要》，信息安全保护的基本目的是：维护俄罗斯在全球信息化进程中的根本利益，其中包括：在世界互联网范围内和以美国为代表的发达国家施行信息霸权的背景下实现俄罗斯的利益；为国家权力机关、行政机关、企业和公民提供完整、准确、及时的信息服务；实现公民、组织和国家获取、传播和利用信息的权利。《俄罗斯联邦信息安全纲要》最终于 2000 年生效。

1997 年俄罗斯出台了《俄罗斯国家安全构想》，其表述了俄罗斯联邦在若干领域的国家利益，对这些领域的国家安全面临的威胁进行了分析，提出了在每个领域保障俄罗斯联邦国家安全的目标，这些领域分别是经济领域，内政领域，社会领域，精神领域，国际领域，信息领域，军事领域，边防领域，生态领域，保护个人、社会和国家安全免受包括国际恐怖主义在内的恐怖主义威胁及自然、技术性的紧急状态及其后果的领域。战时则是保护个人、社会和国家安全免受实施军事行动或是军事行动后果所产生危险的影响。《俄罗斯国家安全构想》明确提出，"保障国家安全应把保障经济安全放在第一位"，而"信息安全又是经济安全的重中之重"。时至今日，虽然经过修订，但《俄罗斯国家安全构想》已经显现出很多不足以适应现今社会的地方，俄罗斯正在研究它的更新问题。

1998 年俄罗斯出台的《国家信息政策纲要》形成了以建立信息社会为核心的统一的国家信息政策，明确了俄罗斯向信息社会过渡的政策要点和具体的实施措施。

1999 年俄罗斯颁行了《俄罗斯联邦信息安全法律保障完善构想（草案）》，其把信息安全提到了信息环境下国家利益保护的高度，将俄罗斯信息环境作为国家和社会生活的组成部分。保障信息环境下俄罗斯国家利益将会有利于加强俄罗斯国家安全。《俄罗斯联邦信息安全法律保障完善构想（草案）》列举了属于信息环境下国家利益的具体内容，阐述了俄罗斯信息安全法律保障的状况，确定了信息安全立法的保障目标、原则以及完善的方案。

对俄罗斯信息安全产生根本性影响的文件是《俄罗斯联邦信息安全学说》，该文件由俄罗斯国家安全委员会提交，并于 2000 年 9 月 9 日由俄罗斯联邦总统普京签署。《俄罗斯联邦信息安全学说》对 5 年前《国家信息安全纲要》的内容进行了补充完善，从国家层面对信息安全问题进行了全方位的阐释，代表了俄罗斯政府对信息安全问题的基本观点和看法。与《国家信息安全纲要》相比，《俄罗斯联邦信息安全学说》强化了普通民众作为信息主体的法律地位，赋予其与国家、社会组织等在信息活动中平等的地位，同时还加强了安全审查，包括对进口的技术和设备进行严格的安全审查,强化对具有国际信息交换功能的信息系统的安全检查。可以说《俄罗斯联邦信息安全学说》标志着俄罗斯联邦信息安全政策体系的正式建立,对于俄罗斯相关法律制度的制定和政策调整发挥着框架指引作用,是俄罗斯信息安全、网络安全的最顶层设计。从此以后,俄罗斯信息安全领域的制度化进程加快,国家安全的概念扩张适用于信息网络领域,并不断在国际交往中强调俄罗斯的信息主权、网络主权。2000年的《俄罗斯联邦信息安全学说》为以下内容奠定了基础:形成确保俄罗斯联邦信息安全的国家政策;在法律、方法、科学技术和组织方面为俄罗斯联邦信息安全提供支持;保障俄罗斯联邦信息安全具体计划的实施;在信息领域详细阐述国家安全的概念。

俄罗斯2000年的《俄罗斯联邦信息安全学说》强调在信息安全领域国家、社会和个人的利益平衡,即国家的信息安全政策不仅立足于国家利益的考量,而是只有建立在全体国民利益基础之上的信息安全政策才是最能保障国家安全的政策,因此这种政策的重要功能就是实现公民的宪法性权利和自由权利,确保公民知情权的充分实现,推动电子政府建设和信息公开进程,促进国家公共信息资源的开放共享,及时准确地通告政府在国内外重大事件方面的立场,增加信息透明度。大力发展和充分利用信息技术来维护舆论安全,开发信息资源,提高信息资源的利用效能,保障各种通信网络和电信系统的安全稳定。全世界在信息技术迅猛发展的今天都会面临来自国内外的各种信息安全问题,俄罗斯也饱受其害。同时信息技术的发展水平和安全水平也远不能满足国家和社会的需求,在安全的轨道上稳步发展信息技术成为俄罗斯信息安全领域迫切需要解决的问题。《俄罗斯联邦信息安全学说》对这些问题都有所涉及并进行了精辟的分析。《俄罗斯联邦信息安全学说》从政策、法律、技术、经济、国际合作等方面分别阐述了俄罗斯联邦信息安全的基本任务。作为国家宏观调控手段,信息安全政策应系统化地把控信息安全的发展方向,提供具体的安全机制和评价标准。法律制度是实现信息安全的最根本依据,从维护和保障公民基本信息权利入手,遏制信息领域的违法犯罪,也包括对来自境外的信息安全威胁进行打击。在技术领域应重点研发本国的信息技术,逐渐摆脱对其他国家的技术依赖,实现独立自主的技术发展道路。《俄罗斯联邦信息安全学说》还强调在制定相关政策和落实法律制度时应充分考虑各方面主体的利益,要符合经济运行的规律,尽可能实现国家、社会和个人在信息安全领域的利益平衡。信息安全无国界,何况有相当可观的安全问题来自全球范围,因此应积极寻求国际合作,尝试探索国际共赢的信息安全路径。

2000年的《俄罗斯联邦信息安全学说》是俄罗斯最为重要的信息安全和网络安全的政策性文件,不仅如此,还可以说它是信息安全领域统领其他政策的纲领性文件。目前俄罗斯已经修订了这部文件,并于2016年12月5日正式通过了新的

《俄罗斯联邦信息安全学说》，2000年版本的很多内容在新版本中得到了延续和发展。《俄罗斯联邦信息安全学说》具有以下特点。第一，《俄罗斯联邦信息安全学说》首次明确了信息安全领域中的各类重要概念，或者说统一了信息安全领域的各种概念，构建了信息安全领域的基本交流平台。《俄罗斯联邦信息安全学说》阐明了信息安全的威胁、目标、保护手段和实现国家信息安全的组织机制，还从社会生活的各个领域论述了信息安全存在的问题和保护路径。2000年的《俄罗斯联邦信息安全学说》是俄罗斯联邦历史上首个明确信息安全领域的重要概念的官方形式文件，这在当时看来在其国内具有重大意义，虽然在国际交往中也有积极的作用，但由于术语内涵和文化背景的差异，这些概念仍有调整的空间。第二，俄罗斯首次在国家层面上确立了最为广泛的信息安全利益基础，提出了广义的信息安全概念。信息安全不仅包括信息、信息系统的安全，还包括在经济、内外政策、科学技术、国防、精神生活、司法活动等各个社会活动领域中的信息安全。尤其是精神层面的信息安全，对于俄罗斯这个多民族国家来说更具有特别意义。此外，信息安全不仅是国家政府的信息安全，也包括个人和社会的信息安全。第三，明确提出抵御境外的信息威胁，推进民族信息产业发展的理念。自苏联解体以来，俄罗斯联邦的大量技术人才流失海外，再加上国内工业部门配置不够合理，导致在硬件设备和软件技术等方面长期依靠国外进口。这不但给本国的信息安全埋下了隐患，同时也使自身的信息技术发展受制于人，因此在《俄罗斯联邦信息安全学说》中强调对本国信息技术产品的特别保护，鼓励使用本国的信息技术，对于具有公共安全服务职能的信息系统应建立安全监测机制。第四，提出完善信息安全审查和许可制度。俄罗斯很早就认识到信息技术的研发和推广，以及信息服务的提供等的重要性，其不仅涉及信息技术产品市场的问题，而且关系到国家安全的重大问题。[①] 换言之，所谓的信息技术一旦与安全联系在一起，就被提升至国家政治的高度。鉴于此，《俄罗斯联邦信息安全学说》再次强调应完善信息安全审查和许可制度，保证进入市场的信息技术和服务处于安全可控的范围之内。以上就是2000年《俄罗斯联邦信息安全学说》体现的最主要的4个特征。此外，考虑实现《俄罗斯联邦信息安全学说》中所载之目标需要大量的信息安全人才，俄罗斯还提出了建立信息安全人才发展计划，不但要尽快培养出一批本国的技术人才，还要形成一种可持续的人才培养机制。这些人才应充实到各个领域中，尤其是保

---

① 早在1994年俄罗斯联邦就开始对信息安全保护手段的生产和服务实行许可和审查制度。1992年俄罗斯联邦就成立了总统直属的国家技术委员会，俄罗斯联邦政府1995年4月14日第333号令规定由国家技术委员会对企业、机关和组织信息安全保护手段的生产，以及提供信息安全服务活动实行许可制。参见肖秋惠的《20世纪90年代以来俄罗斯信息安全政策和立法研究》，载于《图书情报知识》，2005年10月第107期，第86页。

护国家权力机关、地方各级权力机关和具有国防性质的信息安全领域。

2002年1月，俄罗斯正式出台了《2002—2010年俄罗斯信息化建设目标纲要》。《2002—2010年俄罗斯信息化建设目标纲要》明确了2010年前俄罗斯信息化建设要完善信息通信技术的法律法规，建立健全国家对信息化建设的管理和协调机制；加快对信息通信技术专业人才的培养，提高公众使用信息技术的能力；推广信息通信技术的应用，促进大众化信息传媒业的发展等内容。

2002年1月28日俄罗斯联邦政府通过了《2002—2010年电子俄罗斯联邦规划》[1]，这个政策在当时产生了深远影响，对推进俄罗斯联邦信息化进程具有重要意义。《2002—2010年电子俄罗斯联邦规划》的目的在于，提高信息开放共享水平，使公民更容易获得国家政府的相关信息，提高国家机关之间、组织之间利用信息技术进行协调交流的效率，提高运用信息技术进行公共行政管理的效率，向国家行政电子化过渡，发展建设电子政府基础设施，通过电子政务实现政府的行政职能，加强对信息通信技术领域人才的培养等。电子俄罗斯联邦规划的主要内容包括：电子俄罗斯实现的具体条件和所需要的相关制度；网络基础设施的建设；俄罗斯电子政府的建设；通过信息技术加强人才培养和教育。《2002—2010年电子俄罗斯联邦规划》的实施极大地提升了俄罗斯联邦政府的电子信息化水平，推动了电子政务的发展，促进了政府信息的公开。

2004年俄罗斯又出台了《至2010年俄罗斯联邦国家机关信息技术应用纲要》，其对国家机关工作的信息化提出了进一步的要求。根据《至2010年俄罗斯联邦国家机关信息技术应用纲要》，俄罗斯电子政府建设包含4个方面的目标：首先是提高国家面向法人和自然人的信息服务质量，通过利用信息技术手段来简化行政环节，减少行政事务时间；其次是提升国家机关工作信息的公开性和透明度，为公民和社会组织直接参与各级国家行政机关的管理活动提供便利条件；再次是提高国家政府行政管理工作的质量；最后是提升各级国家管理决策信息分析系统的效能，加强对国家机关工作情况的监督，以确保电子政府运行过程中的信息安全。[2]《至2010年俄罗斯联邦国家机关信息技术应用纲要》规定了俄罗斯电子政府建设的具体任务：应用现代信息技术和网络技术，保障公民和组织能够在线远程获取国家机关活动信息；构建政府机关之间的统一信息网络平台，整合部门间的共享信息，组建面向社会公众或团体的多功能服务平台，集中提供政府服务；建立政府

---

[1] 参见 Постановление Правительства РФ от 28 января 2002 г. N 65 "О федеральной целевой программе" Электронная Россия (2002—2010 годы)", https://base.garant.ru/184120/, 2020年2月1日访问。

[2] 参见 Концепция использования информационных технологий в деятельности федеральных органов государственной власти до 2010 года, https://rg.ru/2004/10/07/konzepciya-it-doc.html, 2019年12月8日访问。

机关之间的信息交换系统，提高电子文件送达的效率；建设全国统一的监督国家政府工作情况的信息系统，并在该框架内集成政府工作规划与信息公告系统；制定与信息安全相关的法律法规，确保国家信息系统合法地收集、储存和利用相关信息；实现国家机关、社会组织与公众之间的电子化信息交流方式；监督国家信息系统的使用情况等。这个时期俄罗斯政府的信息化进程以纵向发展为主，各个部门大力发展信息化，但在横向的信息共享方面有所不足，致使信息资源利用效率不高，服务于民众的效果不佳。

于是在 2008 年俄罗斯政府出台了《至 2010 年俄罗斯电子政府建设纲要》，其对《2002—2010 年电子俄罗斯联邦规划》中电子政府建设部分进行了细化，同时也是 2004 年《至 2010 年俄罗斯联邦国家机关信息技术应用纲要》的补充性文件。《至 2010 年俄罗斯电子政府建设纲要》从两个方面对俄罗斯电子政府建设进行了规划，即所谓的服务于民与服务于政府两个方面。在服务于民方面，主张建设国家政府信息远程存取系统，通过信息通信网络技术实现政府信息公开的目的，为此国家机关应该建立官方网站，建设便于公众通过电子信息技术获取国家政府信息及相关公共服务的平台，为社会公众和组织提供在线服务，建立公众与政府之间统一的信息共享系统。在服务于政府方面，希望通过电子政府规划提升政府工作效能。例如，建立中央机关、地方机关、自治机关、社会组织、普通公民之间的统一的信息共享平台，不但可以通过该平台查询、存取、交互各种信息，还可以通过该平台接受各种政府服务，通过信息平台实现公民和社会组织的各种项目申请审批，也就是说信息平台同时还承载了各种政府服务的功能，从而提升政府工作的效率。电子政府建设还要求在各级政府机关之间加强数据交换和共享，因此上述信息平台建设不仅要达到纵向服务管理的目的，还要实现横向信息传输共享的目标。此外，还应建立国家政府工作计划和信息监测平台，并通过相关立法予以保障，促进政府电子文件的流转和电子档案的安全。①

2008 年 2 月 16 日俄罗斯联邦政府公布了《俄罗斯信息社会发展战略》，该战略部署了俄罗斯至 2015 年信息社会建设的基本任务、基本原则、实施措施以及预期目标。② 截止到目前，该战略中的目标并未完全实现，但俄罗斯政府认为即便如此，该战略中的目标仍然具有现实意义，在未来的发展中仍应予以重视。2008 年 2 月 7 日俄罗斯联邦总统普京签署了 212 号总统令，公布了俄罗斯联邦新的《信息社会发展战略》(Стратегия развития информационного общества в Российской

---

① 参见 Об одобрении Концепции формирования в Российской Федерации электронного правительства до 2010 года, https://www.ifap.ru/ofdocs/rus/egovconc.pdf, 2020 年 2 月 5 日访问。

② 马海群、范莉萍，《俄罗斯联邦信息安全立法体系及对我国的启示》，载于《俄罗斯中亚东欧研究》，2011 年第 3 期。

Федерации)。在此前的 2006 年，俄罗斯就发布过信息社会发展战略，为未来俄罗斯信息网络的发展进行了全方位的筹划。2008 年的信息社会发展战略是 2006 年战略的延续和发展。

根据《俄罗斯信息社会发展战略》，俄罗斯信息社会的建设应遵循如下基本原则：促进国家、企业和公民社会之间的合作；自由、平等地获取信息和知识；支持国有信息技术产品和服务；促进信息和通信技术领域的国际合作；保障国家信息安全。实现该战略的基本方针是：①在创设现代信息通信技术设施领域，提供以此为基础的高质量的信息通信技术服务，并保障向居民提供高水平的信息和技术；②运用信息通信技术的发展成果，提高教育质量、医疗设施和居民社会保障水平；③完善公民在信息领域的人权和自由等宪法性权利的国家保障体系，并在此过程中发展立法机制；④运用信息通信技术发展俄罗斯联邦经济；⑤提高国家管理、地方自治的效率，促进公民社会、企业和国家权力机构的协调，以及提升国家服务质量和时效性；⑥在发展科学、工艺、技术和人才培养方面借助于信息通信技术；⑦保护俄罗斯联邦众多民族的文化，强化民众心中的道德观念和爱国主义原则，提升文明程度和发展人道主义教育；⑧运用信息通信技术打击危害俄罗斯利益的行为。至 2015 年俄罗斯信息社会发展的预期目标包括：俄罗斯跻身世界信息化发达国家前 20 名之列；国有信息的可获取性和信息通信设施水平进入世界前 10 名国家之列；面向居民的信息和通信技术普遍服务覆盖率达到 100%；国有产品和服务占国内信息和技术市场的份额不低于 50%；在国民经济中应用信息和通信技术的资金投入至少是 2007 年的 2.5 倍；俄罗斯联邦主体之间信息化发展总体指标的差距缩小为原来的 1/2；平均每 100 人宽带接入线路至 2010 年达到 15 条，到 2015 年达到 35 条。接入互联网的个人计算机家庭覆盖率不低于 75%；在科研和设计试验领域用于信息和通信的研发资金占各类财政预算的比例至 2010 年不少于 15%，至 2015 年不少于 30%；信息通信技术领域的专利发放量至 2010 年至少增长 1.5 倍，至 2015 年至少增长 2 倍；利用信息和通信技术，建立覆盖全俄罗斯的国家服务体系；国家机关之间电子文件流转量占总文件量的 70%；100%的政府采购都通过电子商务平台运行；电子化的档案全宗数量不少于馆藏总量的 20%；电子图书不少于馆藏图书总量的 50%，图书馆电子目录达到 100%；博物馆电子目录达到 100%。

2009 年 5 月，俄罗斯联邦总统梅德韦杰夫批准了《2020 年前俄罗斯国家安全战略》(Стратегия национальной безопасности Российской Федерации до 2020 года)。《2020 年前俄罗斯国家安全战略》指出，国家安全的力量和资源将集中用于政治、经济和社会领域，如科学教育、国际关系、精神文化、信息领域、军工产业和社会安全等。《2020 年前俄罗斯国家安全战略》的实现需要依靠信息和信息分析技术的支撑,需要利用国家信息资源系统来辅助国家安全战略的完成。应进一步完善信息安全技术,提高电信通信条件,实现各个领域的信息化管理,确保国家信息基础设施与全球信息网络系统的协调。为了防止《2020年前俄罗斯国家安全战略》遭到来自信息安全方面的威胁,应该改进信息和电信系统的基础设施,提升信息安全水平,同时提高企业信息系统和个人信息系统的安全等级,逐步建立起统一安全的电信运营支撑体系,以满足维护国家信息安全的需要。

2010年10月20日俄罗斯联邦政府通过了《信息社会2011—2020年规划》(государственной программы Российской Федерации "Информационное общество (2011—2020) годы"),该规划详细地分析了俄罗斯建立和应用信息通信技术的现状与特征,以及介绍了对实现该规划而进行的风险性、社会性、金融经济性分析并列举了基本的指标。实际上该规划在很大程度上承接了俄罗斯2002—2010年的《电子联邦规划》(федеральная целевая программа "Электронная Россия (2002—2010) годы"),结合当前的网络信息技术和国内外网络信息技术发展状况对其进行了调整。俄罗斯联邦为《信息社会2011—2020年规划》的实施每年拨出1 231亿卢布。负责该规划国内项目的国家单位包括通信与大众传播部[①]、经济发展部、联邦警卫总局、联邦税务局和科学教育部。根据该规划,建设和发展俄罗斯信息社会的总目标是提高国民生活水平,提高俄罗斯竞争力,发展经济、政治、文化,借助信息和通信技术完善国家管理体系。把构建信息社会作为解决更高层次发展问题的平台,从而实现经济和社会关系现代化,确保公民宪法权利,为个人发展提供开放的资源。信息社会发展规划中的目标和任务充分考虑了当前俄罗斯的信息技术发展水平,其目的是通过提供平等获取的信息资源、发展数字内容、应用创新技术和提高国家管理效力来使个人和公司得到发展。其具体内容包括:俄罗斯联邦信息通信技术的发展现状,实施该规划的社会、经济和其他风险的主要指标及分析;俄罗斯联邦建设信息社会的国家政策、优先事项、目标,规划的主要目的和任务,对社会经济发展和宏观经济指标的预测;规划最终实施结果的预测,目标考核项(包括居民生活水平和质量、社会、经济、公共安全、国家研究机构、其他的社会项目实施程度及发展信息社会的需求),规划绩效评估;规划实施期限及中间指标考核阶段和时期等。

《信息社会2011—2020年规划》共下设6个子项目。第一,提高信息社会居民生活质量和商业发展水平,主要内容包括:借助信息技术,发展简化社会和国家互动流程的信息服务;完成公共服务向电子形式的转变;发展接入电子国家服务的基础设施;增加政府权力机关活动的透明度;建立和发展卫星医疗、住房社区、

---

① 现更名为联邦数字发展、通信与大众传播部。

教育和科研、文化和体育领域的电子服务。第二，构建电子政务系统，提高国家管理效率。主要内容包括：构建统一的电子互动平台；创建和发展实时决策国家机构间信息的系统；创建使用政府和公共部门信息系统的目录和分类；提高俄罗斯联邦主体信息技术应用水平；建设俄罗斯联邦空间数据基础设施；发展国家采购框架下科研和实验设计工作结果审核系统；确保国家审计向电子形式转变；构建和发展用以确保国家行政机关特殊信息和信息技术安全的体系，包括互联网保护和国家机构间电子文件流转系统。第三，发展俄罗斯信息和通信技术市场，确保借助信息技术实现经济转型，主要内容包括：促进本国信息技术的开发；培养信息技术领域专业人才；借助信息技术的应用发展经济和金融；构建发展信息社会的社会经济统计体系；发展高新技术园。第四，发展信息社会基础设施，缩小联邦各地区、社会各阶层之间信息技术应用水平的差距，主要内容包括：发展广播电视接收网络；发展信息社会基础设施；推广信息社会的优势；提高公民和公司对发展信息社会优势的认识，包括对现代信息技术应用的培训。第五，确保信息社会安全，主要内容包括：打击利用信息技术威胁俄罗斯联邦国家利益的各类活动；确保俄罗斯联邦信息技术领域发展的独立性；发展保护个人和家庭生活隐私及禁止访问类信息的信息技术；保证俄罗斯联邦立法的发展和提高信息技术领域的执法力度。第六，发展数字内容，保护文化遗产，主要内容包括：文化遗产项目数字化发展，包括档案；发展数据处理方式，提供远程接入数字内容服务。

俄罗斯联邦的《信息社会2011—2020年规划》明确提出了打造政府云平台、发展云计算技术的目标。该规划将2015年设定为信息社会发展规划考核年，计划在2015年之前完成政府云平台的构建工作。该规划具体的工作内容包括：开发云计算网络平台，保障SaaS模式①下标准软件应用的安全工作；在国家软件平台的基础上为政府机关开发一整套标准软件服务，包括文件协同处理工具、公共网络数据存储、软件远程应用工具和软件开发工具；确保国家网络软件服务与提供SaaS服务的大型商业资源相集成②。目前，俄罗斯在云政府平台建设方面，莫斯科和鞑靼斯坦共和国已经率先开始了尝试，并已经制定了自己的发展规划。

为了应对日益复杂的国际信息安全和网络安全状况，俄罗斯2000年版的《俄罗斯联邦信息安全学说》已经逐渐不能满足今天的需要，故此俄罗斯国家安全委员会从2015年4月开始起草新的《俄罗斯联邦信息安全学说》，目前新的《俄罗斯联邦信息安全学说》已经正式颁行。新的《俄罗斯联邦信息安全学说》规定了信

---

① 即"软件即服务"模式，通常指云平台服务模式。
② 参见 Распоряжение Правительства Российской Федерации от 20 октября 2010 г. N 1815-р г. Москва "О государственной программе Российской Федерации 'Информационное общество（2011—2020 годы）'", https://rg.ru/2010/11/16/infobschestvo-site-dok.html，2020年7月3日访问。

息领域一系列与俄罗斯国家利益相关的内容,包括"遵守宪法和保障公民对信息获取和使用的自由,个人生活不受侵犯""发展俄联邦信息技术行业""确保在和平时期、受直接侵略威胁或战争时期,俄罗斯联邦信息基础设施都能够不间断地稳定发展并发挥作用""确保俄罗斯国内及国际舆论界能够真实地了解俄罗斯的国家政策",以及"向世界推广俄罗斯人民的精神和文化价值观"。新的《俄罗斯联邦信息安全学说》与原来的《俄罗斯联邦信息安全学说》既有承继关系,又有所发展。

总之,俄罗斯从20世纪90年代开始陆续出台了信息安全方面的战略、规划、纲要等一系列的政策性文件,这些文件共同构成了俄罗斯联邦信息安全的顶层系统,指引着具体立法的方向,也指明了国家信息化进程的总方向。需要说明的是,在涉及信息技术的各种政策中,我们仅简单地介绍了与信息安全、信息立法等有关的文件,一些纯粹的技术性文件则不在探讨之列。俄罗斯的信息安全政策已经覆盖了社会生活的方方面面,几乎全部的社会信息主体都在这些政策的保护之列,因此上述政策也在各个领域指导着现行的网络立法。信息安全是整个国家安全的一个维度,俄罗斯在信息安全方面的政策是沿着两条线索齐头并进,这两条线索就是基本纲要和具体规划,前者是《俄罗斯联邦信息安全学说》,后者是《信息社会规划》,特指2011—2020年的规划。我们在本节把俄罗斯信息安全政策的发展过程和重要文献进行了历史性梳理,已能窥其全貌,下面我们将围绕俄罗斯在信息安全方面最重要、最典型的几个文件展开分析,这几个文件分别是2000年版的《俄罗斯联邦信息安全学说》《至2020年国际信息安全领域俄联邦国家政策纲要》和《俄罗斯网络安全战略构想》,以期让读者了解俄罗斯在网络信息安全领域政策的具体内容。同时,我们也将详细介绍2016年版的《俄罗斯联邦信息安全学说》,以便读者对未来俄罗斯的信息安全和网络安全发展方向有一个基本的了解。

二、《俄罗斯联邦信息安全学说》

俄罗斯总统普京在讨论《俄罗斯联邦信息安全学说》的联邦安全会议上指出,俄罗斯在信息安全方面存在严重问题,应该准备解决这些问题,国家应当对此有所防范,信息资源将决定未来世界的政治和经济,俄罗斯的未来也取决于这方面的问题能否得到解决,重要的是应当明确国家利益,研究可能出现的威胁,并找到避免这些威胁的办法。总统普京明确了《俄罗斯联邦信息安全学说》4个方面的内容:确保遵守宪法规定的公民的各项权利与自由;发展本国信息通信工具,保证本国产品打入国际市场;为信息和电视网络系统提供安全保障;为国家的活动提供信息保证。《俄罗斯联邦信息安全学说》的出台标志着俄罗斯已经形成了较为成熟的网络空间信息安全战略,它整合了已有的信息安全思想,发展了原有的国家信息安全构想，对未来俄罗斯信息安全的发展提出了问题，也指明了方向。《俄罗斯联邦信息安全学说》是联邦政府保障俄罗斯信息安全的目的、任务、原则和主要内容的总和。根据该文件，俄罗斯在制定保障信息安全领域的各项国家政策和专门计划，以及完善和制定相关立法、技术规范和保障性提案时，均应以《俄罗斯联邦信息安全学说》为基础。《俄罗斯联邦信息安全学说》从以下方面厘清了俄罗斯联邦信息安全的全景图。

1. 国家信息安全的利益目标

《俄罗斯联邦信息安全学说》对各种信息安全领域的相关概念进行了界定，这是讨论信息安全问题的前提。

信息领域就是指信息，信息基础设施，从事信息采集、生成、传输和使用信息的主体，以及在这种情况下出现的社会关系协调系统的总和。目前，信息安全已经覆盖到社会生活的全部领域，对各个领域的安全正在发生着深刻影响。甚至可以说，俄罗斯联邦国家安全依赖于国家信息安全的保障，并且随着科学技术的进步，这种依赖性正在日益增强。《国家信息安全学说》要求信息领域的安全应该兼顾到个人、社会和国家的利益。个人在信息领域的利益是指个人和公民在信息领域的宪法权利得以实现，具体而言就是基于物质、精神、学习的需要，以及维护个人信息安全的需要，而在法定范围内能够获取和使用信息。社会在信息领域的利益是指个人利益的实现、民主法制的加强、社会的和谐稳定以及民族精神的复兴等。国家在信息领域的利益是指，创造条件确保俄罗斯信息基础设施的和谐发展，使个人或公民获取信息和使用信息的宪法性权利和自由得到保障，确保俄罗斯主权和领土完整，以及政治、经济和社会稳定，无条件地确保法律秩序，促进平等互利的国际合作。

根据《俄罗斯联邦信息安全学说》，俄罗斯联邦在信息安全领域的国家利益由4个方面构成。一是尊重个人和公民获得和使用信息的宪法性权利和自由，保证俄罗斯的精神复兴，保护和加强社会的道德价值观、爱国主义和人道主义及国家的文化和科技潜力。为此应提高信息基础设施的使用率，以利于社会发展、社会凝聚力和各族人民的精神复兴，完善构成俄罗斯联邦科学技术和精神潜力基础的信息资源的生成、保护和合理使用系统。保障宪法赋予个人和公民以任何合法手段自由搜寻、获取、传送、制作和传播信息及获取关于生态环境的可靠信息的权利和自由，保障公民的个人和家庭秘密，以及通信、电话、信件、电报和其他信息的秘密等宪法性权利和自由，保障个人的荣誉和名誉。巩固保护知识产权领域的法律调节机制，为遵守联邦法律、限制获取秘密信息的规定创造条件。保障大众信息的自由传播，禁止新闻审查。不允许进行煽动社会、种族、民族或宗教仇视和敌对情绪的宣传和鼓动活动。禁止在未经个人同意的情况下收集、存储、利用和传播关于个人隐私的信息和联邦法律禁止的其他信息。二是提供有关俄罗斯联邦国家政策方面的信息保障，确保向俄罗斯和国际社会提供关于俄罗斯联邦国家政策、俄罗斯对国家和国际重大事件官方立场的可靠消息，确保公民获得公开的国家信息资源。应强化国家媒体，增加其及时向俄罗斯和外国公民通报真实信息的能力，大力整合公开的国家信息资源，提高其经济利用效率。三是发展现代信息技术与本国的信息产业，包括信息化、电信和通信设备产业，以满足国内市场对信息产品的需求，并推动本国信息产品进入国际市场。保障本国信息资源的积累、储存和有效利用。在当前条件下，只有在满足上述要求的基础上才能解决有关建立科学集约化技术工艺、工业技术更新、进一步扩大本国科技成果的问题。俄罗斯应在世界微电子和计算机工业领先的国家中占有应有的地位。应发展和完善俄罗斯联邦统一信息空间的基础设施，进一步发展俄罗斯的信息服务业，提高国家信息资源的利用效率，大力发展有竞争力的信息化、有线和无线通信设备与系统，积极参与国际合作，保证国家对信息化、有线和无线通信领域的基础研究和应用研究的扶持。四是防止未经核准获取信息资源，确保俄罗斯联邦境内现有的或建设中的信息和电信系统的安全。所谓的提高信息系统（包括电信网络）的安全，特别是指提高联邦国家权力机关、各联邦主体国家权力机关的在财政金融领域从事经营活动的基础电信网络和信息系统的安全，信息化武器装备和系统的安全，以及军队和武器、对生态环境构成危险和有重要经济意义的生产部门的管理系统的安全。集中力量促进信息保护和系统功能检测设备与软件的国产化。确保国家机密信息的安全，扩大俄罗斯联邦在发展与安全利用信息资源、应对来自信息领域的威胁方面的国际合作。①

2. 信息安全的威胁及来源

俄罗斯信息安全领域面临4个方面的威胁。首先是对宪法赋予个人和公民在精神生活与信息活动领域的权利和自由、个人、群体、社会意识以及俄罗斯精神复兴的威胁。此类威胁可能是：联邦国家政权机关、各联邦主体的国家政权机关侵害宪法赋予个人和公民在精神生活与信息活动领域的权利和自由；在俄罗斯联邦对信息的形成、接收和传播，包括电信系统的使用方面实行垄断；阻碍公民行使宪法规定的个人及家庭隐私权，信件、电话和其他联络方式的隐私权；不合理或过分限制人们对社会必要信息的接触；非法使用特定手段对个人、群体和社会意识施加影响；政府、组织和个人不执行调整信息领域内各种关系的联邦法律的规定；非法限制公民接触各级政府公开的信息资源、公开的档案材料和其他公开的

---

① Доктрина информационной безопасности Российской Федерации (утверждена Президентом Российской Федерации В. Путиным 9 сентября 2000 г. № Пр-1895), https://belichevososh.edusite.ru/infosec/files/7a6cb4d6-4c19-4750-a6da-83d529cf1f8e.pdf, 2020年6月1日访问。

社会重要信息;毁坏文化财富的积累与保存系统;破坏大众新闻领域内宪法赋予个人和公民的权利和自由;在国内信息市场上排挤俄罗斯新闻社、大众新闻媒体,并强化俄罗斯社会生活的精神、经济和政治领域对外国信息机构的依赖性;精神财富贬值,推崇基于暴力崇拜的大众文化典型,以及违背俄罗斯社会固有的价值和道德观念的大众文化典型;俄罗斯居民的精神、道德和创造潜力降低,为引进和使用最新技术工艺所进行的劳动力培训造成实际困难;虚假报道,隐瞒或歪曲信息等。其次是对俄罗斯联邦国家政策的信息保障构成的威胁。此类威胁包括:国内和国外信息机构垄断俄罗斯信息市场及其个别部门;封锁国家大众新闻媒体向俄罗斯及国外听众、读者进行报道方面的活动;因缺少专业人才,导致国家信息政策的形成和执行体系缺乏,从而造成俄罗斯联邦国家政策信息保障工作效率降低。再次是对发展本国信息产业,包括信息化、电信与通信设备产业,保障国内市场对其产品的需求及相关产品出口国际市场,保障国家信息资源的积累、储存和有效利用构成的威胁。此类威胁具体包括:阻碍俄罗斯联邦获得最新信息技术工艺,阻碍俄罗斯生产商平等互利地参与信息服务产业、信息化和电信与通信设备产业以及信息产品产业的国际劳动分工,从而加大俄罗斯在现代信息技术领域内对技术的依赖性;国家权力机关在国内存在性能不低于国外同类产品的情况下,购买进口的信息化、电信与通信设备;在国内市场上排挤俄罗斯信息化、电信与通信设备生产商;专家和知识产权权利人向国外流失的情况加剧。复次是对俄罗斯联邦现有的和建设中的信息、电信设备与系统的安全构成的威胁。此类威胁包括:非法搜集和利用信息;在硬件和软件产品中加入产品文件未规定的功能组件;研究和传播可能破坏信息和信息电信系统(包括信息保护系统)正常运行的程序;毁坏无线电通信保护装置或者破坏信息、电信与通信设备、系统;破坏信息处理与传递自动化系统的密码、密钥和其他加密手段;通过技术渠道导致的信息流失;为截获信息,在信息处理、保存和传递的技术设备中,以及在国家权力机关的办公室、企业、机构和各种所有制形式的组织中安装电子设备;毁坏或者盗窃机器及其他信息载体;在数据传输网络和通信线路上截取、破译信息或加入虚假信息;在建设和发展俄罗斯联邦信息基础设施时,使用未经许可的国内外信息技术、信息安全手段以及信息化、电信与通信手段;未经批准接触存放在数据库中的信息;违反有关信息传播的法律规定等。①

  俄罗斯信息安全的威胁受国内外多种因素的影响,其中包括外国政治、经济、军事、情报等机构的各类活动。很多国家颁布了网络安全战略,把其他国家作为

---

  ① Доктрина информационной безопасности Российской Федерации (утверждена Президентом Российской Федерации В. Путиным 9 сентября 2000 г. № Пр-1895), https://belichevososh.edusite.ru/infosec/files/7a6cb4d6-4c19-4750-a6da-83d529cf1f8e.pdf, 2020年6月1日访问。

假想对手，采取网络技术手段，削弱对手力量，维护自身的优势地位。也有来自境外的国际恐怖组织的网络攻击威胁，一些境外的企业也会利用技术优势排挤和限制俄罗斯的技术发展等。俄罗斯联邦的信息网络安全也同时受到来自国内的威胁，包括国内网络立法的不健全，网络监管部门之间协调不佳，信息化水平整体落后，网络犯罪猖獗等因素。

3. 俄罗斯国家信息安全现状及任务

俄罗斯在保障信息安全方面，已经和正在制定一系列的法律法规，并且已经形成了初步的网络法律体系，我们在上文中已经较为系统地介绍了俄罗斯的网络安全法律体系，故在此不再赘述。俄罗斯各级政府机关、各企业、各社会组织内部基本已经落实了信息安全保障措施，建立国家权力机关可靠的专用信息系统的工作已经开始。国家信息保护机制、国家秘密保护体制、国家秘密保护领域的许可证制度、信息保护工具质量认证制度的建立有助于俄罗斯联邦信息安全保障问题的顺利解决。但是，俄罗斯信息安全的状况却不能满足国家和社会的发展需要。国家政治和社会经济发展的现实，已引起了社会需要扩大信息自由交流与信息传播必须保留个别规范化限制之间的尖锐矛盾。立法状况与社会关系调整的需求之间，执法状况与个人信息权利无法得到保障之间，国内产业受到排挤与发展目标之间等，都存在诸多的矛盾。

为了缓解和解决这些矛盾，《俄罗斯联邦信息安全学说》设定了以下具体的任务目标：制定国家在俄罗斯联邦信息安全保障领域的基本政策方针，以及与实施这一政策相关的措施和机制；建立和完善实施国家统一政策的俄罗斯联邦信息安全保障体制，其中包括发现、评估和预测俄罗斯联邦信息安全所面临威胁的形式、方法和手段，完善针对这些威胁的系统；制定保障俄罗斯联邦信息安全的联邦目标规划；制定俄罗斯联邦信息安全保障系统与手段的性能评估标准和方法，以及这些系统与手段的质量认证制度；完善保障俄罗斯联邦信息安全的规范性法律基础，包括落实公民获取信息、接触信息权利的机制，实施国家与大众传媒协作的法律标准的形式和方法；规定联邦国家权力机关、俄罗斯联邦主体国家权力机关以及地方自治机关公职人员、法人和公民遵守信息安全要求的责任；协调联邦国家权力机关，俄罗斯联邦主体国家权力机关，各种所有制形式的企业、机构和组织在俄罗斯联邦信息安全保障领域的活动；发展能够保障俄罗斯联邦信息安全的科学应用基础，并考虑现代地缘政治形势、俄罗斯的政治与社会经济发展条件及运用信息武器进行威慑的现实；研究并建立俄罗斯国家信息政策的制定与实施机制；研究各种方法提高国家参与制定国有电视广播组织及其他国有大众传媒的信息政策的效率；保证俄罗斯联邦在决定国家安全中最重要的信息化、电信及通信领域里技术工艺的独立性，尤其是确保武器与军事技术装备样品中特殊计算技术工艺的独立性；研究出现代化的信息保护、信息技术安全保障手段和方法，尤其是用于军队与武器指挥系统、生态上危险和经济上重要的生产控制系统的信息保护手段和方法；发展并完善国家信息保护系统和国家机密保护系统；建立并发展和平时期、紧急情况下以及战时对国家进行管理的可靠的现代技术基础；对于通过国际电信系统和通信系统传输的信息而言，在解决与信息安全有关的科学技术和法律问题时，扩大与国际及境外组织机构的协作；提供促进俄罗斯信息基础设施发展的条件，保证俄罗斯参与建立和使用全球信息网络体系；在信息安全与信息技术领域里建立统一的人才培训体系。①

4. 国家信息安全保障的方法

《俄罗斯联邦信息安全学说》阐述了保障国家信息安全的基本方法，即通过法律规范、技术规制和经济支持的综合方法，来实现国家的信息安全目标。

所谓法律规范的方法，是指通过制定规范信息领域法律行为的法案以及确保信息安全的监管方法来实现信息安全的目标。这些立法活动中最重要的是：在信息安全领域建立和完善保护信息安全的系统需要对俄罗斯法律进行修正和增补，并消除联邦立法的内部矛盾，协调俄罗斯已加入的国际协定的冲突，调解联邦法律和联邦法律主体之间的矛盾，使法律规范具体化，并使违反信息安全领域法律的责任具有可预见性。通过立法确定联邦权力机关和联邦权力机关主体之间的权力范围，确定非政府机构、组织和居民在信息活动中的目标、任务和参与机制。制定和通过立法使法律实体和自然人未经允许获取信息，非法复制、扭曲和非法利用、蓄意散布错误信息，非法披露机密信息的责任明确化，使犯罪或私自利用内部信息或商业秘密信息等行为应该承担的责任明确化。如果外国投资者被吸引来建设俄罗斯信息安全的基础设施，要更加清楚地界定外国新闻机构、大众媒介、新闻记者以及投资者的地位；通过立法确定优先发展国家通信网络和制造国内通信卫星；确定在俄罗斯领土内提供全球信息和通信网络服务组织的法律地位以及活动的法律依据；根据区域结构完善维护俄罗斯信息安全的法律框架，等等。

所谓技术规制，是指建立和完善维护信息安全的系统，加强联邦执行权力机构、联邦行政权力机关的执法活动，包括预防和制止侵犯信息的行为以及侦查、披露和惩罚构成刑事犯罪及其他违法行为的个人。完善、利用和改进保护信息安全的设备和方法以及监控设备的有效性，完善受保护的通信系统并使专用软件更加可靠；建立系统和设备来阻止未经授权获取在处理中的信息，造成信息分

---

① Доктрина информационной безопасности Российской Федерации（утверждена Президентом Российской Федерации В. Путиным 9 сентября 2000 г. № Пр-1895），https://belichevososh.edusite.ru/infosec/files/7a6cb4d6-4c19-4750-a6da-83d529cf1f8e.pdf，2020年6月1日访问。

裂、破坏和扭曲的行为以及改变信息化和通信过程中的操作程序；披露威胁信息和通信系统功能的技术设备和软件，阻止通过通信渠道的信息拦截，在经信息渠道存储、处理和传输信息的过程中通过加密技术来保护信息，监测是否满足保护信息安全的特殊要求；认证保护信息设备，许可保护国家秘密的活动，使保护信息的设备和方法标准化；完善通信设备的认证系统以及基于信息安全要求而管理信息系统的软件；控制信息保护系统中的个人行为并培训相关人员；在生活的关键领域、社会和国家活动过程中创建监控信息安全的指标和特点的系统。

所谓的经济支持，就是指完善维护信息安全的框架以及制定资助程序；完善通过实施法律和组织技术的方法保护信息安全的资助系统，建立自然人和法人防范信息风险的保险系统等。①

5. 各领域信息安全保障的措施

《俄罗斯联邦信息安全学说》在国家建设和社会生活的各个领域都预设了保障信息安全的基本措施，很值得借鉴。这些领域分别是经济、内政、外交、科技、文化、国家信息和电信系统、国防、司法以及应急处置等。

在经济领域信息安全措施主要有：由国家对有关统计、金融、税收、海关信息的收集、处理、存储和传递系统的建立、发展和保护工作进行监督；从根本上改变国家统计信息的准确性、全面性和可靠性，除严格界定提供原始信息的公职人员的法律责任外，还要加强对信息提供者以及负责信息处理和分析统计工作的机构的监督，并要限制这些工作商业化；研制本国的信息保护系统，并将其安装在有关统计、金融、税收、海关等领域的信息收集、处理、存储和传递系统中；研制和使用本国的、确保信息安全的、以智能卡为基础的、标准格式统一的电子支付系统、电子货币系统和电子商务系统，并以法律的形式对其使用做出规定；完善调节经济领域信息法律关系的法律基础；加强对经济信息收集、处理、存储和传递领域工作人员的选拔和培养等。

内政领域信息安全措施主要有：建立系统对抗国内外通过信息基础设施（信息市场服务和大众媒介）实施的垄断；采取宣传活动消除因散布歪曲的内政信息所造成的消极影响，以及用上述措施消除有害舆论信息的影响。

外交领域信息安全措施主要有：制定有关完善俄罗斯联邦对外政策方针的信息安全保障方针；制定和出台有关的政策和规定，以确保俄罗斯联邦外交机构、驻外代表机构和组织、驻国际组织常设机构的信息基础设施安全；为俄罗斯联邦

---

① Доктрина информационной безопасности Российской Федерации (утверждена Президентом Российской Федерации В. Путиным 9 сентября 2000 г. № Пр-1895), https://belichevososh.edusite.ru/infosec/files/7a6cb4d6-4c19-4750-a6da-83d529cf1f8e.pdf, 2020 年 6 月 1 日访问。

驻外代表机构和组织创造条件，使其能够知悉哪些信息是虚假信息；完善信息安全保障措施，防止损害境外俄罗斯联邦公民和法人权利与自由行为的发生；加强俄罗斯联邦主体外交活动的信息安全保障工作等。

在科学技术领域应对信息安全威胁的最现实的方法是，完善调节信息领域法律关系的法律和执行机制。要确保信息安全，俄罗斯必须建立针对科技领域的核心部门所造成的损害进行评估的系统，包括组建社会性学术委员会和独立的鉴定组织，这些专家组织将负责向联邦国家权力机关和联邦各主体权力机关提出防止非法或无效利用俄罗斯科技潜力的工作建议。

精神文化领域信息安全措施主要有：完善俄罗斯民间社会的基础设施；为创造性活动和文化机构发挥作用创造社会和经济条件；制定文明的规章制度使社会价值观符合国家利益，培养爱国主义精神和心系国家命运的社会责任感；完善关系个人和公民的宪法性权利和自由的制度；提供维护和恢复俄罗斯联邦公民的文化遗产措施；保护宪法性权利和自由的法律与组织机制的制度化，培养法律观念，以防止有意识或无意识地违反宪法性权利和自由；制定保障媒体和公民有效获得联邦权力机关和非政府组织活动中非机密信息的组织机制和法律机制，确保通过媒体获得重要社会事件的真实信息；制定特殊的法律和组织机制来阻止非法信息对大众社会意识的影响，阻止文化和科技信息未经控制的商业利用，并保护俄罗斯联邦成员国的文化和历史传统，合理利用构成民族遗产的信息资源；推广阻止电子媒介宣传暴力、残酷的反社会行为的方法；打击外国宗教组织和传教人员的消极影响。

保障国家信息和电信系统安全的措施主要有：对信息保护领域的组织工作实行许可证制度；在利用含有国家机密的信息时，对遵守信息保护要求的情况进行检查；对信息保护设施、信息利用效能监控设备、防止信息通过技术渠道流失的设备、信息化器材及通信器材实行产品质量认证制度；在地域、频率、能源、空间及时间等方面对属于信息保护范围内的技术的应用实行限制；建立和使用保障信息安全的信息和自动化管理系统。

国防领域的信息安全措施主要有：系统地查明威胁以及来源，对国防领域信息安全保障的目标实行合理化结构调整，并确定相应的具体任务；对现有的和研制中的军用自动化指挥系统及计算机通信系统中的共享软件和专用软件、应用程序包、信息保护设备实行产品质量认证制度；持续完善信息保护设备，以防止非法获取信息的行为，发展通信、军队指挥和武器控制的防护系统，强化专用软件的可靠性；完善国防领域信息安全保障系统职能机关的结构，并协调这些机构之间的相互关系；完善战役和战略伪装、侦察和无线电电子对抗的方式和方法，完善对潜在敌人实施的信息战、宣传战和心理战的方法和手段；训练确保国防信息安全方面的专业人员。

司法领域的信息安全措施主要有：广泛使用统一的信息防护方法和手段；在专门的信息和远距离通信系统的基础上建立刑侦、查询、犯罪和统计方面的信息数据库，建立统一多元的防护系统；提高信息系统使用者的职业水平和培训水准。

紧急情况下的信息安全措施主要有：构建有效的监控可能引起紧急情况和预测紧急情况的系统；改进向居民提供出现紧急状态危险及其产生与发展条件信息的方法；提高信息处理与传输系统的可靠性，保障联邦权力执行机关的运作；对居民在虚假的，或不可靠的，或可能发生的紧急状态下的行动进行预测，并制定提供帮助的措施；制定专门措施保护信息系统，对那些在生态上具有危险性，在经济上又具有重要性的生产部门进行控制。[①]

6. 信息安全领域的国际合作

《俄罗斯联邦信息安全学说》明确指出，信息安全保障领域的国际合作是国际社会国家间进行政治、军事、经济、文化合作和其他合作不可分割的组成部分，这种合作能够促进包括俄罗斯联邦在内的国际社会各成员国的信息安全水平的提高。争夺技术资源和信息资源、争夺销售市场主导权的国际竞争日益激烈，建立多方面决定世界重大问题的国际关系结构，以及发挥俄罗斯在多极世界中具有影响力的中心作用的努力正在受到阻挠。世界主要网络强国的技术差距正在拉大，研制信息武器的能力逐渐增强，这些都将导致信息领域的军备竞赛进入一个新的阶段。境外的谍报机关通过间谍活动和技术手段，包括使用全球信息基础设施对俄罗斯进行渗透的危险性增大。俄罗斯联邦在信息安全保障方面的国际合作正是在这样的背景下进行的，这也是俄罗斯联邦开展这种国际合作的特殊性。

俄罗斯联邦在信息安全保障方面开展国际合作的主要构思是：禁止研制、扩散和使用信息武器；保障国际信息交流的安全，其中包括保障使用本国电信频道传送信息的安全性；协调国际社会各国执法机关的活动，预防计算机犯罪；防止非法获取国际银行电信网和世界贸易信息保障系统中的保密信息；防止非法获取负责打击跨国有组织犯罪、国际恐怖主义、毒品和精神状态调节药物扩散、军火和核裂变材料的非法交易以及贩卖人口的国际性执法机关的信息；俄罗斯联邦在信息安全保障方面开展国际合作时，应特别重视与独联体成员国的协同行动；为了在上述的主要方面进行国际合作，必须确保俄罗斯积极加入信息安全领域的国

---

① Доктрина информационной безопасности Российской Федерации (утверждена Президентом Российской Федерации В. Путиным 9 сентября 2000 г. № Пр-1895)，https：//belichevososh.edusite.ru/infosec/files/7a6cb4d6-4c19-4750-a6da-83d529cf1f8e.pdf，2020 年 6 月 1 日访问。

际组织,其中包括在实行信息化设备和信息保护设备标准化,以及产品质量证书制度方面开展活动的国际组织。①

7. 信息安全政策的基本原则

俄罗斯联邦信息安全政策决定着联邦国家权力机关、俄联邦主体国家权力机关在信息安全领域的主要活动方针,以及在信息领域维护俄罗斯联邦利益的过程,安全政策的基础是在信息领域里遵守公民个人利益、社会利益和国家利益均衡的原则。这一原则具体是指,在实施俄罗斯联邦信息安全的行为过程中,遵守俄罗斯联邦宪法、俄罗斯联邦法律、公认的原则和国际法准则;联邦国家政权机关、俄罗斯联邦主体国家权力机关和各社会团体公开行使自己的职能,向社会通报它们的活动情况并受俄罗斯联邦法律规定的限制;在信息交流中人人权利平等,不受政治、社会和经济地位的限制;公民依照宪法赋予的权利,可以利用任何合法的方式自由地进行信息查找、获取、传输、生产和传播;优先发展本国现代信息和远程通信技术,生产能够完善国家远程通信网的硬件和软件,实现与全球信息网互联,确保俄罗斯联邦至关重要的利益。

俄罗斯在行使联邦信息安全保障职能时应该采取以下行动:客观全面地分析和预测威胁俄罗斯联邦信息安全的因素并采取防护措施;组织俄罗斯联邦国家立法机关和行政执法机关实施一系列措施,以预防、打击和消除俄罗斯联邦信息安全面临的威胁;支持各社会团体向人民客观地报道对社会生活产生重要影响的事件,防止虚假的、不可靠的信息进入社会传播领域;通过实行产品质量证书和许可证制度,对信息保护设备的研制、生产、革新、使用和进出口进行监控;在与信息化设备生产商的贸易中实行必要的关税保护政策,保护俄罗斯联邦境内的信息,并采取措施防止不合格的信息化设备和信息产品流入国内市场;促进自然人、法人获准利用世界信息资源和全球信息网;制定和推行俄罗斯国家信息政策;组织制定俄罗斯联邦信息安全保障联邦计划,使国家和地方机构在此领域内形成合力;促成全球信息网和全球信息体系的国际化,在平等合作的条件下带领俄罗斯加入国际信息共同体。

俄罗斯联邦在信息安全领域国家政策的首要方针就是完善用以调整信息领域各种社会关系的法律机制。具体措施是:对信息领域现行法律和其他规范性法规的执行效果进行评估,从而制定完善的计划;形成保障信息安全的法律和组织机制;确立信息领域内各主体关系的法律地位,包括各信息系统和远程通信系统的使用者,明确他们在上述领域内遵守俄罗斯联邦法律的责任;建立一套信息收集

---

① Доктрина информационной безопасности Российской Федерации (утверждена Президентом Российской Федерации В. Путиным 9 сентября 2000 г. № Пр-1895), https://belichevososh.edusite.ru/infosec/files/7a6cb4d6-4c19-4750-a6da-83d529cf1f8e.pdf, 2020 年 6 月 1 日访问。

和分析体系，收集和分析威胁俄罗斯联邦信息安全的危险来源及其产生的后果；制定开展调查、确定如何对违法行为进行法庭审理的规范性法律，以及消除违法行为所产生后果的程序；分析违法人员的组成情况以及所要承担的刑事、民事、行政和纪律责任，将研究结果编入相应的法规之中；完善俄罗斯联邦信息安全保障部门的人员培训体系。俄罗斯联邦信息安全保障立法应该建立在合法原则与利益均衡原则之上。合法原则就是要求国家联邦权力机关和俄罗斯联邦主体国家权力机关在处理信息领域出现的争端时，要严格遵守法律和其他用以调整这一领域各种关系的规范性法律；利益均衡原则是指公民、社会和国家在信息领域利益的均衡，这些利益在社会生活的不同领域中具有优先权，并以法律形式固定下来，甚至还可以利用社会监督的方式监督联邦国家权力机关和俄罗斯联邦主体国家权力机关的活动，保障公民在信息领域活动的宪法权利和人身自由，是国家在信息安全领域最重要的任务。建立俄罗斯联邦信息安全法律机制包括采取措施在法律领域实现全面信息化的内容。为维护联邦国家权力机关、俄罗斯联邦主体国家权力机关及其他信息领域里的主体部门的利益，国家应制定必要的政策，鼓励社会成立各种委员会及其所属的各社会团体的代表机关，同时帮助这些组织有效地开展工作。[①]

8. 信息安全政策的实施措施

《俄罗斯联邦信息安全学说》总结了最关键的信息安全措施，具体可将其归为5个方向，以彰纲目。

第一，深化理论，加强执法。建立和巩固用以调整信息领域各种关系的法规执行机构，创立俄罗斯联邦信息安全保障法理论。俄罗斯现有的网络立法、信息安全立法已经逐渐形成体系，但由于技术更新太快，为了规范新事物，立法不得不尽快跟上，从而导致虽有立法，但其理论根基相对于其他传统部门法明显不够深厚，立法的延展性很不足。此外，现有的执法机关在处理信息安全、网络违法方面的经验不足，掌握的知识技能也略显薄弱，故此应该在这些方面予以加强。

第二，建立信息管理机构，加强监管。建立信息管理机构，以提高对大量的国有信息资源的利用效率，推行国家信息政策。由于信息安全保障领域的特殊性，需要建立专业性较一般执法机构更强的专门监管机关，作为信息管理的专业机构。此类机构的职能是一方面强化对信息安全领域的监管，另一方面也要促进对信息资源的有效利用，全面配合国家信息安全政策的实施。

第三，批准和实施联邦计划。根据这一计划建立联邦国家政权机构和俄罗斯

---

① Доктрина информационной безопасности Российской Федерации（утверждена Президентом Российской Федерации В. Путиным 9 сентября 2000 г. № Пр-1895），https://belichevososh.edusite.ru/infosec/files/7a6cb4d6-4c19-4750-a6da-83d529cf1f8e.pdf，2020年6月1日访问。

联邦主体国家权力机构所属的信息资源公共档案馆，提高公民的法律水平和计算机知识素养，发展俄罗斯统一的国家信息空间基础系统，联合抵御信息战的威胁，开发社会和国家在重要事务中使用的、安全的信息技术，制止计算机犯罪，建立联邦国家政权机构和俄罗斯联邦主体国家权力机构专用的远程信息通信系统，利用本国技术独立建造和开发远程国防信息通信体系。

第四，完善俄罗斯联邦信息安全保障部门的人员培训体系。人才是保障国家信息安全的灵魂，苏联解体以后，社会不稳定，经济下滑，科技人员的待遇很低，导致大量计算机网络技术人才流失海外，其中有相当一部分被美国吸收。《俄罗斯联邦信息安全学说》的重要内容之一就是要重建起本国的人才培养计划，而且还要留住人才，重用人才。

第五，建立国家标准，保障信息安全。在信息和信息安全领域对自动化指挥系统、公共及专用远程信息通信系统推行本国标准。俄罗斯本土的国家标准符合本国的发展利益和发展阶段，更有利于保障本土的信息安全，不仅如此，如果国内标准不统一，也会造成执行混乱，安全隐患频生，因此，有必要在国内实行统一的国家标准。

《俄罗斯联邦信息安全学说》从以上5个方向框定了保障国家信息安全的基本措施：法制建设为基础，专业监管为先导，发展规划指方向，人才培养为根本，国家标准是保障。

9. 信息安全保障体系的职能

信息安全保障体系是指为了实现俄罗斯国家信息安全政策而建立起来的多元系统，包括法律体系、技术体系、机构体系、标准体系、规划体系和人才体系等。这些子系统相互配合、相互制约，共同构成了国家信息安全保障体系。

建立信息安全保障体系的目的在于实现信息安全领域的国家政策。从这个角度来看，保障体系的具体职能包括：制定俄罗斯联邦信息安全保障领域的规范性法律依据；为公民和社会团体依法从事信息活动创造条件；维持公民、社会团体、国家对信息自由交换的需求与信息传播中必须实行一定限制之间的平衡；评估俄罗斯联邦信息安全状况，揭露威胁信息安全的国内外危险源，确定优先预防、打击和消除这些威胁的方针；协调联邦国家政权机关和其他担负俄罗斯联邦信息安全保障任务的国家机关之间的行动；监督参与俄罗斯联邦信息安全保障任务的联邦国家政权机关、俄罗斯联邦主体国家权力机关，以及国家和各部门联合委员会的活动；预防、揭露和取缔蓄意侵犯信息领域内公民、社会和国家的合法利益的违法行为，并对该领域的犯罪行为提起诉讼；发展本国的信息基础设施和远程信息通信设备研发工业，提高其在国内外市场上的竞争能力；组织制定联邦和地区信息安全保障计划，并协调该计划的实施；推行统一的俄罗斯联邦信息安全保障技术政策；在俄罗斯联邦信息安全保障领域内组织开展基础和应用科学研究；首先在联邦国家政权机关、俄罗斯联邦主体国家权力机关，以及国防综合体企业内保护国有信息资源；以颁发强制性经营许可证和出具信息保护产品质量证明的方式，监督信息保护产品的制造和应用；完善和发展统一的俄罗斯联邦信息安全保障部门的人员培训体系；在信息安全保障领域里实行国际合作，并在相应的国际组织中代表俄罗斯联邦的利益；构成俄罗斯联邦信息安全保障体系及其分系统的联邦国家政权机关、俄罗斯联邦主体国家权力机关，以及其他国家机构的管理权限由俄罗斯联邦法律和俄罗斯联邦总统、政府所颁布的规范性法规确定；作为俄罗斯联邦信息安全保障体系及其分系统的组成部分，联邦国家政权机关、俄罗斯联邦主体国家权力机关以及其他国家机构的活动由协调机构完成，该协调机构的职能由俄罗斯联邦规范性法规来确定。[①]

10. 信息安全保障体系的构成

俄罗斯联邦信息安全保障体系是国家安全系统的一部分。俄罗斯联邦信息安全保障体系建立在权力机关区分立法、执法和司法在信息安全领域内的权力、明确联邦国家政权机构和俄罗斯联邦主体国家权力机构任务的基础之上。

俄罗斯联邦信息安全保障体系的主要组成部分包括：俄罗斯联邦总统、俄罗斯联邦议会上院、俄罗斯联邦议会国家杜马、俄罗斯联邦政府、俄罗斯联邦安全委员会、联邦执行权力机关、俄罗斯联邦总统和俄罗斯联邦政府创立的跨部门国家委员会、俄罗斯联邦主体国家权力机关、地方自治机关、司法权力机关、社会团体、根据俄罗斯联邦法律参与完成俄罗斯联邦信息安全保障任务的公民。俄罗斯联邦总统在自己的宪法权限内领导俄罗斯联邦信息安全机构和人员，批准实施俄罗斯联邦信息安全行动，依据俄罗斯联邦法律建立、改组和撤销其所属的、从事保障俄罗斯联邦信息安全的机构和人员，在致联邦议会的年度国情咨文中阐明俄罗斯联邦信息安全领域内国家政策的首要方针和实现《俄罗斯联邦信息安全学说》的措施。俄罗斯联邦议会根据俄罗斯联邦宪法关于代表俄罗斯联邦总统和俄罗斯联邦政府行使权力的规定，制定俄罗斯联邦信息安全保障领域的立法依据。俄罗斯联邦政府在自己的职权范围内，根据写入俄罗斯联邦总统致联邦议会年度国情咨文中有关俄罗斯联邦信息安全领域的首要方针，协调联邦权力机关和俄罗斯联邦主体国家权力机关的行动，同时依照联邦年度预算草案的规定，预先拨出实施该领域联邦计划所必须的经费。俄罗斯联邦安全委员会负责发现和评估俄罗斯联邦信息安全的危险因素，具体起草关于预防上述危险的俄罗斯联邦总统决策

[①] Доктрина информационной безопасности Российской Федерации (утверждена Президентом Российской Федерации В. Путиным 9 сентября 2000 г. № Пр-1895), https://belichevososh.edusite.ru/infosec/files/7a6cb4d6-4c19-4750-a6da-83d529cf1f8e.pdf，2020年6月1日访问。

草案，提出有关保障俄罗斯联邦信息安全的建议，以及更准确地表述《俄罗斯联邦信息安全学说》中的部分观点，协调俄罗斯联邦信息安全保障机构和人员的行动，监督联邦权力机关和俄罗斯联邦主体权力机关对俄罗斯联邦总统在这一领域决策的执行情况。联邦权力机关负责保障俄罗斯联邦法律的执行和俄罗斯联邦总统、政府在信息安全领域内的决策得到执行，在自己的管辖范围内制定用于该领域的规范性法规，并按规定将其呈交俄罗斯联邦总统和政府。俄罗斯联邦总统和政府创立的跨部门国家委员会依据所赋予的权力解决俄罗斯联邦信息安全问题。俄罗斯联邦各主体权力机关协助联邦权力机关解决俄罗斯联邦法律、俄罗斯联邦总统和政府在俄罗斯联邦信息安全保障领域内的决策得以执行的问题，同时解决该领域联邦计划的实施问题，同地方自治机关一起采取措施，鼓励公民、组织和社会团体参与解决俄罗斯联邦信息安全保障中遇到的问题，向联邦行政机关提出关于完善俄罗斯联邦信息安全保障体系的建议。地方自治机关保障俄罗斯联邦信息安全保障法得以执行。司法机关依据犯罪事实，对蓄意侵犯个人、团体和国家信息权益的违法行为行使司法权，依法保护从事保障俄罗斯联邦信息安全活动的公民和各社会团体，使其权益免受侵害。负责解决该领域内局部问题的子系统也是俄罗斯联邦信息安全保障体系的组成部分。①

三、《至2020年国际信息安全领域俄联邦国家政策纲要》

2013年8月俄罗斯联邦政府颁行了由总统普京批准的《至2020年国际信息安全领域俄联邦国家政策纲要》（以下简称《纲要》）。该文件实际上是对《俄罗斯联邦信息安全学说》的进一步细化，尤其是其中关于国际信息安全的内容。此外，《纲要》还承继了其他一些政策性文件的内容，例如《2020年前俄罗斯联邦国家安全战略》《俄罗斯联邦外交政策构想》以及俄罗斯联邦其他战略计划文件中的部分内容。《纲要》明确了国际信息安全领域所面临的主要威胁，俄罗斯联邦在国际信息安全领域国家政策的目标、任务及优先发展方向以及其实现机制。《纲要》属于国际信息安全领域的战略性计划，制定《纲要》的规范性法律依据为《俄罗斯联邦宪法》、俄罗斯联邦在国际信息安全领域的国际条约、联邦法律、俄罗斯联邦总统及俄罗斯联邦政府颁布的规范性法律文件、俄罗斯联邦其他规范性法律文件。《纲要》的功能主要是在国际舞台中推进俄罗斯在建立国际信息安全体系领域所提出的倡议，包括完善法律、组织以及其他种类的保障体系；制定俄罗斯联邦参与实施的国际信息安全领域的国际整体计划，以及制定该领域的国家计划和联邦整

---

① Доктрина информационной безопасности Российской Федерации（утверждена Президентом Российской Федерации В. Путиным 9 сентября 2000 г. № Пр-1895），https://belichevososh.edusite.ru/infosec/files/7a6cb4d6-4c19-4750-a6da-83d529cf1f8e.pdf，2020年6月1日访问。

体计划；在实现俄罗斯联邦国际信息安全领域国家政策时，组织开展部门间协作；通过在实际经济领域更为广泛地使用信息和通信技术，达到和保持俄罗斯与世界强国之间的技术均等。

1. 基本概念

《纲要》首先明确了国际信息安全领域最主要的 3 个概念：国际信息安全、国际信息安全体系、国际信息安全领域的主要威胁。国际信息安全是指全球信息空间的一种状态，在该状态下，可以排除违反人权、社会权益和国家信息安全法律的可能性，以及可以排除对国家关键信息基础设施施加破坏作用和违法活动的可能性。国际信息安全体系是指用于调节全球信息空间各主体活动的国际和国家机制的总和。国际信息安全体系旨在对抗给战略稳定所造成的威胁，并将促进全球信息空间内的平等战略伙伴关系。在建立国际信息安全体系领域内的合作方面符合俄罗斯联邦国家利益，并有助于巩固其国家安全。国际信息安全领域主要威胁是指将信息和通信技术用于以下情景：将其当作信息武器用于违反国际法的军事或政治目的，用于实施有关损害国家主权，破坏国家领土完整，并威胁国际和平、安全和战略稳定性的敌对行为和侵略行动；将其用于恐怖主义目的，其中包括对关键信息基础设施施加破坏作用，以及用于宣传恐怖主义和吸收新的追随者参与恐怖主义活动；用于干涉主权国家内部事务，破坏社会秩序，挑起民族、种族和宗教信仰仇视，宣传能够产生仇恨和引发暴力的种族主义和排外思想或理论；用于实施犯罪，其中包括非法访问计算机信息，并创建、使用和传播与有害计算机程序有关的犯罪。[①]

2. 国际信息安全领域的政策目标

俄罗斯联邦国家信息安全政策的目标在于协助建立国际法律制度，为建立国际信息安全体系创造条件。俄罗斯联邦参与完成下列任务将有助于达成俄罗斯联邦国家信息安全政策目标：①建立双边、多边、地区和全球层面的国际信息安全体系；②为保障降低信息和通信技术使用风险创造条件，防止其被用于实施损害国家主权，破坏国家领土完整，并威胁国际和平、安全和战略稳定性的敌对行为和侵略行动；③建立国际合作机制，以对抗信息与通信技术用于恐怖主义目的的威胁；④创造条件，以对抗信息和通信技术用于极端主义目的的威胁，其中包括用于干涉主权国家内部事务的威胁；⑤提高对抗信息和通信技术用于犯罪领域内的国际合作；⑥为保障信息和通信技术领域内的国家技术主权以及消除发达国家

---

① Основы государственной политики Российской Федерации в области международной информационной безопасности на период до 2020 года (Утверждены Президентом Российской Федерации В. Путиным 24 июля 2013 г., № Пр-1753), http://www.scrf.gov.ru/security/information/document114/，2020 年 7 月 1 日访问。

和发展中国家信息不平等现象创造条件。①

3. 国家政策的具体方针

与完成建立双边、多边、地区和全球层面国际信息安全体系任务有关的俄罗斯联邦国家政策的主要方向如下：①为在国际舞台上推进俄罗斯关于"联合国制定和通过《保障国际信息安全公约》的必要性"倡议创造条件；②在根据联合国信息化和电信领域政府专家小组工作结果所出版的总结文件中，促成在涉及国际安全的部分加强俄罗斯在建立国际信息安全体系领域内的倡议，以及在联合国的领导下，在保障国际信息安全领域内，协助制定符合俄罗斯联邦国家利益的行为准则；③定期举行双边和多边专家磋商，与上海合作组织成员国、独联体成员国、集体安全条约成员国、"金砖五国"成员国、亚太经济合作组织成员国、"八国集团"及"20国集团"成员国、其他国家和国际机构协商在国际信息安全领域的行动立场和计划；④在国际舞台中推进俄罗斯关于"互联网"信息、电信网络控制国际化的倡议，并扩大"国际电信联盟"在该领域的作用；⑤从组织、编制上加强参与实施俄罗斯联邦国家政策的各联邦执行权力机构所属部门，以及完善协调联邦执行权力机构在该领域的活动；⑥建立俄罗斯专家团体参与机制，在推进俄罗斯在建立国际信息安全体系领域内所提出的倡议时，使其参与完善分析工作和科学方法保障工作；⑦为俄罗斯与外国之间签署保障国际信息领域国际合作条约创造条件；⑧在上海合作组织成员国协议框架内，加强保障国际信息安全领域合作，促进扩大上述协议成员国数量；⑨利用联合国以及其他国际组织的科研和专家潜力，推动俄罗斯在建立国际安全体系领域内的倡议。

在完成创造条件降低实施损害国家主权，破坏国家领土完整，并威胁国际和平、安全和战略稳定性的敌对行为和侵略行动风险这一任务时，俄罗斯联邦国家政策的主要方向是：①扩大与相关国家之间的对话，就国家在应对由于信息和电信技术大规模用于军事、政治目的而产生的挑战和威胁这一问题上的立场举行对话；②在双边和多边层面参与制定信任措施，以对抗利用信息和电信技术实施敌对行为和侵略行动的威胁；③协助在公认原则和国际法准则（尊重国家主权，不干涉其他国家内部事务，在国际关系中不使用和不威胁使用武力，尊重单独自卫和集体自卫权，尊重人的权利和基本自由）的基础上发展地区间国际信息安全体系和建立全球国际信息安全体系；④协助联合国成员国起草和通过国际性法律文件，将其用于规范信息和通信技术使用领域的国际法原则和准则；⑤为制定有关

---

① Основы государственной политики Российской Федерации в области международной информационной безопасности на период до 2020 года (Утверждены Президентом Российской Федерации В. Путиным 24 июля 2013 г., № Пр-1753), http://www.scrf.gov.ru/security/information/document114/，2020年7月1日访问。

不扩散信息武器的国际法律制度创造条件。

在完成建立国际合作机制、对抗将信息和电信技术用于恐怖主义目的的威胁这一任务时，俄罗斯联邦国家政策的主要方向是：①发展与上海合作组织成员国、独联体成员国、集体安全条约组织成员国、"金砖五国"成员国的合作，促进预防、查明、制止、揭露和侦查破坏国家关键信息基础设施的行为，将上述行为的危害降到最小，同时，防止将"互联网"信息、电信网络以及其他信息、电信网络用于宣传恐怖主义和吸收新的追随者参与恐怖主义活动的目的；②协助联合国成员国起草和通过法令，以建立在保障关键信息基础设施运行安全领域内的先进实践经验信息的共享机制。

在完成对抗将信息和电信技术用于极端主义目的，其中包括用于干涉主权国家内部事务目的的威胁这一任务时，俄罗斯联邦国家政策的主要方向是：①参与拟定和实施对抗上述威胁的国家间措施体系；②协助建立常态化国际监控机制，禁止将信息和电信技术用于极端主义目的，其中包括用于干涉主权国家内部事务的目的等。

在完成提高对抗信息和电信技术用于犯罪领域的国际合作效率这一任务时，俄罗斯联邦国家政策的主要方向是：①在国际舞台上推进俄罗斯关于在联合国领导下制定和通过《对抗信息犯罪领域合作公约》的必要性的倡议，同时将加快与上海合作组织成员国、独联体成员国、集体安全条约成员国、"金砖五国"成员国关于支持该倡议的工作；②发展与上海合作组织成员国、独联体成员国、集体安全条约成员国、"金砖五国"成员国、亚太经济合作组织成员国、"八国集团"及"20国集团"成员国、其他国家和国际机构在对抗信息犯罪领域的合作；③提高各国护法机关在侦查信息和电信技术应用领域犯罪期间的信息共享效率；④完善信息交换机制，以便交换关于信息和电信技术应用领域犯罪案件的侦查方法和司法审理实践信息。

在完成为保障信息和通信技术领域内的国家技术主权以及消除发达国家和发展中国家信息不平等创造条件这一任务时，俄罗斯联邦国家政策的主要方向是：①协助拟定和实现有助于消除发达国家和发展中国家信息不平等的国际计划；②协助发展中国家信息基础设施的建设，协助国际社会各国参与到建立和使用全球信息网络及系统的过程中来。①

---

① Основы государственной политики Российской Федерации в области международной информационной безопасности на период до 2020 года（Утверждены Президентом Российской Федерации В. Путиным 24 июля 2013 г., № Пр-1753），http://www.scrf.gov.ru/security/information/document114/，2020 年 7 月 1 日访问。

4. 国际信息安全政策实现的机制

俄罗斯联邦国家政策由联邦权力执行机构及监督机关在完成有俄罗斯联邦参与的相应国家间目标计划、国家及联邦目标计划（其中包括在国家与私人伙伴关系框架内的各种计划）时，按照其管辖对象予以实施。由俄罗斯联邦安全委员会工作机构与俄罗斯联邦总统办公厅相关独立部门、联邦权力执行机构与组织一起协作，起草致联邦总统的关于俄罗斯联邦国家政策主要方向的建议。俄罗斯联邦外交部负责协调与实现俄罗斯联邦国家政策，以及协调与在国际舞台上推进俄罗斯联邦在该问题上的一致立场有关的各联邦权力执行机构的活动。信息和电信技术的迅猛发展，以及其在人的各个活动领域的广泛应用，为建立全球信息基础设施创造了条件，其信息基础设施为人们的社会化、人们的交流和访问人类所积累的知识提供了全新的可能性。在当代社会，信息和电信技术成了决定社会经济发展水平和国家安全状态的主要因素。《纲要》旨在促进俄罗斯联邦加快实施在全球信息空间国际化过程中谋求达成一致和考虑相互利益的对外政策。我们认为，《纲要》应该被认为是《俄罗斯联邦信息安全学说》在国际信息安全领域及该领域的国际合作中的最基本的政策框架，它为实现数据信息的国际流动安全、抵御境外信息威胁、增强俄罗斯参与国际信息安全规则制定、建立有利于俄罗斯的网络空间国际环境指明了基本的方向。

四、俄罗斯联邦网络安全战略构想

2014年1月10日，俄罗斯联邦委员会公布了《俄罗斯联邦网络安全战略构想》（以下简称《构想》），作为国家安全战略中的一个分支，《构想》目前仍然是一个供讨论的草案。制定《构想》的目的是通过确定国内外政策方面的重点、原则和措施，保障俄罗斯联邦公民、组织和国家的网络安全。《构想》明确诠释了信息安全与网络安全的概念，把信息与网络整合在统一的框架之下，从战略的高度分析了网络安全在俄罗斯的重要地位以及基本的发展方向，提供了保障国家信息安全和网络安全的基本路径。

1. 制定网络安全战略的必要性

《构想》指出，信息和通信技术正在迅猛发展，使得个人、组织和国家在俄罗斯联邦所有关键领域的影响力得到增强。互联网和其他网络空间的构成要素已经成为俄罗斯经济发展和现代化进程的主要因素。将信息和通信技术应用于国家行政管理全过程是建设21世纪高效的、有社会责任感的民主国家的基础。为此需要制定有针对性的、系统的国家政策，促进信息应用领域国家部门的发展。同时，信息技术向生活各个领域的渗透能力大幅增强，这对个人、社会和国家安全造成了一系列新的威胁，原有的某些威胁也进一步增大。网络空间涉及的领域众多，对复杂信息技术高度依赖，俄罗斯各类公民群体大量使用网络空间的网站和服务也可能会导致新的威胁，例如：个人、组织和国家机关的权利、利益和日常活动受到来自网络空间的侵害；网络犯罪分子和网络恐怖分子对受保护的信息资源实施网络攻击；在特种作战行动和网络战中，进行传统作战行动的同时使用网络武器等。

目前，俄罗斯联邦颁布施行了一系列旨在保障各方面国家信息安全的政策文件，包括《俄罗斯联邦信息安全学说》《俄罗斯联邦信息社会发展战略》等，然而，现有的法规调控在很大程度上没有涵盖作为信息空间一部分的网络空间中出现的关系体系。为了实现网络空间功能应用方面的潜力，加强对出现的风险进行监控，必须制定这一领域专门的法规文件。考虑这一问题的范围、复杂性和未来发展趋势，应在借鉴国际经验的同时，将此类政策文件的形式定位为战略。[①]

2. 信息与网络安全基本概念的界定

制定战略性政策文件的目的是，在长期发展过程中取得既定成效，要求清楚地界定明确战略方向过程中遇到的大量问题。因此明确"网络安全"的定义具有特殊意义。

《构想》中网络空间应定义为"信息空间的一个固定的、具有清晰界限的组成部分"，这一定义符合国际上规定信息安全领域术语和确定术语间关系的标准和规则。这样，"网络安全"的概念从含义上讲就比"信息安全"的概念要小。同时，《构想》应建立在下列概念的基础之上："信息空间"指与形成、创建、转换、传递、使用、保存信息活动相关的，能够对个人和社会认知、信息基础设施和信息本身产生影响的领域；"信息安全"指个人、组织和国家及其利益针对信息领域破坏和负面作用威胁的防护情况；"网络空间"指信息空间中基于互联网和其他电子通信网络沟通渠道、保障其运行的技术基础设施以及直接使用这些渠道和设施的任何形式人类活动（个人、组织、国家）的领域；"网络安全"指所有网络空间组成部分处在避免潜在威胁及其后果影响的各种条件的总和。分析表明，在俄罗斯信息安全领域正式的法规及政策文件中，"网络安全"这一术语没有从"信息安全"的概念中分离出来单独使用，而在大多数国家这一术语是独立的概念。必须认识到，由于网络空间的跨界性，对其进行监管，尤其是国家层面的监管是很困难的。因此，有必要在俄罗斯关于信息安全的政策法规文件中明确"网络安全"的术语，这样才能在俄罗斯和外国的规范文件之间建立对应关系，才有可能参与

[①] Концепция стратегии кибербезопасности Российской Федерации（На сайте Совета Федерации опубликована 10 января 2014），http://council.gov.ru/media/files/41d4b3dfbdb25cea8a73.pdf，2020 年 7 月 1 日访问。

到网络安全领域的国际立法工作中去。①

3. 《构想》与其他规范性文件的关系

《构想》旨在消除保障俄罗斯联邦网络安全监管中存在的问题；作为一种积极因素联合国家机关、公民社会组织和商业机构为推进俄罗斯联邦网络安全进程奠定基础；使所有利益相关方为提升俄罗斯联邦网络安全水平而开展的活动系统化；建立俄罗斯联邦网络安全威胁模型并明确应对威胁的方向和措施。《构想》与俄罗斯联邦现有的其他信息安全法律和规范性文件在内容上具有一致性，具体表现如下。

《构想》基于俄罗斯联邦《信息、信息技术和信息防护法》的关键原则，包括在建立和使用信息系统时确保俄罗斯的安全，个人隐私不受侵犯，未经允许不得收集、保存、使用和扩散个人隐私信息等。

《构想》与《俄罗斯联邦信息安全学说》（以下简称《学说》）相符合并完善了其中部分条款。《学说》指出，信息安全领域的一项中心任务是制定评估信息安全系统和设备有效性的准则和方法。《构想》规定了保障国家信息资源安全的行为，如对国家信息安全资源和系统的安全性进行定期评估。《构想》的任务是根据《学说》中关于必须发展现代信息技术和国家信息产业的条款为国家软件开发人员提供支持。《学说》认为，保障信息安全的组织技术方法包括在最为重要的社会和国家生产生活领域建立俄罗斯联邦信息安全系统和特征跟踪系统。《构想》将《学说》的条款具体化，规定建立网络威胁监控和应对机制，开设与网络安全问题相关的公共互联网门户网站，此类网站将发布包括分析和统计数据在内的网络安全信息。《学说》规定，建立统一的信息安全和信息技术领域骨干培训系统。相应地，《构想》要求采取必要措施和行动提高网络安全问题各领域专业人员的职业技能。特别值得关注的是，《构想》和《学说》都强调要扩展国际合作。在国际合作中起主导作用的首先是制定共同措施规范信息武器的推广和运用。

《构想》与《俄罗斯联邦信息社会发展战略》（以下简称《战略》）的条款内容相符合。《战略》的任务之一是保持俄罗斯多民族人民的文化，在公众认知中巩固道德和爱国准则，发展文化和人文教育体系。《构想》规定促进形成信息安全文化，提高俄罗斯公民的信息化水平。《战略》指出，社会发展的基本原则包括：国家、经贸公司和公民社会的自由度相协调；平等分享信息和知识；支持国内产品生产商在信息通信技术领域提供服务；促进信息和通信技术领域国际合作的发展；保障信息领域的国家安全。而制定《构想》的原则也是建立在参与网络空间活动

---

① Концепция стратегии кибербезопасности Российской Федерации（На сайте Совета Федерации опубликована10 января 2014），http://council.gov.ru/media/files/41d4b3dfbdb25cea8a73.pdf，2020 年 7 月 1 日访问。

各方（公民社会、经贸公司和国家）关系体系协调的基础上。

《构想》提出了许多与《俄罗斯联邦保障重要基础设施项目生产和技术流程自动化控制系统安全领域国家政策的主要方针》相适应的方法。

《构想》旨在通过制定新的和完善现有的教育计划、组织教育宣传活动提高俄罗斯联邦公民网络安全方面的素质水平，这一点符合《构建信息安全文化领域国家政策的主要方针》中的相关内容。

《构想》支持并发展了俄罗斯联邦《至 2020 年国际信息安全领域俄联邦国家政策纲要》的条款，在国家机构和各类组织协作层面上，《构想》规定俄罗斯联邦参与国际上制定和实施网络安全措施的活动，包括扩展俄罗斯经贸公司和企业信息中心与外国和国际信息中心的合作，旨在及时共享网络威胁、防护技术和方法应用以及保障网络安全方面的信息。[①]

4. 《构想》的基本原则

《构想》依据的基本原则如下。①在获取和使用信息的过程中保障公民宪法权利和人身自由的原则。②在使用网络空间信息资源、信息系统和信息通信网的过程中最大限度地保护个人、组织和国家机关的原则，包括保障重要信息基础设施运行的原则。③所有信息社会主体——个人、组织和国家——在保障网络安全领域开展建设性合作的原则。应确定相关各方的责任范围，国家对网络安全领域进行法律监管，协调利益相关方的力量；公司组织等确保其私人拥有的重要信息基础设施的网络安全，执行网络安全标准；社会应提高信息化水平，确保对国家和经贸公司的努力做出回应。④在追究违反网络安全要求行为责任与实行过度限制之间保持平衡的原则。⑤根据出现网络威胁的可能性和网络安全事故案件负面后果的程度确定网络安全风险优先次序的原则。⑥系统更新网络安全方式方法以应对网络威胁变化的原则。

5. 保障网络安全首要事项

根据《构想》，在实现网络安全方面应优先实施下列措施：发展国家网络攻击防护和网络威胁预警系统，对该领域个人建立和发展防护系统的活动予以奖励；根据时代要求发展和改革相关机制，提升重要信息基础设施的可靠性；改进网络空间内国家信息资源的安全保障措施；制定国家、经贸公司和公民社会在网络安全领域的合作机制；提高公民的信息化水平，发展网络空间安全行为文化；扩大国际合作，旨在制定和完善相关协议和机制，提高全球网络安全水平。

---

① Концепция стратегии кибербезопасности Российской Федерации (На сайте Совета Федерации опубликована10 января 2014), http://council.gov.ru/media/files/41d4b3dfbdb25cea8a73.pdf, 2020 年 7 月 1 日访问。

6. 网络安全行动方针

《构想》中明确规定了网络安全行动方针，即应在下列方向上确保俄罗斯联邦的网络安全。

①采取全面系统的措施保障网络安全。包括对国家行政信息网和信息通信网、易受攻击的信息基础设施针对网络威胁的防护情况进行定期评估和分析；推行网络安全标准，明确执行标准情况的检查机制；使俄罗斯联邦关于信息安全的国家标准与国际标准协调一致，保障将外国现行的和正在制定中的标准翻译成俄文并提供给信息安全领域专业人员，以便他们在制定标准文件的工作中参考；完善针对俄罗斯联邦信息资源实施计算机攻击的监测、预警和后果清除的国家系统，包括建立和完善国家、企业的情报信息中心，成立网络安全事故案件应急中心等；拟定、批准并准备落实危机应对计划，消除国家范围内将要或已经出现的网络威胁，必要时与国外相关组织和个人开展合作。

②完善保障网络安全的标准法规文件和法律措施。包括由国家和各类组织参与的，重点针对国家行政信息网、信息通信网、易受攻击的信息基础设施进行检查的规则，建立网络安全标准和工作建议的更新机制；系统完善俄罗斯联邦网络安全领域的立法工作，包括在合法前提下借鉴外国的立法经验，根据已签订的国际协议开展俄罗斯联邦网络安全领域的立法工作，扩大吸引专家群体、科研机构和非营利组织参与网络安全领域重要法规文件草案的起草工作；严肃追究网络空间犯罪分子的行政和刑事责任，制定传统违法犯罪活动中使用信息和通信技术手段应负行政和刑事责任的标准；简化护法机关与外国权力机关开展网络安全事故案件侦查协同行动的程序；制定标准法规文件用于改进和应用云计算技术以及设置和使用"云服务器"。

③开展网络安全领域的科学研究工作。包括根据俄罗斯联邦安全委员会批准的《俄罗斯联邦保障信息安全领域科研工作的主要方向》落实科学技术规划并开展研究；明确网络安全领域前沿科学技术的研究重点，并在开展应用和理论研究以及试验设计工作中提供国家支持。

④为研发、生产和使用网络安全设备创造条件。包括向国内网络安全设备生产商提供国家支持，如减免税费、支持产品推向国际市场等；推进国家规划的网络安全技术设备研发，包括放宽软件的推广；制定系统措施推广使用国产软硬件，包括网络安全保障设备，更换国家行政信息网、信息通信网、至关重要的基础设施项目信息网及保障它们相互协调的信息通信网中的外国产品为本国产品。

⑤完善网络安全人才培养工作和组织措施。包括制订、协调和实行网络安全领域专业人员培养和进修的教育标准；制定在各级教育机构教学过程中开设信息安全课程的方针，信息安全课程要设置网络安全模型或在现有课程中增设网络安

全模型；根据包括网络安全在内的现代化发展趋势，修订信息技术和信息安全领域国家公务人员职业技能要求标准，强化此类人员履职情况定期考核机制，重点考核其职业技能标准达标情况；开设急需的、定期更新的教学课程，提高教师队伍和参与保障国家、组织和公民网络安全过程的国家公务人员网络安全领域的职业技能；采取措施推进国家和个人在网络安全补充职业教育方面的合作；推动建立新的和完善现有的国内网络安全问题管理中心；拟定建议保障俄罗斯公民在参与国家秘密、保密信息相关活动或各类组织和国家机关从事网络安全活动时使用外国软硬件产品和服务的安全性。

⑥组织国内外相关各方在网络安全方面开展协同行动。包括扩展国家和国家信息中心与经贸公司和非营利组织、社会团体以及国际信息中心的合作，合作内容包括网络威胁信息、技术应用信息互换，采取各种方式方法保障网络安全，推广普及网络空间安全行为实践等；改进国家机关、组织和公民发起网络犯罪调查的机制，完善消除网络犯罪后果的援助机制；与保险和审查机构共同制定措施为网络威胁风险提供保险服务，为网络安全提供法律支持，在网络安全方面对国家机关和组织进行审查；保障俄罗斯联邦参与国际上制定和落实网络安全措施的活动；建立重要基础设施项目网络安全问题研讨机制，为保障这些项目的网络安全提供全方位的援助；建立奖励机制，对在应对网络威胁中做出贡献的公民予以奖励，包括信息安全专业人员在查找各类秘密信息、资源漏洞及提出建议消除隐患方面有突出贡献的也要予以奖励。

⑦构建和完善网络空间安全行为与安全使用网络空间服务的文化。包括组织综合性的信息安全活动，旨在提高公民、组织和国家机关对现实网络威胁、网络保密信息、资源漏洞和应对方法的认知水平，普及通俗易懂的网络安全技术、措施和方法；开展服务公众的国家互联网门户网站推广运动，提供网络威胁、网络安全问题及应对措施相关信息；为在俄罗斯联邦境内开展的信息安全问题（包括网络安全问题在内）研讨、展览、论坛等活动提供信息支持。

俄罗斯联邦政府在研究《构想》以后，逐步展开对俄罗斯联邦网络安全战略的研究工作，并将联合俄罗斯联邦安全局、负责安全领域的联邦权力执行机关、在安全领域开展活动的其他联邦权力执行机关、国家监督和检察机关、相关产业部门、企业、科研机构、从事网络安全领域活动的其他单位的人员等，共同参与到国家网络安全战略的制定中来。①

---

① Концепция стратегии кибербезопасности Российской Федерации（На сайте Совета Федерации опубликована10 января 2014），http://council.gov.ru/media/files/41d4b3dfbdb25cea8a73.pdf，2020 年 7 月 1 日访问。

五、2016年新版《俄罗斯联邦信息安全学说》

2000年的《俄罗斯联邦信息安全学说》出台以后,已经过去了很多年,世界网络安全格局已经发生了变化,信息安全与网络安全的威胁也已经发生了变化,原有的部分内容逐渐已不能适应新局势的需要,故此,俄罗斯联邦在2015年就开始酝酿出台新版的《俄罗斯联邦信息安全学说》,并最终于2016年12月5日由646号总统令批准通过。至此2000年10月9日颁布的《俄罗斯联邦信息安全学说》(1895号总统令)失效。此次发布的新版学说是对2000年版《俄罗斯联邦信息安全学说》的延续和发展。在此,我们对新版学说进行介绍。

1.《俄罗斯联邦信息安全学说》的基本理论

《俄罗斯联邦信息安全学说》(以下简称《学说》)是保障俄联邦信息领域国家安全的官方观点的汇总体系。《学说》是信息领域关于信息、信息化客体、信息系统、网络通信、信息技术,以及那些与上述技术和保障信息安全相关的各类主体、调整此类社会关系的机制等的总和。《学说》在分析挑战、威胁和评估俄罗斯联邦信息安全状况的基础上确定在信息领域保障国家安全的基本方针,同时考虑国家的战略优先事项。《学说》的法律基础是俄罗斯联邦宪法、公认的法律原则、国际法规范、俄联邦签署的国际条约、联邦宪法性规范、联邦法律、俄罗斯联邦总统颁布的规范性法律命令以及俄联邦政府颁行的法规等。《学说》是保障俄罗斯联邦国家安全的战略规划性文件,其发展了2015年12月31日由俄罗斯联邦总统签发的683号命令——《俄罗斯联邦国家安全战略》——的内容,同时还涵盖了其他一些俄罗斯联邦保障国家安全的战略性规划文件的内容。《学说》为在保障俄罗斯信息安全领域实施国家政策提供了基础,提出完善俄罗斯联邦信息安全系统的措施,其中包括制定信息领域或对信息领域有重大影响的俄联邦战略规划性文件,以及发展在俄罗斯信息安全领域相关活动的社会关系的措施等。

《学说》中使用了以下基本概念:①俄罗斯联邦在信息领域的国家利益(以下简称"国家利益"),是指国家在保障与信息领域相关的个人、社会和国家的安全与可持续发展方面的需求的总和;②俄罗斯联邦的信息安全,是指个人、社会和国家在承受国内外信息领域威胁的情况下的安全状况,在此状态下保障实现俄罗斯联邦公民(以下称公民)的宪法权利和自由、良好的生活质量和水平、俄罗斯联邦国家主权和领土完整、可持续的社会经济发展及国防安全等;③俄罗斯联邦信息安全系统,是指在俄罗斯联邦信息安全领域实现协调性和有计划地保障活动的力量的总和,以及其为实现该目标而利用的各种资源、手段;④保障俄罗斯联邦信息安全的力量,是指国家权力机关、国家机关部门的负责人,以及在保障俄罗斯信息安全方面完成俄联邦法律规定任务的各种形式的私人组织等;⑤保障俄罗斯联邦信息安全的手段,是指保障俄罗斯联邦信息安全力量所使用的组织的、技术的、可编程技术的手段及其他手段;⑥俄罗斯联邦信息基础设施,是指信息化、信息系统,以及分布于俄联邦境内,或俄联邦拥有管辖权的领土内,或依俄罗斯联邦签署的国际条约而使用的通信网络客体的总和。①

关于信息安全与网络安全的概念问题,俄罗斯也出现过分歧。正如前文的《网络安全战略构想》中同时使用两个概念,可以说已经有了显著的变化。在新版学说草案中,仍然回归到了信息安全这个概念。我们认为,从上述对与信息安全有关的概念的注解中可以看出,俄罗斯仍然将信息安全视为包容性更强的概念,而优先于网络安全这个概念的使用。

2. 信息领域的国家利益

《学说》本身是俄罗斯在信息安全领域的最高纲领,其主要目的为维护本国的国家利益,具体地说,应该是从信息安全的角度来维护国家利益,其本质上与国家安全战略是一致的,属于实现国家安全战略的一个子项目。信息技术具有全球性和无国界性的特点,并且成为个人、社会和国家在所有活动领域中不可分割的一部分。信息技术的有效运用是加速国家经济发展、实现信息社会的重要因素。信息领域在保障实行俄罗斯联邦国家战略性优先事务中发挥着重要作用。

根据《学说》,俄罗斯信息领域的国家利益主要包括:①尊重个人和公民在获取和使用信息方面的宪法性权利和自由,其中包括公民在运用信息技术和信息支持系统参与管理国家事务、社会政治生活时涉及的隐私权,也包括俄罗斯联邦各族人民保护文化、历史、精神道德价值观的相关权利;②保障俄罗斯联邦信息基础设施可持续性不间断地运行,包括在和平时期,以及在战时遭受直接侵略的情况下,俄罗斯联邦关键信息基础设施和统一电信网络能够保持正常运行;③发展俄罗斯联邦信息技术产业,对于从事研究、生产和开发保障信息安全工具、提供保障信息安全服务手段的生产组织、科学组织和科技组织,应不断完善其活动;④向俄罗斯及国际社会客观解释俄罗斯联邦国家政策,在国内外客观阐明最高政治领导机关关于具有重大社会意义事件的官方立场,促进俄罗斯民族文化精神价值观在全世界的传播;⑤协助履行国际法规则,以期防范运用信息技术破坏战略平衡的威胁,强化信息安全领域平等的战略伙伴关系,保障信息空间中的俄罗斯联邦主权安全。为了保障公民的宪法性权利和自由、国家稳定、社会经济发展以及国家安全,在信息领域要实现以传输可靠信息的安全环境为保障的国家利益。②

---

① Доктрина информационной безопасности Российской Федерации, https://www.garant.ru/products/ipo/prime/doc/71456224/, 2019 年 5 月 5 日访问。

② 同上。

3. 俄罗斯联邦信息安全现状和主要威胁

《学说》对俄罗斯目前的信息安全状况进行了评估，并列举出俄罗斯在各个领域面临的主要威胁。俄罗斯是目前世界上网络安全问题较为严重的国家，来自国内外的黑客活动等网络违法犯罪现象数不胜数，俄罗斯政府对此格外重视，积极采取各种措施应对网络违法和信息安全问题。

《学说》指出，信息技术是双面刃。拓展运用信息技术的领域是发展经济和完善社会、国家制度运行的积极因素，但同时也产生了对国家安全新的挑战和威胁。究其原因，主要是一些国家或组织为了达到地缘政治目的、军事政治目的和其他目的而实施损害国际安全和战略平衡的行为，他们充分利用了网络空间中信息跨境传输的强大能力，在恐怖主义活动、犯罪活动和其他违法目的中广泛运用信息技术。影响俄罗斯联邦信息安全的一个主要消极因素是境外的发达国家为了达到自己的军事目的，而利用信息技术干扰俄罗斯联邦的信息基础设施，尤其是关键性的信息基础设施，与此同时，这些国家还不断加强对俄罗斯国家机关、科研机构、国防工业综合体企业的情报挖掘工作。

个别国家利用信息在互联网上传播的特点，将其作为工具对目标国实施强大的心理攻势，甚至专门指向特定人群，施加不利于本国的心理影响，其旨在破坏世界不同地区的国内政治和社会状况，演变和颠覆其他国家主权，破坏其他国家的领土完整。参与此类活动的包括宗教组织、民族极端主义组织、人权组织和其他的一些组织，其中也有社会组织、公民团体等，为此目的广泛使用信息技术能力。近些年来，在境外大众传媒中出现了非客观地和片面地评价俄罗斯联邦国内外政策的内容，而且此类内容的范围还在进一步地扩大。俄罗斯大众传媒经常反驳境外的公然歧视，俄罗斯记者也在阻止此类活动。此外，境外还利用网络信息技术逐渐增强对俄罗斯人民的信息影响力，首先受到影响的就是青少年，其目的在于淡化俄罗斯青少年多民族的文化和精神价值观，颠覆其道德观念、历史基础和爱国主义传统。

国内外的各种恐怖主义组织和民族极端主义组织广泛利用信息影响机制，去影响个人和团体的社会意识，其目的在于增加民族间和社会中的紧张程度，煽动民族和宗教仇恨及敌意，宣传极端主义的意识形态，甚至利用此去吸收恐怖主义组织的新成员。恐怖主义组织和民族极端主义组织为达到自己的违法目的，持续研发新的技术用来破坏国家的信息基础设施。

计算机犯罪的数量也在不断上升，首当其冲的就是信贷领域、货币领域、银行领域和其他金融市场领域的计算机犯罪，在个人和家庭隐私、运用信息系统和电信网络时的个人数据保护方面，侵害公民权利的事件层出不穷。利用信息技术实施犯罪行为的方式、方法和手段越来越多样化。信息安全的威胁频发，主要是因为长期以来俄罗斯在政策上更强调发展信息技术本身，没有对信息安全予以足够的重视，或者说对两者的重视程度不是同步的，没有把信息技术的发展与信息安全的保障同步绑定。

俄罗斯联邦信息安全在国防领域的状况是，在军事政治目的中大规模使用了外国和非国产的信息技术，这些技术在很大程度上存在信息安全问题，敌对势力或国家可能会利用此类信息技术从事颠覆国家主权、政治独立等能够危害全球和地区安全的活动。

在国家和社会安全领域，俄罗斯联邦信息安全的状况是，对俄罗斯联邦关键信息基础设施的计算机攻击，在复杂性、规模和协调性等方面经常性地提升，针对俄罗斯联邦的境外情报活动也在不断增加，此外，利用信息技术对俄罗斯联邦主权和领土完整，以及政治和社会稳定构成的威胁也在增加。

俄罗斯联邦在经济领域的信息安全状况是，俄罗斯联邦在信息技术的竞争力方面落后于其他发达国家，其中包括超级计算机技术，以及利用其生产产品、提供服务等。本国经济和工业对国外信息技术的依赖程度仍然很大，很多信息技术需要依靠国外的支撑，例如电子组件基地很多都在国外，程序保障措施和计算技术、通信手段等还在很大程度上依靠网络技术发达的国家。这种依赖性同样也会带来信息安全的威胁，俄罗斯联邦社会经济发展对国外信息技术的依赖，就是对其他国家出口政策的依赖，而其他国家实施的出口政策无疑将从有利于自身的地缘政治角度来制定，那么在很大程度上将与俄罗斯的国家利益相冲突。

俄罗斯联邦在科学、技术和教育领域的信息安全状况是，对有前景的信息技术而言，俄罗斯的科学研究效能不足，本国研发水平较低，以及在信息安全领域人力资源保障水平不高。某些措施，即使用本国信息技术和产品保障俄罗斯联邦信息基础设施的安全，以及保障其运行的完整性与可持续性，也会因为经常缺少综合性的基础而无法实施或实施效果不佳。

俄罗斯联邦在战略伙伴和战略平衡关系中的信息安全状况是，其他个别国家试图利用技术优势占据信息空间主导地位。当前存在的国家间关键网络资源的分布态势不允许实现在国家间互信原则基础上的公正的网络资源共同管理机制。缺少调整信息空间中国家间关系的规范，同时也缺少充分考虑信息技术特殊性的相应国际法机制，这势必会增加旨在促进战略伙伴间平衡与关系稳定的国际信息安全体系运行的难度。[①]

4. 俄罗斯联邦保障信息安全的主要方针

为了推进国家信息安全政策的实行，尽快提升俄罗斯联邦信息安全的保障水

---

① Доктрина информационной безопасности Российской Федерации, https://www.garant.ru/products/ipo/prime/doc/71456224/，2019 年 5 月 5 日访问。

平,新版《学说》在国家安全的各个方面制定了一系列的具体方针,为落实信息安全提供了基本的方向。

国家机关应保障俄罗斯联邦信息安全领域中的各项活动顺利进行,其保障工作应建立在以下原则基础之上:在信息领域中,遵循法制原则和所有社会关系参与者在法律上的平等原则,根据宪法,公民有权以任何合法的方式自由搜索、获取、传输、生成和传播信息;尊重公民与社会之间在自由交换信息中的需求平衡,为了保障信息安全对传播信息的行为进行必要的限制,该原则同样适用于信息的其他领域;采取足够的力量和手段保障俄罗斯联邦信息安全,其中包括监测信息领域威胁的方法;在保障俄罗斯联邦信息安全中遵守社会公认的原则和国际法准则,同时考虑俄罗斯联邦立法中的限制性规定。

保障俄罗斯国防领域信息安全的战略目标是,创造和平发展信息空间的条件,实现在信息领域的本国利益。与俄罗斯联邦军事政策相符合,保障俄罗斯联邦国防领域信息安全及同盟国利益的基本方针是:保持战略威慑和防范可能导致侵略性使用信息技术的军事冲突;完善俄罗斯武装力量、其他部队、军事组织和机关的信息安全体系,其中包括信息对抗力量和手段;识别、评估和预测对俄罗斯联邦及其武装力量在信息领域的威胁;反对通过信息技术向俄罗斯公民施加影响,包括颠覆与保护祖国相关的历史基础和爱国主义传统。

保障俄罗斯联邦在国家和社会安全领域信息安全的战略目标是,加强国家主权,维护政治和社会的稳定,实现个人和公民的基本权利和自由,保障俄罗斯联邦关键信息基础设施的安全。保障俄罗斯联邦在国家和社会安全领域信息安全的基本方针是:反对利用信息技术宣传那些旨在破坏社会政治稳定,强制改变俄罗斯联邦宪法制度的基础,破坏俄罗斯联邦的统一和领土完整的恐怖主义意识形态和传播极端民族主义思想、仇外心理、民族排他性思想等;反对外国组织和专门机构以及其他意图危害俄罗斯联邦国家安全的人员利用信息技术手段和信息工艺从事情报等活动;提高俄罗斯联邦关键信息基础设施的保障性及其运行的可持续性,包括发展信息安全预警、发现和危害后果消除机制,保护人民和领土免受因信息技术对俄联邦关键信息基础设施造成影响而引发紧急事件的侵害;提高俄罗斯联邦信息基础设施运行的安全性,其中包括为了权力机关稳定地相互作用而进行的安全等级提高。避免国外对运行的监控,保障俄罗斯联邦电子通信网络的完整性、安全性和稳定性。在俄罗斯联邦境内保障信息系统中传输和加工信息的安全;提高武器装备、特殊军事技术和自动化控制系统运行的安全性;提高预防和打击利用信息技术实施违法行为的效能;加强对含有国家秘密信息的保护以及对禁止传播信息的监管,其中包括提升利用信息工艺的安全保障等级;完善安全使用利用信息技术提供的产品和服务的方案、方式和方法;提升俄罗斯联邦国家政策的信息保障效能；使那些淡化模糊俄罗斯精神道德价值观传统的信息影响进一步弱化。

保障俄罗斯联邦在经济领域信息安全的战略目标是，将那些本国信息技术工艺和电子工业发展不足的消极因素对俄罗斯联邦国家安全状况的影响降低至最低程度。保障俄罗斯联邦在经济领域信息安全的基本方针是：对信息技术工艺和电子工业部门的国内总产品生产进行重点投资；在技术工艺领域实现俄罗斯联邦技术工艺的独立，具体通过建立、发展和广泛巩固与世界水平相应的本国信息技术工艺、保护信息的手段，以及由此产生的产品和服务来实现；提高俄罗斯信息技术行业企业的竞争力，其中包括通过在俄联邦创造从事此类业务有利条件的方式来实现；发展本国具有竞争力的电子组件基地及其生产工艺，保证国内市场对此类产品的需求，并将其出口至国际市场。

保障俄罗斯联邦在科学、技术和教育领域信息安全的战略目标是，保持俄罗斯联邦及信息技术工艺部门的信息安全体系的创新与快速发展。保障俄罗斯联邦在科学、技术和教育领域的信息安全的基本方针是：俄罗斯信息技术行业逐渐获得该领域的竞争优势，发展保障俄罗斯联邦信息安全领域的科技能力；创造能够以此为基础而抵御各类影响的信息技术工艺；在有前景的信息技术工艺和保障信息安全手段的领域进行科学研究和开发实验；在信息安全和信息技术工艺领域提高人力资源保障能力；创造条件提高保障公民免受各种利用信息技术导致的危害的水平，其中包括提高个人信息安全文明水平的方法。

在战略伙伴和战略平衡关系中保障信息安全的战略目标是，在信息空间建立国家间非对抗的稳定的体系。在战略伙伴和战略平衡关系中保障俄罗斯联邦信息安全的基本方针是：维护俄罗斯联邦在信息空间的主权，通过实现政治独立来达到保护本国信息空间利益的目的；推动形成国际信息安全体系，保障有效对抗利用信息技术意图实现的侵略、恐怖主义、极端主义和犯罪；在充分考虑信息技术特殊性的情况下建立国际法机制，旨在防止和解决信息空间中国家间的冲突；发展本国对互联网所属区段的管理系统，并在这个过程中发挥国家的主导作用。①

5. 保障俄联邦信息安全的组织基础

俄罗斯联邦信息安全体系是国家安全保障体系的组成部分。信息安全保障的实现依靠的是立法、执法、护法、司法、监督和俄联邦国家权力机关其他形式的活动联合起来，并且和其他地方自治机关、各类形式的所有制组织、社会组织和公民相互作用。俄罗斯联邦信息安全体系建立在该领域区分立法权、执法权和司法权的基础之上，同时还要考虑各个机关的管辖对象，这些机关是国家联邦权力

---

① Доктрина информационной безопасности Российской Федерации, https://www.garant.ru/products/ipo/prime/doc/71456224/，2019 年 5 月 5 日访问。

机关、俄罗斯联邦主体国家权力机关,以及在安全领域俄罗斯联邦法律规定的地方自治机关。俄罗斯联邦信息安全体系的结构由俄罗斯联邦总统确定。

俄罗斯联邦信息安全体系的主要构成主体包括俄罗斯联邦议会上议院、俄罗斯联邦会议国家杜马、俄罗斯联邦政府、俄罗斯联邦安全委员会、联邦权力执行机关、俄罗斯银行、俄罗斯联邦军事工业委员会、俄罗斯联邦总统和俄罗斯联邦政府组建的跨部门国家委员会、俄罗斯联邦主体权力执行机关、地方自治机关、根据俄罗斯联邦法律参与联邦信息安全事务的司法机关等。

俄罗斯联邦信息安全体系的参与者包括俄罗斯联邦关键信息基础设施客体的所有者以及运营上述机构的各种所有制形式的组织,大众通信或信息传媒,贷款、货币、银行领域和其他金融市场领域的组织,电信运营商,信息系统运营商,研发、生产和运营保障信息安全的手段和提供此类服务的组织,信息安全领域从事教育活动的组织,信息拥有者,社会团体,根据俄罗斯联邦法律参与完成俄罗斯联邦信息安全保障任务的其他组织和公民。

在保障俄罗斯联邦信息安全体系实施的框架内,国家权力机关应当履行以下职能:保障公民和组织在信息领域从事合法活动的权利的实现;监测和评估俄罗斯联邦信息安全状况,预测和研判信息安全威胁,确定防止和弱化这些威胁的优先措施;规划和执行用于发现、预防和消除俄联邦信息安全威胁所导致危害后果的综合性措施,并评估其有效性;组织俄罗斯联邦信息安全保障力量的活动,并协调其间的相互关系;完善俄罗斯联邦信息安全的法律规范、组织技术、调查业务、情报工作、科学技术、信息分析、人力资源和其他资源的保障工作;国家支持研发、生产和运营信息安全保障手段、在信息安全保障领域提供服务的组织,以及在该领域内从事教育活动的组织,制定和实施此类支撑措施等。

发展和完善俄罗斯联邦信息安全体系的措施如下:加强在联邦、地区之间、地区、城市和其他客体(指信息化客体、信息系统运营商和通信网络运营商等)层面的联邦信息安全力量的垂直和集中管理;完善俄罗斯联邦信息安全保障力量相互作用的形式和方法,从而提高它们对抗信息领域威胁的备战水准;完善俄罗斯联邦信息安全体系运行的信息分析和科学技术保障措施;提高国家机关之间、地方自治机关之间、各种所有制形式的组织和公民之间在解决俄罗斯联邦信息安全领域问题时相互作用的效能。

新版《学说》的实现建立在俄罗斯联邦战略规划性文件的基础之上。为了使俄罗斯联邦安全委员会战略规划性文件得以实现,在预测俄罗斯联邦战略状况的前提下,确定了保障俄罗斯联邦在未来适当期间内的信息安全首要方针的清单。由俄罗斯联邦安全委员会根据对其的规定来监督新版《学说》的实施。监督新版《学说》实施的结果将写入致俄罗斯联邦总统的俄罗斯联邦安全委员会秘书年度报告中，即"国家安全状况及加强国家安全的措施"这一内容中。①

综上所述，新版的《俄罗斯联邦信息安全学说》与 2000 年的《俄罗斯联邦信息安全学说》相比较，发生了一些变化。在维护国家安全、国家利益和保障信息安全的主旨方面，基本没有改变。但对信息威胁的种类和来源的分析则越发明确了，在此背景下的具体实施方略也更加细化，对网络空间信息安全规则的制定也更加重视。可以看出，俄罗斯保障信息安全的具体措施实际上是沿着两条线索齐头并进的，一条线索是根据国家利益的分类展开的，具体是指政治、国防、经济、文化、科技等，另一条线索是从提升信息安全水平本身来展开的，主要包括制定规则、发展技术、推广本国信息产品、提升网络素养等。两条线索是交织在一起的，在每个具体的国家利益领域中，信息安全水平的提高一般都会涉及第二条线索中的各类具体措施。同时，由于每个领域都存在自身的特点，故此在具体措施上也会表现出与其他领域不同的特点。

---

① Доктрина информационной безопасности Российской Федерации, https://www.garant.ru/products/ipo/prime/doc/71456224/，2019 年 5 月 5 日访问。

第四章 俄罗斯网络治理监管机构

一、网络监管概况

俄罗斯通过大量立法和政策强化对互联网的规范,既要充分发挥网络的积极作用,又要使其完全处于国家的掌控之下。在相关法律与政策落地方面,俄罗斯则是依靠一整套的网络治理监管机构来实现该目的的。俄罗斯的网络治理与监管机构呈现多元化与重点化的特点。所谓多元化就是存在众多的司法机关、行政机关、护法机关、社会团体等参与到对互联网的治理与监管中来。所谓重点化就是指存在专门的监管互联网产业发展以及规划运营的机关。俄罗斯联邦各级法院、检察院、安全部门、内务部门等都有义务受理各种涉及互联网的违法犯罪行为,同时一些社会上的涉及互联网的协会组织以及维护网络用户权益的社会团体也时刻关注着网络的发展以及其所带来的现实问题。当然,对网络进行治理监管最为迫切的仍然是政府,俄罗斯联邦政府在网络监管方面的最主要执法者就是联邦数字发展、通信与大众传播部及其下设机构。法院作为审判机关,其本质要求是具有被动中立性,因此,法院尽管能够审理涉及互联网的民商事案件及刑事案件,但毕竟处于监管的下游,或者说是涉网违法犯罪的最后处理环节。检察院作为俄罗斯联邦的护法机关,虽然对网络违法犯罪行为具有审查起诉以及诉讼监督的权力,但通常也不具有主动追究的功能。鉴于以上原因,在网络治理与监管中能发挥直接作用的主要是行政监管部门、内务安全部门,以及部分社会监管组织。其中社会监管组织的监管行为不具有强制力,最终其效果还是要依靠国家机关的强制力量予以实现。

网络违法可能涉及多种类型,那么网络治理监管机构也会存在一定的分工。专门的行政监管机关会颁行与网络治理相关的法规,引导建立互联网行业发展的一般性标准,建立各种"名单"制度,出台一些法律细则等,同时对网络行政违法行为进行处理。如果涉及严重的网络犯罪行为,则通常由内务安全部门来进行立案侦查,包括对相关涉案人员进行调查,采取强制措施等。涉及网络的民商事纠纷则通常不由网络治理监管机构来主动调整,而是由涉案的当事人自主选择是否请公权力机关介入。社会组织包括网络自律组织和第三方监督机构,前者可以对其内部成员的网络行为进行监管，对不当举措予以制止，甚至可以采取一些处罚手段；后者是指专门对网络不良行为进行监督举报的民间组织。本章的研究主要集中于网络治理与监管的专门行政机关，以及影响力较大的社会监督性组织。

二、俄罗斯联邦数字发展、通信与大众传播部

联邦数字发展、通信与大众传播部（Министерство цифрового развития, связи и массовых коммуникаций Российской Федерации）是在其前身联邦通信与大众传播部的基础上建立的，成立于2018年5月15日，根据俄联邦总统215号令在职能上取代了原来的联邦通信与大众传播部。[①] 联邦数字发展、通信与大众传播部是负责制定与实施国家政策的国家权力机关之一，在职能方面承继了原来的机构，主要在以下领域从事法律政策制定和监管工作。

第一是信息技术领域的相关事宜。推动信息技术产业的发展和该领域的立法工作进展，促进国家关键信息基础设施的建设及相关政策的推行，以及信息技术领域各项安全制度的出台，包括信息数据的本地化问题以及信息数据的存取安全、存取利用效能问题。

第二是在电信邮政领域的监管。包括制定相关制度，建立行业标准，分配无线电频谱资源，制定无线电频谱资源使用和转换的规则等。

第三是大众传媒领域政策的制定及监管。包括电子传媒、互联网发展、数字电视、无线电以及该领域的其他技术等。

第四是新闻出版和印刷领域。

第五是个人数据的处理领域。[②]

此外，联邦数字发展、通信与大众传播部还是俄罗斯联邦邮政管理部门，在通信领域的国际活动中发挥着俄罗斯联邦通信主管部门的作用。同时该部还负责协调和监督联邦通信和大众传播监督局的工作，监督联邦通信局、联邦新闻和大众传播署的活动。

俄罗斯联邦数字发展、通信与大众传播部是国家互联网治理与监管的最高国

[①] 联邦通信与大众传播部（Министерство связи и массовых коммуникаций Российской Федерации）成立于2008年5月12日，后更名为联邦数字发展、通信与大众传播部，直接对俄罗斯联邦政府负责。下设15个部门，其中包括大众信息传媒国家政策司、对外传播司、基础设施项目司、信息化协调司、国际合作司、组织发展司、电子政府发展司、无线电通信网络监管司、法规司等。俄罗斯联邦通信与大众传播部是联邦的权力执行机关之一，其具体从事在以下范围内国家政策落实和法律调整的工作：信息技术，包括使用信息技术，前提是建立起国家信息资源并保证在此基础上对其进行存取；电信（包括使用和变更无线电频谱）和邮政通信；大众传播和大众传媒，包括电子传媒（即互联网的发展、电视系统和数字电视系统的推广，以及广播等新技术在该领域的推广）；印刷、出版发行活动；个人数据加工等。

[②] 参见https://digital.gov.ru/ru/ministry/common/，联邦数字发展、通信与大众传播部官网，2019年4月1日访问。

家机关,当然其具体职能不限于对互联网的治理与监管,还包括与信息传播、通信技术相关的各个领域的工作。俄罗斯在国际交往中如果涉及传媒、互联网、通信技术等方面的国际合作,通常也是由该部门代表俄罗斯政府参与洽谈。联邦数字发展、通信与大众传播部掌控着俄罗斯电信资源的分配权限,还会定期发布各种与电信业、互联网行业、数字媒体等领域相关的统计数字,开展对重点门户网站的社会调查工作,推动国家相关法律政策的实施落地,推广使用网络安全新技术,采购相关网络信息系统等。此处我们仅以该部 2016 年 2 月至 3 月间的主要工作为例,来鸟瞰其概况。

2016 年 2 月 1 日联邦数字发展、通信与大众传播部发布 28 号命令,规范对电信运营商的监督检查,加强对有资质的电信运营商的证书、通信服务手段、法律义务履行情况等进行合法性审查。2016 年 2 月 2 日联邦数字发展、通信与大众传播部发布了关于组织在互联网上通过统一门户访问俄联邦预算系统工作的第 35 号命令。俄罗斯致力于通过统一的门户在网络上提供公共服务和其他的信息服务,这需要通信领域、网络科学和媒体的通力合作才能实现,俄罗斯各个部门也希望通过电子化和网络化提升其工作效率和影响力,该命令关于预算系统的统一访问就是此类举措之一。2016 年 2 月 10 日俄罗斯联邦数字发展、通信与大众传播部召开了关于国家、政府利用信息技术提供服务、利用信息技术改善生活水平和提供良好的商业环境的会议。2016 年 2 月 15 日,联邦数字发展、通信与大众传播部发布了第 47 号命令,进一步完善附设于该部的国际合作处的工作,该处属于联邦数字发展、通信与大众传播部的核心部门之一,主要职能是处理信息技术、使用国家信息资源、保障信息资源的供给、电子通信、大众传媒、互联网发展、网络系统、广播电视系统、出版印刷、个人数据处理、相关公共政策制定,以及保护儿童免受有害信息侵犯等方面的国际合作事务。2016 年 2 月 26 日俄罗斯制定法律草案,旨在对经过俄罗斯的互联网数据流进行严加控制,联邦数字发展、通信与大众传播部建议构建一个国家监管系统,对通过通信信道的互联网数据流路径进行监督。该系统将对 DNS 服务器运行和 IP 地址的分配进行跟踪,该系统可以确保俄罗斯互联网各部分连通性的主要节点畅通,以建立备用网路,国家可以根据该信息建议运营商和互联网公司建立改善网络连通性的备用网路。该草案还在制定过程中,尚未进行审议。

2016 年 3 月 1 日联邦数字发展、通信与大众传播部发布了关于制定实现信息化的措施、方案等相关文件的规则的意见,此类文件包括国家机关信息化方案的草案,以及与信息化有关的俄罗斯联邦国家计划纲要、联邦整体规划、各部门整体方案、战略、方针等草案及其他文件,还包括与信息化相关的联邦法律草案、俄罗斯联邦总统命令、俄罗斯联邦政府命令、国家机关命令等,前提是这些草案和命令中含有关于调整和监管信息通信法律关系的内容，以及信息系统和电信基础设施的组建、发展、现代化及运营等相关内容。根据2016年3月11日联邦数字发展、通信与大众传播部第97号命令，俄罗斯将在帮助残疾人使用互联网资源方面投入力量，主要的对象是视力上有残疾的群体，国家将提高联邦官网、各联邦主体的官网以及地方自治机关的官网向上述残疾人群体提供网络信息资源的效能，改善获取网络资源的条件。2016年3月21日联邦数字发展、通信与大众传播部发布第113号命令，是关于在保障网络同步化系统中构建公共通信网络的内容，是从技术角度促使公用通信网络的建设与国家各个地方、各个时区网络信息同步化相结合的举措。2016年3月18日联邦数字发展、通信与大众传播部通过了对147项软件列入国家计算机程序保障清单的申请。2016年3月30日联邦数字发展、通信与大众传播部发布了关于确认大众传播部发展高技术部门的规范，该部门属于大众传播部下设的中央部门，负责制定和实施与信息技术产业发展、信息安全及个人数据加工处理相关的公共政策等规范性文件。

  2016年2月2日联邦数字发展、通信与大众传播部通报，根据2016年1月的数据显示，俄罗斯联邦已经有26个主体参加了关于地理位置信息系统试运行的协议，这些联邦主体（共和国）投入了相当的力量参与这个项目，其境内的公民将是第一批拥有能力获知自己住宅信息并管理这些信息的人。2016年2月4日在莫斯科举办了开发商、用户、自由分布式数据库管理系统的管理人员、政府部门共同参加的圆桌会议，会议主要讨论的是在国家机关和国有企业中使用本国软件的问题，联邦数字发展、通信与大众传播部部长尼古拉表示，尽管人们还在讨论软件保障领域货币化机制和许可政策，但从俄罗斯联邦国家利益的角度来看，无论是在商业语境中，还是在开放平台中，都必须支持本国研发的软件产品。2016年2月8日联邦数字发展、通信与大众传播部再次重申在职能上要明确划分信息通信技术局（即ICT部门）和大众传媒局（即SMI），两者在职能和名称上均有不同，明确区分两者的职能有利于大众传播部按照国际标准完善和协调各部门的活动。2016年2月9日联邦数字发展、通信与大众传播部讨论了与伊朗开展在信息通信领域合作的问题，俄方与伊朗的代表团就高新技术项目、信息通信技术领域以及上述领域的学术交流等进行了深入的探讨。根据联邦数字发展、通信与大众传播部2月11日的通报，接受国家电子服务的用户每个月增长100万人。2月18日俄罗斯大众传播部部长会见了日本代表，双方共同探讨了关于在电信、邮政领域的合作，尤其是关于电信资费的调整问题，希望能在降低国际漫游费方面取得进展。2016年2月24日在巴塞罗那举行的世界移动通信大会上，俄罗斯代表团与欧盟的代表共同讨论了在当前和未来发展信息通信技术的一系列问题，双方决定恢复行业间同等水平的对话，并就发展本国宽带接入计划、建立统一数字市场、实现电子政府等问题交换了意见。在本次大会上，俄罗斯代表团还参观了来自世界各国的移动通信网络企业的最新产品，包括中国华为公司的产品，也包括俄罗斯企业自主研发的移动通信操作系统。

2016年3月1日，俄罗斯联邦数字发展、通信与大众传播部部长与埃及通信和信息技术部部长在开罗举行会谈，双方在信息通信技术领域展开了深入探讨，并签署了关于降低双方国际漫游资费的意向书，次日双方还就信息通信领域、邮政服务领域和信息技术领域的合作签署了备忘录。3月2日联邦数字发展、通信与大众传播部副部长主持了对2020年俄罗斯电子政府发展计划的讨论，交流了关于俄罗斯未来信息通信技术的发展方向、俄罗斯联邦建立和发展电子政府的条件等。3月11日，俄罗斯联邦数字发展、通信与大众传播部部长与白俄罗斯通信与信息化部部长举行会晤，会议主题是进一步发展两国的双边合作，双方还讨论了国家卫星网络的接入问题、在俄罗斯市场上提供白俄生产的软件的问题、构建统一的欧亚联盟数字空间问题等。3月16日，俄罗斯联邦数字发展、通信与大众传播部副部长在古巴哈瓦那与古巴国家部长会议副主席、古巴通信部部长举行了会晤，双方在加强国际互联网合作与管理、打击违法信息传播方面达成了共识。3月23日中俄两国在北京举行会议，探讨了两国媒体年的相关事宜，包括在大众传媒、出版印刷、广播电视等方面的广泛合作，并于3月25日签署了9项合作协议。3月30日大众传播部副部长与伊朗大使馆顾问进行了会谈，双方深刻交换了在大众传媒领域合作的意见，并谈及了未来信息领域、媒体领域合作前景的问题。

由上述内容可知，联邦数字发展、通信与大众传播部对互联网、电信、信息技术、多媒体等领域的治理与监管属于较为宏观的层面，为网络治理与监管提供了基本的标准，从整体上推进国家信息技术进步，打造安全的网络空间环境。

三、俄罗斯联邦通信、信息技术与传媒监督局

俄罗斯联邦通信、信息技术和传媒监督局（ФЕДЕРАЛЬНАЯ СЛУЖБА ПО НАДЗОРУ В СФЕРЕ СВЯЗИ, ИНФОРМАЦИОННЫХ ТЕХНОЛОГИЙ И МАССОВЫХ КОММУНИКАЦИЙ）[①]是俄罗斯电信业、互联网行业的专门监管机构。俄罗斯联邦通信、信息技术与传媒监督局是下设于俄罗斯联邦数字发展、通信与大众传播部的权力执行机关，其主要功能是监控大众信息的传播领域，其中包括电子和大众传媒、信息技术通信领域。此外，该局还参与个人数据立法活动方面的监督，是个人数据主体权利保护的联邦执行机构。其具体职能包括：国家对通信、信息技术和传播领域的监督和监管；在国家无线电频谱委员会决议的

---

① 该局的缩写为Роскомнадзор，其对应的拉丁文译文为Roskomnadzor，通常在各类英文文献中会采用拉丁文译法。

基础上分配（使有效）无线电频率或电子方式的无线电频道；为分配（使有效）的无线电频率和无线电频道进行注册登记；对相关活动进行许可授权，其中包括对许可的条件和要求遵守情况的监督。

联邦通信、信息技术与传媒监督局属于联邦数字发展、通信与大众传播部的下设机构，但又具有一定的独立性，有权在信息通信、网络监管等领域独立行使权力。在工作内容上较之联邦数字发展、通信与大众传播部更为具体，相当于联邦数字发展、通信与大众传播部在该领域的具体执行机关。监督局有权对具体的网络违法事件作出处理，可以直接关停网站，对相关人员进行处罚，检查网站或运营商的行为是否符合国家法律政策，也可以对相关法律政策条文作出解释，把违规企业列入黑名单，禁止其在俄罗斯境内提供网络服务。近些年来，联邦通信、信息技术与传媒监督局在网络治理与监管领域发挥着越来越重要的作用，现举例如下。

在俄罗斯刚刚开始施行数据本地化的 2015 年，联邦通信、信息技术与传媒监督局就重拳频出，对 317 家企业进行了检查，发现其中有两家当地企业违反了数据本地化要求的规定，对他们予以了处理。2016 年 1 月，俄监管机构 Roskomnadzor 公布了 2016 年度详细的检查计划，以核查相关商业机构是否遵循要求，微软、三星、惠普、VKontakte（俄罗斯著名社交网站）、Ostrovok.Ru（俄罗斯酒店预订网站）、LaModa.ru（在线购物网站）等都在检查之列。截止到 2016 年 6 月，根据 Roskomnadzor 负责人 Mr. Zharov 的介绍，在监管机构 2016 年进行的 645 次检查中，大多数企业都很好地遵守了数据本地留存的规定，仅发现了 4 家违规企业。监管机构进行了轻微罚款，并给予了其 6 个月的时间限期进行改正。①

俄罗斯网络监管机构 Roskomnadzor 于 2016 年 11 月 17 日表示，将人力资源社交媒体领英网站（Linkedin）列入该国网络黑名单，俄罗斯境内网络将不能再连接领英网站。此举让这家加利福尼亚州公司的海外业务受到影响，而且也增加了俄罗斯继续对脸书和推特等社交媒体施加禁令的风险。Roskomnadzor 表示，俄罗斯在 2014 年宣布任何在俄罗斯运营的网络公司必须在俄罗斯的服务器上保存俄国用户个人信息，由于领英网站没有遵守俄罗斯当地必须在俄国境内服务器上保存居民信息的法律，Roskomnadzor 最终决定向领英实行屏蔽。莫斯科法院同时也判定领英网站违反了这条法律。②

类似的举措还有很多，当然不仅是因为审查对象违反了数据本地化法，其他违法行为均在审查监管之列。联邦数字发展、通信与大众传播部的尼古拉部长曾

---

① 何波，《俄罗斯跨境数据流动立法规则与执法实践研究》，http://www.cbdio.com/BigData/2017-02/06/content_5443638.htm，2019 年 4 月 1 日访问。

② http://stock.eastmoney.com/news/1611,20161118685214688.html，2019 年 4 月 5 日访问。

于 2017 年 4 月总结监督局的工作。他指出,截至 2016 年年底,俄罗斯联邦通信、信息技术与传媒监督局收到超过 14.1 万份举报。同时 2016 年年底约 5 万个互联网资源地址被限制访问。在这些网站中,关于"麻醉剂"的网站超过 9 200 个,关于"自杀"的网站超过 300 个,关于"儿童色情"的网站超过 6 000 个,关于"赌博"的网站超过 14 500 个,以及根据个别司法判决,涉及个别类别的网站约有 2 万个。[①]

联邦通信、信息技术与传媒监督局在网络监管方面主要审查两个维度,一是网络运营行为本身的合法性,二是网络内容的实质性判断。关于数据本地化的审查就是典型的运营行为合法性审查,至于本地化存储的内容是否符合法律规定则不是该维度审查的对象,即便是合法内容,如果违反了本地化的规定,仍然会受到处罚。对网络内容的审查范围非常广泛,联邦通信、信息技术与传媒监督局可以依据法律和政策的规定覆盖网络治理的方方面面,从联邦通信、信息技术与传媒监督局近些年来关停的网站就可以看出,网站内容审查是监督局工作的重点之一。这里所谓的网络违法内容,包括存储、传播的信息违法,以及网络交互行为违法,前者如儿童色情网站,后者如赌博类网站。相对于联邦数字发展、通信与大众传播部,联邦通信、信息技术与传媒监督局的工作要具体得多,会直接面对产业单位,直接与网络企业甚至是网络用户打交道,接受来自社会团体和普通网民的监督,从网络用户那里直接获取举报信息,及时发现违法行为,快速研判和处置。同时联邦通信、信息技术与传媒监督局还直接与相关的司法实务部门对接,相互配合,共同致力于打击网络违法犯罪行为,确保俄罗斯网络空间的安全。

四、联邦内务部网络犯罪侦查局

联邦内务部网络犯罪侦查局(Управление 《К》 Министерства внутренних дел Российской Федерации)[②] 是附设于俄罗斯联邦内务部的机构。俄罗斯联邦内务部是俄罗斯的警察机构,既要负责维护一般的社会秩序,还要与安全部门配合,各司其职,调查各类犯罪行为,是刑事诉讼中的法定侦查部门。其中内设多个部门和协调中心,网络犯罪侦查局就是其中重要部门之一。该局在俄罗斯被称为 K 局,是俄罗斯侦查部门中专门从事网络犯罪侦查的机关,其职权范围是对信息网络违法犯罪行为进行侦查、预防和制止。具体包括:非法调取计算机信息的犯罪,编制、使用和传播有害的电子计算机程序的犯罪,违反电子计算机、电子计算机系

---

① http://sputniknews.cn/politics/201704171022382930/,2019 年 4 月 5 日访问。
② 俄罗斯联邦内务部网络犯罪侦查局的缩写为 Управление 《К》 МВД России,其直译为联邦内务部"卡"局,专司侦查处置信息网络违法犯罪行为。

统或其网络的使用规则的犯罪,计算机信息欺诈的犯罪,利用信息系统和电信网络实施的侵害未成年人身心健康和社会公共道德的犯罪,制作或传播含有未成年人色情图片的材料或物品的犯罪,利用未成年人制作色情材料或物品的犯罪,与非法贩运专门用于秘密窃取信息的技术设备有关的犯罪,与非法使用版权及相关权利有关的犯罪。可见,联邦内务部网络犯罪侦查局对各类网络犯罪案件均有管辖权,同时涵盖了专门的计算机信息领域犯罪以及利用计算机信息系统和网络技术实施的其他犯罪。前者主要包括非法调取计算机信息的犯罪,编制、使用和传播有害的电子计算机程序的犯罪,以及违反电子计算机、电子计算机系统或其网络的使用规则的犯罪。后者的范围较前者的则要广泛得多,包括其他各种计算机网络工具类的犯罪。①

K局的主要任务就是针对上述有管辖权的案件采取侦查措施,予以评价和处置。第一K局要及时发现计算机网络犯罪的存在,时刻做好应对此类犯罪行为的准备,及时锁定犯罪嫌疑人;第二要充分利用计算机网络技术,在网络空间进行大规模的搜索与分析;第三在互联网和各种内网中查明、预防、打击和发现犯罪行为,同时查明犯罪嫌疑人;第四要及时查明、预防、制止和发现普通网络和移动网络中的犯罪行为,以及相关的犯罪嫌疑人;第五要查明、预防、打击和发现与非法运营区域电信网和电视网络有关的犯罪行为,以及相关的犯罪嫌疑人;第六要积极开展预防各类网络犯罪的活动。

联邦内务部网络犯罪侦查局自成立以来工作效果显著,侦破和处理了大量与网络相关的犯罪。根据网络犯罪侦查局2019年3月14日的消息,2018年一名19岁的约什卡尔奥拉市②居民因遭受恶意软件的侵害而向警方报案。在搜查行动中,警察逮捕了一名26岁的新库兹涅茨克居民。经调查发现,嫌疑人从2017年10月至2018年8月间,在其租用的互联网服务器上安装了一个用于窃取个人数据的恶意软件。嫌疑人对该软件进行了测试和管理,并用其盗窃了其他网络用户的个人信息,包括邮箱账号和密码,此后又将所窃取的信息进行了销售。嫌疑人通过恶意设立的网站可以自由访问700多个受到有害软件污染的用户计算机。侦查人员在一家专门从事防止网络攻击的公司的配合下,对嫌疑人的住所进行了搜查,发现了违法设备并予以没收。经过审查,确认嫌疑人参与了利用计算机技术实施的犯罪行为,最终根据《俄罗斯联邦刑法典》第273条第1款"建立、使用和传播恶意

---

① 一般认为,网络犯罪包括针对计算机网络的犯罪和利用计算机网络的犯罪,前者属于纯正的计算机网络犯罪,后者属于不纯正的计算机网络犯罪,亦即所谓的工具犯。

② 约什卡尔奥拉市是俄罗斯联邦马里埃尔共和国的首府,原文为Йошкáр-Олá,对应英文为Yoshkar Ola。

计算机程序"规定的犯罪理由对嫌疑人提起刑事诉讼。①

据网络犯罪侦查局 2019 年 3 月 12 日消息，俄罗斯内务部罗斯托夫州总局"K"部工作人员逮捕了一名涉嫌从银行账户盗窃资金的男子，经过调查发现，一名罗斯托夫州沙赫特市的 21 岁居民使用手机的移动网络获得了进入被害人私人办公室的权限，并非法将被害人账户上的钱转移到自己的账户上。根据初步的统计，嫌疑人的犯罪行为造成了超过 70 万卢布的损失。网络犯罪侦查局根据《刑法典》的规定对其提起刑事诉讼。②

除了常规的网络犯罪侦查活动以外，网络犯罪侦查局还承担着预防网络犯罪、保护公民合法权益的职能。网络犯罪侦查局专门在自己的官网主页醒目处提示公民免受网络诈骗的侵害，告知用户如何使用网络加密技术来保障自己银行账户的安全。

网络犯罪侦查局为未成年人的父母专门介绍如何保障未成年人的上网安全，要求父母们告诫孩子要遵守安全守则，并提出了具体建议：在任何情况下都不要在互联网上向陌生人提供个人信息，包括电话号码、地址、父母工作单位、学校的地址及号码、喜欢散步的地点等；不要和陌生网友见面，因为他们很可能不是他们在网络中表现出来的样子；不要访问可疑网站或非法网站的内容，告诫孩子们打开不可信邮件或广告可能带来的危害后果，为孩子们讲述网络诈骗可能的类型；告诉孩子们并不是所有在互联网上读到或看到的信息都是真实可信的，建议孩子们把在网络空间中获得信息的情况与父母沟通，以便于父母了解孩子上网的情况；在互联网上也如同在现实生活中一样，必须遵守基本的行为规范；告知孩子，如果有人在互联网上对其进行了侵害或试图将其引诱至可疑地点的，应及时向父母说明。

网络犯罪侦查局专门为青少年上网安全提供了以下具体的措施。针对上网设备安全的举措：设置复杂密码，定期更换密码，使用可信的防病毒软件，不要向任何人提供自己的秘密数据，包括个人隐私在内的个人信息。其他安全注意事项还有：永远不要同意在网上认识的人来你家做客，如果确需见面，应该选择在公共场所见面，并且最好在父母在场的情况下见面；对于网络暴力行为，或者其他具有刺激性的网络侮辱行为，最好的办法就是不予理睬，不参与争论，不必要解释；如果遭受了网络暴力或欺凌，应告知父母或其他可信赖的成年人，保存好证据，交给警察来处理；为了预防网络诈骗，最好准备两个电子邮箱，其中一个用于和熟识的人交流沟通，另一个则作为公共电子邮箱，用于各种用户注册的场合，

---

① 参见网络犯罪侦查局新闻主页，https://xn--b1aew.xn--p1ai/mvd/structure1/Upravlenija/Upravlenie_K_MVD_Rossii/Publikacii_i_vistuplenija/item/16148574/，2019 年 4 月 2 日访问。

② 同上。

永远不要向其他人透漏自己和父母的银行卡账号。

五、俄罗斯网络治理与监管的特点

俄罗斯网络治理与监管的力度不可谓不大，不但在立法方面进行了颇有意义的探索，在监管机构的设置与职能方面也具有自身的特点。

1. 政府监管为主，社会监管为辅

俄罗斯对网络的治理与监管主要依靠的是政府力量，由政府承担着最主要的维护网络安全的任务，乃至对互联网产业发展的促进工作也是在政府的主导下推进的。联邦数字发展、通信与大众传播部在网络治理与监管方面扮演着全局控制者的角色，从整体上对互联网的发展与应用进行引导，对其中的违法行为进行遏制。其下设的联邦通信、信息技术与传媒监督局及内务部网络犯罪监督局则具体执行监管任务。虽然一些社会组织和网络用户也会关注网络行为合规的问题，但通常是将其举报至上述政府机关，并不能直接对这些网络行为产生实质性影响，最终发挥监管效果的仍然是政府监管部门。当然，社会监管通常作为政府监管的重要信息来源，处在互联网应用前沿的广大普通用户为政府监管提供了数量庞大的网络违法违规线索。

2. 监管机构职能集中

俄罗斯设立了专门的网络治理与监管机关，使得网络监管问题能够得到更为集中的处理。无论是联邦通信、信息技术与传媒监督局，还是内务部的网络犯罪监督局，都仅处理与互联网、通信、电子传播相关的问题，由此就可以聚焦网络，集中资源处置网络空间中的各种问题。这样不仅能使得监管部门职能清晰化，还能够使监管部门在工作中不断积累经验，持续提升其专业化水平。网络犯罪侦查局的设置尤其能够体现职能集中的效果，联邦内务部本就拥有一般刑事案件的侦办管辖权，其中也包括对网络犯罪的侦查，网络犯罪侦查局设立以后把原本属于内务部刑事侦查范畴的工作进行了专业化的分割，对此类案件的处理效果更好。

3. 打击与预防并重

俄罗斯网络监管的工作重点是对网络空间中的违法违规、犯罪行为等进行遏制和处罚，但同时俄罗斯也没有忽视对此类案件的事前预防。监管机关会根据现行的法律法规、公共政策、安全标准等对互联网中的违法行为进行研判处置，对相关的责任人员追究行政或刑事责任。这些举措在遏制网络不法行为的同时，也会产生预防网络违法犯罪的效果，但这并不是我们所指的事前预防，而是事后处置的附属效应。俄罗斯监管部门会经常性地发布一些提示网络用户上网安全的内容，甚至制定一些不具有强制性的倡导性规则，提供安全经验的分享，逐渐形成

了一整套的网络安全事前预防措施。监管部门把预防性工作置于非常重要的地位，重要的原因之一就是网络违法导致的社会危害通常较大，甚至难以消弭。

4. 特别重视对未成年人的保护

在网络治理与监管工作中，联邦监管部门一直非常重视未成年人网络安全问题。未成年人群体由于心智不够成熟，难以识别互联网中的各种危险，在网络空间中非常容易成为潜在的被害人，尤其是网络欺诈、网络霸凌等行为。此外，网络中的违法信息也在直接侵害未成年人，例如网络色情信息等。联邦内务部网络犯罪侦查局对儿童安全上网予以了详细的指导，为其设定了最为基本的安全守则。与此同时，考虑儿童自身对安全问题的理解力有限，还专门对家长如何帮助孩子保障上网安全、防范网络侵害进行了指导。

总之，俄罗斯政府主导下的网络监管机制已经比较成熟，并且已经取得了较为显著的实效。联邦通信、信息技术与传媒监督局和网络犯罪侦查局的分支机构遍布俄罗斯联邦全部行政区域，层级分明，权责清晰，对网络违法犯罪行为发挥了强大的遏制作用。当然，网络空间的复杂性与违法行为原因的多元性使得网络空间与现实空间一样不能彻底消除违法犯罪，但可以通过监管机制将其控制在一定范围之内，这就需要政府与社会相互配合，共同努力。

第五章　俄罗斯网络空间安全的国际合作

一、俄罗斯网络安全国际合作鸟瞰

俄罗斯在加快制定信息安全政策和国内立法的同时，也积极开展广泛的国际合作，其目的在于营造有利于本国信息安全、网络安全的国际环境，维护本国的网络主权和国家利益，尤其是本国的国家安全。俄罗斯加强网络安全国际合作的主要举措是与其他国家签订网络安全协议，参与国际社会关于网络安全规范的制定，以及在一些国际交流活动中倡导其网络安全和信息安全方面的主要意旨。

2011年9月，俄罗斯与中国、塔吉克斯坦、乌兹别克斯坦、吉尔吉斯斯坦和哈萨克斯坦等国常驻联合国代表联名致函联合国秘书长，要求将由这几个国家共同起草的《信息安全国际行为准则》（以下简称《准则》）作为第66届联大正式文件进行散发，《准则》中提出应限制在互联网上传播宣扬恐怖主义、分裂主义和极端主义等破坏他国经济、政治和社会稳定的信息，并建立国际网络管理系统。呼吁各国在联合国框架内就此展开进一步讨论，希望各国尽早就规范网络空间行为的规则达成共识。此举引起国际社会的广泛关注，推动了信息和网络空间国际规则制定的进程。2015年1月，上述六国向联合国大会共同提交了《信息安全国际行为准则》的更新草案，该草案结合当前形势变化，吸纳了国际社会的合理意见和建议，内容更趋全面平衡，成为俄罗斯参与网络空间全球治理的一项重要外交行动。

2012年9月18日，以"网络安全与国际合作"为主题的新兴国家互联网圆桌会议在北京举行。中国、俄罗斯、巴西和南非四国政府代表以及一些主流网络媒体的代表参加了此次会议。俄罗斯联邦数字发展、通信与大众传播部副部长斯维尔德洛夫表示，维护网络安全是每个国家都应面对的挑战。他指出，应该严防互联网成为犯罪分子、恐怖分子和分裂分子的工具。互联网没有国界，因此应在互联网治理方面采取相同的立场，在联合国等国际组织框架内就该问题达成一致。

2012年12月在阿联酋首都迪拜举行国际电信大会时，俄罗斯等国提出议案，认为成员国政府对互联网管理以及各国在互联网资源分配等方面拥有平等权利，应加强政府在互联网发展与管理中的作用。俄罗斯代表团在会上还提出了有关维护"网络主权"等的一系列倡议，这些倡议得到部分国家的支持，但遭到美国等一些西方国家和谷歌等大公司的反对。

俄罗斯一直试图与北约建立网络安全方面的合作关系，从而加强互信。2013年4月，俄罗斯外交部部长谢尔盖·拉夫罗夫在俄罗斯-北约理事会会后表示，俄罗斯建议在加强互信框架下在俄罗斯-北约理事会成员国之间发起网络安全领域的合作，美国代表对这一想法表示支持。俄罗斯建议在可获得具体效能外还将拥有政治附加值（即加强互信）的重要领域开展实际合作，具体指的就是网络安全领域的合作。这种合作对于打击使用网络空间的恐怖犯罪和黑客以及完成其他许多任务来说都十分重要。俄罗斯外交部部长拉夫罗夫还指出俄罗斯与北约在军事技术合作领域的合作拥有"不错机会"，并呼吁各方积极地利用这个机会，不要试图采取不正当竞争。北约并未给予俄罗斯积极的回应。不仅如此，2015年的一些针对北约和美国的大规模网络入侵行为、黑客攻击行为使得北约已经逐渐把俄罗斯作为网络战的对手。2016年7月8日北约峰会期间，北约秘书长斯托尔滕贝格在华沙称："俄罗斯已经不是我们的战略合作伙伴，我们之间已经不存在战略合作关系。"

俄罗斯在其网络安全政策中实际上已经把美国作为最大的网络战对手了，但在现实中也希望能够缓和对抗。两国在2013年签署了《俄美网络安全建立信任的协议》，设想在美国和俄罗斯的计算机应急响应分队（CERT）之间建立类似的合作和信息交流机制，设立一个新威胁工作组，并在网络危机时期利用现有的核武器热线直接沟通。不幸的是，它从来没有得到真正的落实，在目前的地缘政治背景下一直停滞不前，俄美之间的互信关系远没有建立起来，甚至还有继续加剧冲突的可能。

2013年3月，俄罗斯和韩国首次就保障国际信息安全合作达成协议。双方在首尔协商会议上就有关措施达成了一致。措施包括两国专家联合行动保护计算机网络免受黑客攻击，打击利用信息和计算机技术的犯罪，这里所指的利用计算机技术的犯罪还包括利用计算机盗取银行账户和利用信用卡非法取钱。

此外，俄罗斯还与伊拉克、伊朗等阿拉伯世界国家开展更广泛的合作，包括在军事技术领域、核能开发领域的合作和打击恐怖主义犯罪的信息共享方面。

目前看来，俄罗斯在网络安全国际合作方面成效比较显著、前景较为乐观的国家应该是中国。近些年来，中国积极推进网络安全建设，加快网络安全立法，并已经取得了明显的效果。中俄双方都表现出在网络安全领域实现双方合作的强烈愿望。2015年5月8日，习近平主席访问俄罗斯期间，中俄外交部部长在两国元首的见证下签署了《中华人民共和国政府和俄罗斯联邦政府关于在保障国际信息安全领域合作协定》（以下简称《协定》）。《协定》强调信息通信技术应用于促进社会和经济发展及人类福祉，促进国际和平、安全与稳定，国家主权原则适用于信息空间，指出中俄将致力于构建和平、安全、开放、合作的国际信息环境，建设多边、民主、透明的国际互联网治理体系，保障各国参与国际互联网治理的平等权利。《协定》将利用信息通信技术侵犯他国主权和安全，破坏信息基础设施，进行恐怖和违法犯罪活动，干涉他国内政，煽动民族、种族、教派间仇恨等列为国际信息安全领域的主要威胁。《协定》规划了中俄开展合作的主要方向，包括建立共同应对国际信息安全威胁的交流和沟通渠道，在打击恐怖主义和犯罪活动、人才培养与科研、计算机应急响应等领域开展合作，并加强在联合国、国际电信联盟、上海合作组织、金砖国家、东盟地区论坛等框架下的合作。中俄承诺不对彼此进行黑客攻击，并同意共同应对可能"破坏国内政治和经济社会稳定""扰乱公共秩序"或"干涉国家内政"的技术。中俄还同意交换执法部门的信息和技术，并确保信息基础设施的安全。《协定》的签署体现了中俄在国际信息安全领域的高水平互信与合作，是中俄全面战略协作伙伴关系的重要方面，为两国在国际信息安全领域深化合作提供了法律和机制保障。中俄的合作水平将为两个全球网络安全大国的合作提供先例。

2016年4月27日，首届"中俄网络空间发展与安全论坛"在莫斯科的"今日俄罗斯"通信社大会议厅隆重开幕。本次论坛由中国网络空间安全协会与俄罗斯安全互联网联盟共同主办，主题为"中俄信息通信技术合作的前景"。俄罗斯联邦总统助理晓戈列夫指出，在保护网络安全、维护国家利益方面不能依靠跨国IT企业，而要致力于发展本国企业，俄方非常重视就这些问题与中方进行对话。俄联邦通信、信息技术与传媒监督局局长扎罗夫介绍了俄罗斯在加强网络安全方面的立法情况，并表示希望与中国同行一起分享经验和做法，制定有效机制防范新的互联网威胁。

2016年6月25日，中华人民共和国主席和俄罗斯联邦总统发布了关于协作推进信息网络空间发展的联合声明。两国元首指出，随着信息基础设施和信息通信技术的长足进步，信息网络空间深刻地改变了人类的生产生活，有力地推动着社会发展。一个安全稳定繁荣的信息网络空间，对两国乃至世界和平发展都具有重大的意义。两国应在相互尊重和相互信任的基础上，就保障信息网络空间安全、推进信息网络空间发展的议题，全面开展实质性对话与合作。双方主张各国均有权平等参与互联网治理，有权根据本国法律和制度实际，维护本国网络安全。倡议建立多边、民主、透明的互联网治理体系，支持联合国在建立互联网国际治理机制方面发挥重要作用。中俄两国还就一些具体内容达成了共识。

二、俄罗斯网络安全国际合作的主要方向

1. 推动国际规则制定，维护和平网络环境

互联网的无国界性和全球性决定了世界各国在网络空间的利益无法完全通过自身的行为来实现，都或多或少地要与国际社会发生联系，甚至有的时候还要受制于网络强国的技术优势。俄罗斯也同样面临这个问题，他在国际合作过程中，一直在努力推动有利于他自身的国际规则的制定，希望能够在国际规则的制定中取得与其他网络强国相当的话语权，从而在绝对技术水平还有差距的情况下，尽可能在规范制定中获得与网络强国相当的地位。俄罗斯在2011年就力推《信息安全国际行为准则》，并在2015年再次联合中国等五国在联合国推出最新版的《信息安全国际行为准则》。俄罗斯代表在给联合国秘书长的信中指出："近年来，在最新信息和电信技术的开发和应用方面取得了很大进展，但这些技术有可能被用于与维护国际稳定与安全的宗旨相悖的目的。国际上正在形成共识，认为必须加强国际合作和制定有关国际准则，以便应对信息安全领域的共同挑战。"俄罗斯希望以此为蓝本讨论国际网络空间行为准则的建立问题。该文件指出，本行为准则旨在明确各国在信息空间的权利与责任，推动各国在信息空间采取建设性和负责任的行为，促进各国合作应对信息空间的共同威胁与挑战，以便构建一个和平、安全、开放、合作的信息空间，确保信息通信技术和信息通信网络的使用达到促进社会和经济全面发展及人民福祉的目的，并与维护国际和平与安全的目标相一致。我们认为，这个文件可以说是俄罗斯推动信息安全国际规则制定最有力的一步行动，虽然至今尚未得到明确的回应，但已经达到了在国际上明确发声的目的，表明了立场，同时也有利于网络空间和平环境的建设。

此外，俄罗斯在与中国的各种接触或合作中也表现出参与国际规则制定的愿望。2015年5月8日，中华人民共和国和俄罗斯联邦在莫斯科发表《中华人民共和国和俄罗斯联邦关于深化全面战略协作伙伴关系、倡导合作共赢的联合声明》（以下简称《声明》）。《声明》指出，在相互尊重、平等互利的基础上，共同努力建立和平、安全、开放、合作的信息空间。制定普遍、有效的网络空间国家行为规范，反对利用信息通信技术干涉他国内政，破坏其政治、经济和社会稳定。讨论中俄等国2015年向联合国大会提交的《信息安全国际行为准则》更新案文，以便尽早就此达成国际共识。2015年7月9日，上海合作组织成员国元首理事会第十五次会议在俄罗斯乌法举行，会上俄罗斯等成员国支持在信息领域制定全面的国家行为规则、原则和准则，认为以上海合作组织成员国名义于2015年1月将《信息安全国际行为准则》修订稿作为联合国正式文件散发是朝此方向迈出的重要一步。2016年6月26日的《中华人民共和国主席和俄罗斯联邦总统关于协作推进

信息网络空间发展的联合声明》(以下简称《联合声明》)中也指出,双方一贯恪守尊重信息网络空间国家主权的原则,支持各国维护自身安全和发展的合理诉求,倡导构建和平、安全、开放、合作的信息网络空间新秩序,探索在联合国框架内制定普遍接受的负责任的行为国际准则。

2. 平等参与互联网资源的分配与管理

俄罗斯在网络安全方面积极参与国际合作,其主要目的是实现本国的国家信息安全利益,而要想达到这个目标,必要的资源分配是非常关键的,这是获得世界互联网强国或信息强国地位所必不可少的条件。与制度缺失和技术落后不同,制度缺位可以通过制定规范、完善规则来解决,技术落后可以自主研发、引进技术或购买技术,但资源分配却难以在短期内发生实质性的改变,其往往是历史原因造成的一种分配状况,即便与技术有关,也是因为早期技术占优的国家已经形成的既定分配状态,后来的技术通常难以逾越这种分配事实。正因为如此,俄罗斯在国际合作中强调的内容之一就是重置网络资源的分配,虽然难度极大,但一直在呼吁和努力。同时也呼吁进行技术转让,从而弥补资源分配不均的事实。例如,新版《信息安全国际行为准则》中指出,在国际互联网治理和确保互联网的安全性、连贯性和稳定性以及未来互联网的发展方面,各国政府应平等发挥作用并履行职责,以推动建立多边、透明和民主的互联网国际管理机制,确保资源的公平分配,方便所有人的接入,并确保互联网的稳定安全运行,以及为发展中国家提升信息安全能力建设水平提供资金和技术援助,以弥合数字鸿沟,全面落实"千年发展目标"。在 2016 年 6 月 26 日的《联合声明》中,强调加强信息网络空间领域的经济合作,促进两国产业间交往并推动多边合作,向发展中国家提供技术协助,弥合数字鸿沟。

3. 防范外国的网络威胁

俄罗斯加强网络空间国际合作的重要方向之一是防范来自外国的网络威胁。尽管俄罗斯从未公开指明威胁其网络安全和信息安全的究竟是哪个国家,但从其信息安全政策的内容和国际合作的相关文件中可以看出,具有对其产生严重威胁能力的国家是屈指可数的,其中最重要的国家就是美国,两国之间的问题早已延伸到了网络空间。此外,俄罗斯与北约的合作也不乐观,俄罗斯同样也面临着来自北约的网络攻击,以及其他美国盟国的网络威胁。是故俄罗斯在网络安全国际合作中把抵御国外的网络威胁作为重点方向。在《中华人民共和国和俄罗斯联邦关于深化全面战略协作伙伴关系、倡导合作共赢的联合声明》中,中俄两国表示,在相互尊重、平等互利的基础上,共同努力建立和平、安全、开放、合作的信息空间。制定普遍、有效的网络空间国家行为规范,反对利用信息通信技术干涉他国内政,破坏其政治、经济和社会稳定。2016 年 6 月 26 日的《联合声明》也指出，共同倡导推动尊重各国文化传统和社会习惯，反对通过信息网络空间干涉他国内政，破坏公共秩序，煽动民族间、种族间、教派间敌对情绪，破坏国家治理的行为。很明显，这里的网络干涉行为是有所指的。此外，《信息安全国际行为准则》中也有相关条款：不利用信息通信技术和信息通信网络干涉他国内政，破坏他国政治、经济和社会稳定。努力确保信息技术产品和服务供应链的安全，防止他国利用自身资源、关键设施、核心技术、信息通信技术产品和服务、信息通信网络及其他优势，削弱接受上述行为准则国家对信息通信技术产品和服务的自主控制权，或威胁其政治、经济和社会安全。各国应制定务实互信的措施，以帮助提高可预测性和减少误解，从而减少发生冲突的风险。这些措施包括但不限于：自愿交流维护本国信息安全的国家战略和组织结构相关信息，在可行、适当的情况下分享可能和适合的最佳做法等。

4. 防范国内外的网络犯罪行为

除了防范来自其他国家的网络威胁以外，俄罗斯还把防范国内外的各类网络犯罪行为作为网络安全国际合作的重点方向之一。对于俄罗斯来说，最严重的网络犯罪行为是通过互联网实施的跨国有组织犯罪，尤其是对俄罗斯民众将产生巨大心理影响力的那些有害宣传。此类犯罪通常都会与恐怖主义组织、极端主义组织，以及境外敌对势力支持的一些其他旨在破坏俄罗斯宪法制度基础的组织有关。《信息安全国际行为准则》中提出，各国应合作打击利用信息通信技术和信息通信网络从事犯罪和恐怖活动，或传播宣扬恐怖主义、分裂主义、极端主义以及煽动民族、种族和宗教敌意的行为。上海合作组织的《乌法宣言》中也提出，成员国将继续在构建信息安全综合保障体系方面加强合作，对利用信息通信网络传播恐怖主义、分裂主义、极端主义等极端思想予以有力打击。成员国将努力防止极端思想扩散，特别是在青年中的扩散，努力预防宗教极端主义、排斥其他民族和种族、排外和激进思想。在2015年5月8日的《声明》中再次指出，推动共同倡议，预防和打击使用互联网等信息通信技术进行恐怖及犯罪活动。2016年6月26日的《联合声明》再次强调，共同倡导推动尊重各国文化传统和社会习惯，反对通过信息网络空间干涉他国内政，破坏公共秩序，煽动民族间、种族间、教派间敌对情绪，破坏国家治理的行为。我们在上文中已经详细地介绍了俄罗斯在信息安全领域的公共政策，无论是在哪个阶段出台的公共政策或是战略规划，都把网络犯罪的防控作为重点工作之一，其中又以直接威胁国家安全的恐怖主义、民族极端主义、极端的宗教势力等作为防范的重中之重，这一点与俄罗斯的国际合作思路也是非常吻合的。

5. 推动经贸、信息技术领域的合作

信息安全和网络安全是国家安全的重要组成部分，也是国家利益得以实现的重要保障。俄罗斯在国际合作中另一项重要的方向即加强在网络安全领域的经济贸易合作、通信技术合作，从而提升本国互联网产业的实力，同时也达到部分技术出口、取得国际市场份额的目的。早在2009年，俄罗斯最著名的信息安全企业卡巴斯基实验室就与亚美尼亚共和国经济事务部签署了名为"保卫亚美尼亚IT安全"的备忘录，以期在IT安全领域达成合作。2016年6月26日的《联合声明》指出，加强信息网络空间领域的科技合作，联合开展信息通信技术研究开发，加大双方信息交流与人才培训；加强信息网络空间领域的经济合作，促进两国产业间交往并推动多边合作，向发展中国家提供技术协助，弥合数字鸿沟。2015年5月8日的《声明》也强调要加强通信与信息技术领域的交流与合作。上海合作组织《乌法宣言》中也重申，有必要采取共同措施，保障上海合作组织成员国经济社会可持续发展，促进经贸和投资活动，发展高科技领域合作，推进工业各部门现代化、完善交通物流、信息通信等基础设施，提高经济竞争力以及成员国人民生活水平和质量。2015年5月8日中俄签署的《中华人民共和国政府和俄罗斯联邦政府关于在保障国际信息安全领域合作协定》中的第3条也指出，促进双方在国际信息安全领域的科学研究、技术研发等的合作，共同进行相关的科学研究工作。

三、俄罗斯网络安全国际合作的评价

1. 国际政治态势的网络空间延展

俄罗斯广泛开展网络空间的国际合作，其目的在于维护其国家利益。但从其具体的合作对象和潜在合作对象来看，俄罗斯网络空间安全的国际合作仍然是其国际政治态势的一个延续。这也就是说，在国际社会上，能够成为俄罗斯战略伙伴的国家，一般也会比较顺利地成为其网络安全方面的合作对象。因为网络安全是国家安全的一部分，所以更容易从原有的国际合作关系中衍生出来。在国际社会上，俄罗斯与美国及其盟国、北约组织在政治关系上分歧较多，合作空间有限。与此相对应，在网络安全方面，俄罗斯与上述国家和地区的合作效果也不佳，从俄美的合作协议以及俄罗斯与北约的合作进程来看，前景也都不乐观，对抗的成分仍然大于合作的成分。从前文的分析来看，俄罗斯虽然也在试图与美国及北约建立起网络安全的合作关系，但明显效果不理想。相反地，在国际政治舞台上，俄罗斯的一些传统友好合作伙伴，仍然在网络安全方面合作前景广阔。俄罗斯与大多数的苏联加盟共和国、大多数的独联体国家、阿拉伯世界的一些国家（例如伊朗、南亚的印度等），在历史上都曾长期处于友好合作的状态，今天俄罗斯与这些国家在政治军事上的合作也非常频繁，因此在信息安全、网络安全方面的合作效果也比较好。俄罗斯与中国都是上海合作组织的成员国，双方在广泛的领域已经取得了令人瞩目的合作成果，近几年来，两国在多次的接触和会谈中，都提及了关于网络安全领域合作的问题，并且已经签署了一系列协议，发表了相关的联合声明，表明了在信息安全、网络安全方面的合作意向和决心。这毫无疑问也是中俄两国在原有国际合作的范围内进行的延展。总之，网络安全并不是孤立的问题，它必然与其他的国家安全、世界稳定问题联系在一起，因此，当网络问题越发凸显时，其国际范围的合作就会显现出原有世界政治战略合作关系的样态。当然，互联网问题有其特殊性，其中之一就是网络问题的全球性特征更加明显，因此也会出现原有的国际对抗力量之间在网络问题上的妥协，但本书认为，这在短期内并不能成为或改变事物的主要矛盾。

2. 网络安全的地缘政治特征逐渐弱化

俄罗斯网络空间安全国际合作的状态是俄罗斯国际政治态势的延展，而俄罗斯原有的战略性合作伙伴及其他合作国家，通常都与俄罗斯具有密切的地缘政治关系。在此，本书并不详细讨论关于地缘政治的各种理论学说，只是从俄罗斯包括苏联的外交史上可以看出其具有这样的特征。但正如上文中我们所说的，互联网问题具有其特殊性，其全球性和快捷性特征使得物理空间的距离在地球这个范围内逐渐失去了现实意义，这就导致原有的依靠地理位置而产生的军事、经济和外交等领域的问题开始发生了改变，对一国关键性基础设施发动网络攻击不再依赖物理上的距离远近，对一国的民众施加心理影响，也不再依靠广播电信设施与目标国之间的位置关系，对一国进行经济打击，完全可以通过瘫痪网络金融体系和电子贸易平台来实现，等等。在这样的背景下，俄罗斯在网络空间国际合作领域也开始出现了弱化地缘政治关系的趋势。一方面，俄罗斯继续维护和巩固原有的合作伙伴关系，广泛开展包括电子通信技术和网络安全技术在内的国际合作；另一方面，逐渐寻求与其他国家或地区在网络安全领域的合作，并在此基础上扩展合作范围。这样的特点不仅表现在俄罗斯网络安全领域，其他国家和地区网络安全领域也表现出类似的需求。澳大利亚正在与俄罗斯洽谈建立进一步的合作关系，北约的成员国德国也在与俄罗斯建立合作关系，俄罗斯与美国的盟国韩国也签署了信息安全协议并在更广阔的领域寻求合作。本书认为，网络安全需求和网络经济的发展势必改变现有的国际关系格局，逐渐弱化已经形成的传统国际政治态势，但并不会在短时间内发生颠覆性的变革。

3. 合作内容广泛而合作伙伴有限

无论是在俄罗斯国际合作的各种文件中，还是在其国内的各类公共政策、战略规划中，俄罗斯都列举了广泛的合作方向，其内容可以说覆盖了与网络安全、信息安全相关的所有领域。首先就是关于网络安全国际规则的制定、网络立法的完善等，力图保护本国公民、社会和国家的信息安全；其次是在国防军事领域，尤其是在核心技术、秘密信息和关键基础设施的安全方面需加强国际合作；再次是加强国家主权，维护政治和社会的稳定，实现个人和公民的基本权利和自由，保障俄罗斯联邦关键信息基础设施；复次是保障俄罗斯联邦在经济领域信息的安全，同时增强本国信息产品在国际市场上的竞争力；又次是保障俄罗斯联邦在科学、技术和教育领域的信息安全，保持俄罗斯联邦及信息技术工艺部门的信息安全体系的创新与快速发展；最后是在信息空间建立国家间非对抗的稳定的体系，保障有效对抗利用信息技术意图实现的侵略、恐怖主义、极端主义和犯罪目的。可见，俄罗斯网络安全国际合作的内容十分广泛。但从另一方面看，俄罗斯在该领域的合作伙伴又是非常有限的。如前文所述，俄罗斯在网络空间的合作伙伴主要是原有的战略伙伴，虽然这个范围出现了扩大的趋势，但明显还需要时间。在这些合作国家中，真正能够和俄罗斯在国际上共同发声，共同推进网络安全国际规则制定的，数量并不多。《信息安全国际行为准则》是俄罗斯联合有合作关系的国家共同提出的，这些国家都是上海合作组织成员国，在国际事务的各个方面有着广泛的合作。此外，在双边合作关系中，能够与俄罗斯建立最为广泛领域合作关系的国家数量也不多，中国当前可以视为这样的国家之一。

4. 网络安全防御型思维特征显著

俄罗斯的综合国力在世界上属于前列，但在网络安全方面则较为落后，受到的威胁也比较多。根据新版《俄罗斯联邦信息安全学说》草案，俄罗斯面临的网络威胁来自各个方面。一些网络强国为了达到自己的军事目的，而利用信息技术影响俄罗斯联邦的信息基础设施，其中包括关键性的信息基础设施，与此同时，还加强对俄罗斯国家机关、科学机构、国防工业综合体企业的情报挖掘工作。甚至有的国家出于破坏俄罗斯宪法制度、颠覆俄罗斯国家政权的目的，而加大对俄罗斯民众的网络宣传力度，试图摧毁其民族信仰和精神文明的传统。俄罗斯自身的网络安全技术虽然在近些年有了一定的提高，但目前世界上的主要网络资源分配不均，占据各类技术制高点的主导技术仍然掌握在少数网络发达国家的手中，俄罗斯在网络安全领域还在很大程度上受制于人。正是这样的原因，致使俄罗斯在网络安全政策的制定和国际合作过程中都表现出了防御型思维的特征。所谓的防御型思维是俄罗斯根据目前国家网络安全领域的实力，而采取的少对抗、多合作式的发展观念。俄罗斯尚不具备足够的在世界范围内大规模扩张其网络影响的能力，也不适宜与网络强国正面抗衡。与此形成对比的是美国，美国在网络资源和技术方面拥有极大的优势，不但控制着多数的网络资源，还占据技术制高点，这就使得其在网络安全战略方面表现出极大的侵略性，甚至公开表示可以使用军事打击的手段应对网络攻击行为。本书认为，俄罗斯的审慎态度在当下是理性的，对其自身的发展和安全是有利的选择，但这并不表示俄罗斯会一直这样，其势必会根据自身实力以及各国实力对比的变化而相应调整其网络安全战略，防御型思维也可能会演变成攻击型思维。

5. 网络安全国际合作的范围趋广

俄罗斯在网络安全国际合作方面经历了合作范围不断扩大的过程，而且还在进一步扩大合作范围。早在1995年，俄罗斯就和中国签订了《中华人民共和国政府和俄罗斯联邦政府关于在信息化领域合作的协议》，双方表示愿意根据中华人民共和国和俄罗斯联邦的经济、科技和生产能力，在平等互利的基础上发展在信息化领域的经济、工业和科技合作。当时的合作还仅限于信息技术方面的交流与合作，以及一些国家政策信息的通报，而信息技术的交流主要是为双方在工业经济领域的项目发展服务的。也就是说，当时的合作主要目的在于经济建设，而信息技术交流本身则是一种手段。时至今日，电子通信技术的交流已经成为国际合作的重要内容之一，包括俄罗斯在内的各个国家都已经认识到技术本身就是实力，就是资源。除此以外，俄罗斯在国际交往中，服务于经济发展的网络技术交流已经不再是最主要的目的，而是把更高位阶的国家利益、国家安全这样的概念提了出来，网络安全最终是要服务于这一最高目标的，于是也就出现了更广泛领域的网络安全合作。例如在军事领域，信息技术安全的重要性凸显，国际合作也开始频繁；再如在权利保护方面，个人的信息安全问题已经得到重视，俄罗斯把信息安全或网络安全领域的利益划分为个人利益、社会利益和国家利益3个层面，这已经和20世纪90年代之前唯国家利益的观念明显不同；此外，在文化领域和精神文明建设方面，俄罗斯也越来越重视网络宣传的影响力，几乎在各类国际会议上和各种相关文件中都会提及这个问题，反对利用信息技术优势宣传恐怖主义、民族极端主义和宗教仇视思想，这些都是俄罗斯网络安全国际合作范围扩张的典型表现。维护国家安全的角度是多样化的，因此未来网络安全涉及的领域还将进一步扩大，俄罗斯在网络安全国际合作方面的内容也将随之增多。

总之，俄罗斯为了维护其国家安全，在相当广泛的领域与其他国家、国际组织或地区展开了网络安全方面的合作。由于网络自身的特点决定了俄罗斯在该领域的国际合作表现出以传统合作伙伴为主，同时弱化地缘政治色彩的特征。鉴于俄罗斯目前的网络技术水平，其在相当长的一段时间内还不能改变传统政治外交态势给网络安全国际合作带来的影响，而且还将保持其防御型的姿态，进一步扩展其在网络安全领域的合作范围，逐步提升自身的技术实力，增强网络影响力，通过向网络强国迈进来实现俄罗斯的国家利益。

四、美俄网络空间对话重点概念借鉴

如何保障网络空间的健康、有序是各国都极其关注和加以重点研究的问题。在习近平总书记提出的建设"和平、安全、开放、合作"的网络空间原则框架下，我们更需对各国网络空间安全政策及信息通信领域法律法规进行系统了解。俄罗斯在制定信息网络空间国际安全行为规则方面具有重要的影响力，在网络空间相关政策、法律法规、技术等方面也积累了丰富的经验，有许多值得我们研究的地方。为了深刻理解俄罗斯信息网络空间领域国家战略、外交政策、法律规范、产业技术等方面的方针和主要内容，便于中俄在信息网络空间的交流，促进双方在该领域的国际合作，本书对俄罗斯信息网络空间关键术语进行解读，以期为实现上述相关目标提供参考。2011年4月，俄罗斯与美国为推进相互之间在网络安全领域的对话，加强合作，减少对抗，共同签署了一份关于明确网络安全领域关键概念术语的双边纲要，笔者选译了其中的重点概念进行解读，主要依据官方规范性文件中对概念的直接解释，同时也参考了官方文件中与此概念相关的其他内容，还补充了俄罗斯学术类、新闻类网站的相关评述。

1. 网络空间、信息空间

俄罗斯网络空间或信息空间表述为Киберпространство, информационное пространство，美国则对应为cyberspace。根据美俄双边网络安全关键术语基础，俄罗斯的网络空间是指，在其中或依靠其能够生成、传输、接收、储存、加工和删除信息的电子空间；信息空间是指任何能够生成信息的环境，并且依托其传输、接收、储存、加工和删除信息。

网络空间的概念源自网络学与空间概念的结合。俄罗斯长期以来更倾向于使用信息空间的概念，认为信息空间的概念在外延上可以包含网络空间，目前俄罗斯正式官方文件中更多使用的是信息空间这个概念。关于这一点，2014年的《俄罗斯联邦网络安全战略》(以下简称《战略》) 中就指出，网络空间应定义为"信息空间的一个固定的、具有清晰界限的组成部分"，这一定义符合国际上规定信息安全领域术语和确定术语间关系的标准和规则。网络空间是一个全球性的动态领域，特点为电子和频谱的结合使用，其目的是创建、存储、修改、交换、共享、提取、使用、破坏信息和物理资源。网络空间包括物理基础、电信设备、计算机系统及相关软件、计算机系统之间的网络、连接计算机系统的网络、用户及中介路由节点的接入节点和组成数据。由此可见，"网络安全"的概念从含义上讲其外延就比"信息安全"的概念要小。《战略》进而指出，"网络空间"指信息空间中基于因特网和其他电子通信网络沟通渠道、保障其运行的技术基础设施以及直接使用这些渠道和设施的任何形式人类活动（个人、组织、国家）的领域。而"信息空间"则指与形成、创建、转换、传递、使用、保存信息活动相关的，能够对个人和社会认知、信息基础设施和信息本身产生影响的领域。

信息空间通常指支撑现代国家的重要结构之一，俄罗斯信息通信基础设施的发展就是信息空间的组成框架的一部分。信息空间是信息系统所持有的一组概念和关系,它描述了一个实体在给定规则和环境下可能具有的价值或意义的范围。其作为一种信息设计,信息对象的表示置于这个特定空间中。信息空间直接指向的是人类在信息应用领域的一个非物理场所,但却与物理空间密切联系,并且与具体的人类行为相关联。因此,信息空间围绕人类而生。当我们从计算机中检索文件时,我们正在浏览信息空间;当我们使用搜索引擎时,我们正在筛选信息空间;当我们访问一个网站时,我们正在通过另一个信息空间。综上,所谓信息空间同时也应包括数据库、技术支持与应用、一定规则下信息通信系统的运行、保障个人或组织的信息交互等。

俄罗斯在国际活动中已经开始同时使用信息空间和网络空间的概念,一方面仍然坚持本国大信息空间的基本理念,另一方面也考虑世界其他国家使用概念的习惯而适当应用网络空间的概念。①

2. 信息基础设施、网络基础设施

俄罗斯联邦的信息基础设施(以下简称"信息基础设施")俄文为 Информационная инфраструктура,是指设置在俄联邦领土上的,以及位于俄联邦司法管辖领土范围内的,或依据俄联邦签署的国际协议使用的全部信息化项目、信息系统、互联网和通信网络。美国使用的对应术语是 Cyber Infrastructure,即网络基础设施。

可以说,信息基础设施是共享的、持续发展的、开放的、标准化的基础设施。信息基础设施是构成网络空间的人、过程(含控制过程)和系统的总和,涉及科技、国防、通信、司法、交通、政府、应急响应等各个部门的基础设施,归纳之即包括涉及国家安全、社会公共秩序、国计民生等各方面的信息基础设施。信息基础设施既是国家和军队建设信息化的基础支撑,也是保证社会生产和人民生活的基本设施重要组成部分。信息基础设施的建设特点是投资量大,建设周期长,通用性强,并具有一定的公益性,也具有军民共用的性质。信息基础设施在支撑生产和技术使用过程中依靠管理自动化系统,并广泛应用信息通信网络,信息基础设施的运营目标在于完成国家管理任务,确保安全防御能力,保障法律秩序等。俄罗斯关于网络基础设施(或信息基础设施)的定义很有特色,尤其是将与网络存在密切互动关系的用户等各种网络行为主体纳入其中,同时还包括网络动态过程,突破了传统上将网络基础设施作为软硬件设备及数据资源的定义的一般界限。俄罗斯联邦的网络基础设施具有特定的法律意义,主要体现在管辖方面。第一是属地管辖原则的适用,以俄罗斯联邦领土范围为根据,同时包括领水和领空;第

---

① 参见 КОНЦЕПЦИЯ СТРАТЕГИИ КИБЕРБЕЗОПАСНОСТИ РОССИЙСКОЙ ФЕДЕРАЦИИ (《俄罗斯联邦网络安全战略纲要》), http://council.gov.ru/media/files/41d4b3dfbdb25cea8a73.pdf, http://wiki-org.ru/wiki/%D0%9A%D0%B8%D0%B1%D0%B5%D1%80%D0%BF%D1%80%D0%BE%D1%81%D1%82%D1%80%D0%B0%D0%BD%D1%81%D1%82%D0%B2%D0%BE, 2019 年 6 月 1 日访问。

二是司法管辖领土，即属地原则的扩张适用，包括俄罗斯联邦驻外使领馆，以及行驶于传统领土范围之外的，但又不属于传统领水与领空范围内的航空器、船舶等内部；第三是根据俄罗斯联邦签订、参加的国际条约，即约定管辖，以国际合作的范围作为确定网络基础设施管辖的依据。

从技术角度来看，信息基础设施是保障国家信息空间的正常运作与发展，以及信息的正常交互，为用户提供信息资源的组织结构体系，具体包括信息中心、子系统，知识及数据库，通信系统，控制中心，收集、存储、处理和传输信息的硬件与软件以及应用技术。实际上，从世界互联网的发展来看，政府、企业、社区和个人可以共同创造一个全球性信息基础设施，用以连接世界电信和计算机网络，并能够传输所有可以想象的信息和通信应用。目前，互联网就是默认的全球信息基础设施，与所有基础设施一样，信息基础设施也会"受制于公共政策"。公共政策将信息基础设施定义为"对经济和政府最低限度运营至关重要的物理和基于网络的系统"，并通过信息技术连接起来。[①]

3. 信息服务、网络服务

俄罗斯使用的是 Информационный сервис，Информационная услуга，киберсервисы（услуги，службы），译为信息服务，美国对应的术语是 Cyber Service，即网络服务。

网络服务是指网络空间中能够给人们带来直接或间接利益的各种类型的数据交互。网络服务就是对互联网数据信息的利用过程，这种利用主要表现为对网络数据的传输，其前提是存在对数据信息的收集、加工和处理，使其具有能够满足用户需求的基本属性，具体的普遍的服务内容就是向提出需求的网络用户提供此类数据，用户在这个过程中也会发生与网络服务提供者的互动。实质上，网络服务是一种服务导向架构的技术，通过标准的网络协议提供服务，目的是保证不同平台的应用服务可以互操作。网络服务应当是一个软件系统，用以支持网络间不同机器的互动操作。网络服务通常是由许多应用程序接口所组成的，它们通过网络，例如国际互联网的远程服务器端，执行客户所提交服务的请求。网络服务的对象可以是普通的自然人用户，也可以是公司法人和政府机关。

信息服务就是指所有者或业主等主体保障使用者信息产品的活动。从狭义上讲，信息服务通常被视为计算机接收的服务，而在广义上信息服务本身就属于一种信息产品，其可以满足人们某种特定的信息需求，或者自动化系统的信息需求，

---

① 参见 Доктрина информационной безопасности Российской Федерации（《俄罗斯联邦信息安全学说》），http://www.garant.ru/products/ipo/prime/doc/71456224/，https://ru.wikipedia.org/wiki/%D0%98%D0%BD%D1%84%D0%BE%D1%80%D0%BC%D0%B0%D1%86%D0%B8%D0%BE%D0%BD%D0%BD%D0%B0%D1%8F_%D0%B8%D0%BD%D1%84%D0%BE%D1%80%D0%BC%D0%B0%D1%81%D1%82%D1%80%D1%80%D1%83%D0%BA%D1%82%D1%83%D1%80%D0%B0，2019年6月10日访问。

即服务于消费者。信息产品和信息服务的消费者属性是满足特定用户请求的能力。消费者对信息属性的认定可能会随着时间的推移而发生变化，但是信息本身并没有损坏，也不会被消耗或者随着消费而消失。信息服务属性决定了其是否适合根据其目的满足某些用户需求，信息产品和服务质量最重要的特征包括相关性、丰富性、准确性、可选择性、规律性、可访问性、易于处理和禁止未经授权的访问等。信息服务的实质性特征包括：存在一个能够销售或购买信息的信息市场，发展信息技术，研发信息产品。还包括生产与提供信息服务的无形性与伴随性特征。

信息服务的分类具有一定的动态性特征。根据其动态性特征，可以将信息服务分为以下几种基本类型：信息的发行出版，包括文献汇编、书目、出版物、参考出版物等，当然包括利用互联网为媒介的信息发行；信息检索与查询；科技信息的传统服务，包括资料翻译、信息综述等；提供远程数据库访问服务，包括代理和非代理形式，以及定期访问查询和资料下载；提供专门信息服务，包括数据处理、软件保障、信息系统服务、通信服务等；提供原始资料服务等。从原始意义上看，信息服务概念的外延与网络服务概念的外延存在交集，两者并不完全重合，同时也很难相互覆盖，网络服务更多的是指借助信息网络通信技术满足消费者的各种需求，其中涉及信息传输的部分与信息服务存在交集。而网络服务可以涵盖除提供信息以外的各类服务，更强调手段而非内容。①

4. 关键网络空间

俄罗斯关键网络空间使用的俄文是 Критически важное киберпространство，美国对应的术语是 Critical Cyberspace。

关键网络空间是指网络基础设施和网络服务的一部分或要素，其对于支撑社会安全、经济稳定、国家安全和国际均衡态势等发挥着极其重要的作用。关键网络空间是依托于网络基础设施而存在，并以提供特定的网络服务为功能表现的网络空间。与一般意义上的网络空间相比，其主要区别在于关键网络空间的具体功能更加重要，涉及更高层次的安全体系，包括干涉国家、社会、经济安全的相关网络空间。社会安全关系到社会重要利益的保护，例如社会秩序免受社会公众有害行为的影响，使社会免遭自然灾害、重大事故、疾病疫情等的影响。经济安全是确保国家经济独立性、稳定性和可持续发展的条件和因素，以及经济遭到破坏后的自愈能力。国家安全是指涉及国家主权和领土完整等要素的最为重要的内容，国家安全是宪法制度、法律体系和管理系统的基础。国际均衡态势本身就是世界体系的状态之一，其包含世界力量对比态势的维持和改变。

关键网络空间容纳了能够直接影响国家安全、社会安全、经济安全，乃至国

---

① 参见 Vhttps://studfiles.net/preview/5917122/page:4/，https://zdamsam.ru/a15665.html，https://utmagazine.ru/posts/10995-informacionnaya-usluga，2019年6月5日访问。

际均衡态势的网络基础设施,并承载着能够直接影响上述内容的网络服务。在俄罗斯网络空间战略规划中,军事能力也属于关键网络空间的重要内容,网络空间已经成为其军事战略的一部分。关于俄罗斯关键网络空间的概念,很显然其重点是从价值判断的角度进行界定,其并不等同于关键网络基础设施或服务,而是以关键网络基础设施为核心形成的能够提供关键网络服务的空间媒介。网络空间是提供网络服务的基本媒介,或者说是网络服务得以运作、发挥作用的必备条件,而不是一般意义上的具有位置意义的空间。关键网络空间之所以关键或者重要,是因为其承载的网络服务极其重要,例如为信息基础设施的运行提供必要的网络运营环境,为关系到国家政治、外交、军事、经济安全的网络设施提供必需的网络维护基础,以及那些为重要国计民生网络服务设施提供运维的网络空间。尽管关键网络空间的判断标准相对准确清晰,但其具体的范围则处在动态变化过程中,它会随着一国的国情变化发生改变,国内政治经济动态、社会形势、民众思想动态等都会不同程度地影响着关键网络空间范围的变化。另外,在特定的历史阶段或者一国经历特殊重大事件的时期,为了维护国家利益、社会稳定和民众生活安全,政府也会对关键网络空间的范围做出微调,对涉及重大事件的相关网络设施设备进行重点关注,会对特定领域的舆情内容进行重点观察,将上述网络空间纳入关键网络空间中来,以保障整个国家的安全和社会的稳定,而一旦危机或紧张状态消失,则将其排除在关键网络空间范围之外。但诸如涉及信息基础设施的网络空间则通常始终处于关键网络空间的地位。[①]

5. 关键网络基础设施、关键信息基础设施

俄罗斯关键网络基础设施或关键信息基础设施表述为 Критически важная киберинфраструктура, критическая информационная инфраструктура, 美国对应的术语是 Critical Cyber Infrastructure, 即关键网络基础设施。

关键网络基础设施是指对于支撑社会安全、经济稳定、国家安全和国际均衡态势能够发挥必要的重要作用的网络基础设施,以及支撑重建关键网络空间有效功能和工作能力的网络基础设施。关键网络基础设施是俄罗斯联邦国家层面重要的安全利益之一,无论是在和平时期、遭受侵略直接威胁的情况下,抑或在战时,都要保障信息基础设施的稳定和持续运行,首先要保障俄联邦的关键网络基础设施安全和俄联邦电信网络的安全。俄罗斯对关键网络基础设施的界定不仅从其主要服务的领域角度出发,而且还包括针对关键网络空间功能遭到破坏以后的恢复重建所依靠的网络基础设施。俄联邦关键信息基础设施安全保障的原则包括:合

---

① 参见 КОНЦЕПЦИЯ СТРАТЕГИИ КИБЕРБЕЗОПАСНОСТИ РОССИЙСКОЙ ФЕДЕРАЦИИ (《俄罗斯联邦网络安全战略纲要》), http://council.gov.ru/media/files/41d4b3dfbdb25cea8a73.pdf, https://digital.report/cybersecurity-terminology/, 2019 年 6 月 2 日访问。

法性，维持个人、社会、国家利益的平衡，个人、社会、国家在俄联邦关键信息基础设施安全保障方面的合作职责，安全保障的连续性和综合性，联邦权力执行机关和俄联邦关键信息基础设施主体的有效协作，计算机事件预防优先。

2018年2月8日联邦政府127号令通过了《关于确认俄罗斯联邦关键信息基础设施的规定》[①]，并给出了俄罗斯联邦关键信息基础设施的指标清单。文件中对关键信息基础设施定义为：关键目标的生产和技术过程管理自动化系统与确保其协作的信息通信网络，以及完成国家管理任务，确保防御能力、安全和法律秩序的信息系统和通信网络的总和。关键信息基础设施重点保护的是关键基础设施的网络信息安全。关键信息基础设施的保障权力机关包括俄联邦总统、俄联邦政府、安全保障联邦权力执行机构、关键信息基础设施的信息安全保障机构、反技术侦查的技术安全保障机构。根据设定重要性标准指标，俄罗斯联邦将关键信息基础设施分为5类：社会，政治，经济，生态环境，国际法制程序和国家安全、国防保障。每个部分都有相应的参数描述以及每个描述都有相应的不同等级的参数值。可以根据参数值确定相应的重要性等级。俄罗斯尤其重视关涉国家安全的关键信息基础设施的建设与保障，并将其纳入保障国家和社会信息安全领域的基本方针之一，即提高关键信息基础设施的防御能力和运行稳定性，发展信息威胁的预警机制和检测机制，以及消除影响的机制，提高公民保护能力和领土防御能力，避免因信息技术引发的对关键基础设施造成的影响；提高关键信息基础设施项目的安全性，其中包括保障国家机关稳定协同运转，不允许外国对这些项目进行监控，保障其运行的完整性和稳定性，保障俄联邦电信网络的安全，以及在该网络中传输的信息的安全，保障俄罗斯领土上各种信息系统的信息安全。[②]

6. 关键网络服务

俄罗斯关键网络服务表述为 Критически важные киберсервисы（услуги, службы），美国对应的术语为 Critical Cyber Service。

关键网络服务是网络服务的一部分，是指对于支撑社会安全、经济稳定、国

---

① См. Об утверждении Правил категорирования объектов критической информационной инфраструктуры Российской Федерации, а также перечня показателей критериев значимости объектов критической информационной инфраструктуры Российской Федерации и их значений.

② 参见 Доктрина информационной безопасности Российской Федерации（《俄罗斯联邦信息安全学说》），https://www.garant.ru/products/ipo/prime/doc/71456224/，http://120.52.51.15/static.government.ru/media/files/uPA03V4BfqknJWNExcfX5qSlDZi4zuas.pdf，https://digital.report/cybersecurity-terminology/，http://www.iisi.msu.ru/UserFiles/File/Terminology%20IISI%20EWI%20Russia-U%20S%20%20bilateral%20on%20terminology%20RUS.pdf，https://rtmtech.ru/articles/kriticheskaya-informatsionnaya-infrastruktura-2019/，2019年6月4日访问。

家安全和国际均衡态势等发挥着极其重要作用的必要的网络服务。在信息时代，如果关键网络服务失控，则会严重影响国家安全，同时也会极大地降低国家的网络能力或国际竞争力，降低民众的生活质量。为此，世界各国尤其是大力推进信息网络化进程的国家，无不通过升级关键网络技术和制定相应的法律政策，来提升关键网络服务的水平。

关键网络服务与一般网络服务的区别在于，服务的领域、发挥重要作用的场景有显著的不同。关键网络服务与通常的网络服务是部分与整体的关系，也是特殊与一般的关系。关键网络服务在技术原理上与普通网络服务有着本质上的同一性，但在服务内容等方面则体现出较为显著的重要性。从领域来看，关键网络服务应该包括军事、舆情、司法、金融、水利、能源、电力、通信等领域的信息网络服务。无论是国家层面，还是公众层面，这些领域的网络服务都具有极其重要的地位，一旦此类网络服务出现不能满足需要的情况，或者遭到非法攻击及干扰，就会给整个国家和社会带来难以想象的损害后果。关键网络服务不是孤立的概念，首先它依赖于关键的信息网络技术，需要相应的软件硬件设备予以支撑，否则难以完成高水平、高要求的服务项目。其次它与关键网络空间相对应，两个概念呈现耦合式关系，关键网络服务就是在关键网络空间内完成的。最后关键网络服务、关键网络空间与关键网络基础设施3个概念的关系极其密切，可以说是从不同角度诠释网络安全领域的最重要内容。

关键网络服务与关键网络基础设施的功能紧密结合在一起，具有高度的吻合性。可以认为，关键网络基础设施提供的就是关键网络服务。事实上俄罗斯也有专家学者对关键网络基础设施的范围有不同意见，进而影响到关键网络服务的范围。例如有观点认为，俄罗斯网络安全战略更多的是从内容层面而非基础设施层面进行诠释，更重视网络信息传播对传统文化、公民道德和价值观的影响，而基础设施层面的描述并不具体。俄罗斯2018年1月通过了《关键信息基础设施安全保障法案》，可以说是对上述问题的回答。根据该法案，信息和电信网络、运输管理自动化系统、通信、能源、银行、燃料和能源综合体、核电、国防、火箭与太空、冶金等领域的信息基础设施属于关键信息基础设施，这些行业所对应的网络服务将成为关键网络服务。同时，综合2009年俄罗斯信息安全政策中列举的关键部门，以及2013年《俄联邦关键网络基础设施安全》的规定，还可以补充以下关键网络服务领域：科技、司法、应急响应部门、交通运输和政府部门。[①]

---

① 参见https://digital.report/cybersecurity-terminology/，http://120.52.51.15/static.government.ru/media/files/uPA03V4BfqknJWNExcfX3gSlDZi4zuas.pdf，2019年7月1日访问。

7. 网络犯罪

俄罗斯网络犯罪表述为 Киберпреступление，美国对应的术语是 Cyber Crime。

网络犯罪是指违反国内法及国际立法以犯罪为目的非法利用网络空间的行为。网络犯罪是在电子环境下任何借助计算机系统或网络而实施的犯罪行为，也包括针对计算机系统和网络在电子环境下实施的任何犯罪行为，亦即所谓网络犯罪是指以网络为工具或对象的犯罪。某些网络犯罪会对计算机或其他设备进行直接攻击，以禁用它们。在某些情况下，计算机也会被网络犯罪分子以分发恶意软件代码的方式，达到其获取非法信息或者获取加密货币的目的。网络犯罪实际上不存在物理边界，所以其并不仅限于一个国家范围内。因此，只有在国际合作的层面上才可能有效地打击网络犯罪。网络犯罪具有如下特点：行为的极其隐蔽性，网络犯罪行为通过匿名或加密机制来实现其隐蔽性；行为的跨境性，网络犯罪的实施者与被害人通常相隔万里，甚至分布在不同的国家；行为手段的非标准化，网络犯罪行为方式多种多样，并不能固化为确定的行为手段类型；行为的自动化模式，网络犯罪借助计算机网络技术，行为人通常只要发出指令，即可逐步实现犯罪的目的。网络犯罪被认为是涉及未经授权进入计算机网络、计算机系统和未经授权的程序操作行为，其目的在于窃取、修改、破坏计算机数据。网络犯罪可以分为以下几种类型：面向财务的网络犯罪、与侵犯隐私有关的网络犯罪、侵犯版权的网络犯罪、传播垃圾邮件的网络犯罪、社会和政治动机的网络犯罪、煽动仇恨和骚扰的网络犯罪、恐怖主义网络犯罪等。网络犯罪分子常通过以下 4 种方式实施网络犯罪：第一，使用恶意软件；第二，利用 DDOS 攻击；第三，利用社交工程和恶意代码的组合；第四，实施非法活动，骚扰、分发非法内容等。

网络犯罪从规范的角度来看，仅指刑法分则中明确列举的犯罪行为，但从社会学或犯罪学的视角来看，各种在网络空间发生的、借助网络平台或针对网络的违法行为均可被认为是网络犯罪行为。《俄罗斯联邦刑法典》第二十八章规定了计算机信息领域的犯罪包括 3 个典型的计算机犯罪罪名，分别是第 272 条非法调取计算机信息罪，第 273 条编制、使用和传播有害的电子计算机程序罪，第 274 条违反电子计算机、电子计算机系统或其网络的使用规则罪。俄罗斯把严重侵害国家、社会和个人法益的网络不法行为规定为犯罪，从一般预防的角度来规范人们在网络空间的行为。除了第二十八章规定的计算机网络犯罪以外，那些并非直接针对计算机网络系统设备和数据但却利用了计算机网络系统而实施的其他犯罪行为也属于计算机网络犯罪。网络犯罪的侦查比较困难，其原因主要是网络犯罪的隐蔽性与跨国性特征带来的，此外，网络犯罪人员的专业性、法律和技术问题的复杂性等因素也影响着网络犯罪的侦查效果。①

8. 网络恐怖主义

俄罗斯网络恐怖主义表述为 Кибертерроризм，美国对应的术语是 Cyber Terrorism。

网络恐怖主义是指违反国内法及国际立法以恐怖主义为目的非法利用网络空间的行为。网络恐怖主义是一整套的违法行为，其会导致对国家、社会和个人安全的威胁，也会导致物质损害、信息扭曲以及一系列其他的问题。网络恐怖主义的根本目的就是在解决社会、政治、经济问题中获得优势地位。从这一点来看，网络恐怖主义与传统恐怖主义有着相同的内含，但两者毕竟存在区别。网络恐怖主义是关于信息系统或网络的故意破坏活动及威胁，是给社会、意识形态、宗教、政治等造成进一步损害的行为，以及为实现上述目的而对他人实施恐吓。立法机关对网络恐怖主义的定义是：恐怖主义团体及某些个别人利用信息技术交换信息的行为，其目的是组织或完成破坏网络、计算机系统、电信设施，实施侵入计算机系统、植入病毒瘫痪网站、破坏网页等其他一系列能够损害计算机网络的行为。当然，利用网络的商业攻击行为在涉及意识形态的时候也会被视为网络恐怖主义行为，如果纯粹是经济原因则可能被认为是网络犯罪。此外，与传统恐怖主义不同，网络恐怖主义通常是由一个人或由几个成员组成的独立团体实施的行为，其组织规模更具多样性。参与网络恐怖主义活动的网络恐怖分子常常采取极端的行动，例如，利用黑客攻击计算机系统并获取个人和银行信息，非法侵入军事和政府信息系统并获取秘密信息，通过媒体渠道传播错误信息，破坏信息通信渠道，以此获得在政治、社会和经济方面的优势等。

网络恐怖主义是一种威胁国家、社会和个人安全的非法行为的复合体，其很有可能导致物质损坏、信息失真或者其他问题。互联网应用技术在全球范围内迅速发展，为国际网络恐怖主义滋生创造了一个用以威胁国际和国内安全的平台。对于恐怖分子来说，网络攻击比物理攻击有明显的优势，它们可以远程、匿名和相对低成本地进行，并且不需要在武器、爆炸物、人员招募等方面进行大量投资，但其危害后果可能非常严重。网络恐怖主义从复杂程度和组织形式上来看，可以分为3种类型：第一是简单的非结构性网络恐怖主义行为，主要是指个别黑客攻击信息系统的行为，虽能造成一定程度的破坏，但毕竟损害有限；第二是扩大的结构性网络恐怖主义行为，恐怖主义团体具有一定的组织结构，并且正在培养新的具有黑客能力的成员，对多个信息系统或网络进行更为复杂的攻击，有能力改造

---

① 参见 https://urist.one/dolzhnostnye-prestupleniya/kiberprestupnost/kiberprestuplenie.html, http://thelocalhost.ru/cyberprest/, https://sys-team-admin.ru/stati/bezopasnost/170-kiberprestupnost-ponyatie-vidy-i-metody-zashchity.html, 2019年6月5日访问。

或建立具有入侵能力的网络设备；第三是综合协调性网络恐怖主义行为，有能力进行协调性攻击，能够发动对国家安全系统的大规模破坏入侵，能够建造复杂的入侵设备和工具，有严格的组织结构，有能力准确分析研判破坏行为并制订有效的攻击计划。①

9. 网络冲突

俄罗斯网络冲突表述为 Киберконфликт，美国对应的术语是 Cyber Conflict。

网络冲突是指在国家之间、政治组织之间、国家与政治组织之间产生紧张状态，并在此状态下由敌对或意外的网络攻击引发对抗行为。网络空间在网络冲突中扮演着重要角色，网络空间既是网络冲突的媒介，也是网络冲突的工具，当然更为具体的工具是存在并附着于网络空间的各类设备和应用技术。这也是网络冲突与一般国际冲突之间的重要区别之一，同时也说明网络冲突将是未来国家间冲突或政治组织之间冲突的典型样态。

此处的网络冲突专指政治军事意义上的对抗，而在纯技术角度也存在所谓的网络冲突，这并不属于此处讨论的内容。网络冲突被认为是网络战争的初级阶段，是指尚未达到网络战争状态的敌对行为。网络冲突中会存在必要的网络攻击行为，冲突双方互有攻防，但并不存在明确的开始方式或宣告通知等行为，其法律后果通常缺乏具有统一共识的法律规范，对冲突双方的外交关系影响较战争关系小。网络冲突是否需要具有"武装"的特征，乃至什么情况应被视为"武装"存在一定的争议。由于信息武器的界定并不清晰，故此网络冲突是否属于武装冲突就值得商榷。

网络冲突和攻击成为国家间对抗的主要形式。网络冲突应该被定义为通过微处理器和其他相关技术在网络空间中用于恶意或破坏性目的的计算手段，以影响、改变或修改国家实体之间的外交和军事互动关系。由于网络冲突如果不能够很好地被限制，则很可能发展为网络战争，故此俄罗斯建议建立跨国法律框架，专门用以调整网络冲突关系，也可以把非政府组织纳入调整范围。同时应尽快提升技术防御能力，从事实上抵御来自境外的网络攻击，从而避免网络冲突的发生。当前，对于网络冲突的研究存在3种阻碍因素：一是网络冲突存在于网络空间，网络空间的特征使得对网络冲突的研究存在困难；二是网络冲突以网络数据为支持，故此受数据的可用性限制；三是受政治科学学科的限制。为了缓解网络冲突，应处理好以下问题：提升研发计算机安全的攻防理论能力；撤资情况下计算机安全攻防能力的研发；可信安全系统对数据储存、计算机加工、系统控制、人际交互的影响；对跨国犯罪的诱发因素和威慑；计算机间谍对政府部门和私人机构的影

---

① 参见 https://www.anti-malware.ru/threats/cyberterrorism，http://elcomrevue.ru/opredelenie-kiberterrorizma/，2019年5月15日访问。

响等。网络冲突建立在攻击的基础之上，会造成巨大的破坏，这体现在对国家必要基础设施的破坏和导致依赖电子设备的武装部队失去相关能力。①

网络冲突的研究属于交叉学科，因其被赋予了一定的政策法律意义，故此其研究也就处于技术、安全和政策的交叉点，这就要求研究网络冲突的人员应当包括技术人员、法律专家，以及政治与公共政策方面的专家。

10. 网络战争

俄罗斯将网络战争表述为 Кибервойна，美国对应的术语是 Cyber War。

网络战争是指国家之间网络冲突的最高发展阶段，在此期间国家被迫采取网络攻击之手段攻击对方的网络基础设施，正如军事行动的一部分。网络战争有可能被冲突国一方或双方正式宣布为战争，也可能并未被官方正式宣布。所谓网络战争是发生在互联网中的计算机对抗，是信息战争的类型之一。其目的在于破坏计算机系统的稳定，侵入国家机关网络，侵入金融和商务中心网络，使国家社会生活陷入混乱。国际关系和政治对抗常常会在互联网中以网络战争的形式得到延续，也包括网络极端主义、恶意网络宣传、间谍行为、直接攻击计算机系统或服务器等。网络战争是一种以电子方式而非物理方式进行的战争，其中信息被用作武器，而计算机和互联网则是工具。这种战争的任务是通过精心准备的信息影响社会和权力，在经济、政治、军事和其他领域实现某些目标。信息战的高度优先事项不是对敌人的破坏，而是对自己数据的保护，因此网络安全是这种对抗的一个组成部分。它是一套确保无懈可击的保护网络环境的原则、工具和策略，体现为数据的可用性、完整性和机密性。

网络战争依靠的是国家网络力量，信息战部队是俄罗斯联邦武装力量的组成部分，受俄罗斯国防部的指挥。2014 年 2 月俄总统颁布法令，主要目的是保护和控制俄罗斯的军事计算机网络，保卫俄罗斯军事控制系统和通信系统免受网络恐怖主义和潜在敌人的威胁。网络战争的目标表现为所有行动都旨在破坏负责商业和金融中心、政府组织工作的计算系统的运作，从而造成国家秩序和社会生活的混乱。因此，人类住区的重要生命支持和功能系统总是率先受到影响。一个国家对另一个国家的网络战争可能对该国家的经济造成重大损害，毕竟与购买武器和导弹相比，制造计算机病毒或特洛伊木马的成本要低得多。在这种情况下，网络入侵造成的损害可能会超出所有最大的期望，网络战争才是对一个国家安全的真正威胁。

---

① 参见 http://rodnayaladoga. ru/index. php/natsionalnaya-bezopasnost/382-kibergeopolitika，http://zodorov. ru/mejdunarodnij-soyuz-elektrosvyazi-v-poiskah-kibermira. html? page = 11，https://digital. report/kiberprestupnost-i-kiberkonfliktyi-kitay-2/，https://ru. exrus. eu/Kiberkonflikt-i-geopolitika-novy-front-kholodnoy-voyny-id5b9a2c71878312667b0e484e，2019 年 5 月 30 日访问。

除了前述的网络极端主义、恶意网络宣传、间谍行为、直接攻击计算机系统或服务器等网络战争类型以外，以下行为通常也被认为是网络战争的类型：收集信息——为收集机密信息、替换成虚假信息或有利于他国之信息而入侵私人网页及服务器；拒绝服务——来自各类计算机的旨在破坏网页和计算机系统正常运行的攻击；干扰设备工作——攻击那些用于监控民用和军用设备工作的计算机，导致其闭锁或损坏；攻击基础设施——攻击保障城市生活的计算机，攻击电话通信系统、供水系统、供电系统、消防安全及交通等基础设施。网络战争的国际评判标准虽不是非常清晰，但已经出现了降低的趋势。[①]

11. 网络安全

俄罗斯的网络安全表述为Кибербезопасность，美国对应的术语是Cybersecurity。

网络安全是指网络空间防御有意或无意之威胁的属性，同时还包括对威胁之应对以及威胁造成影响后的恢复。

对网络安全的理解存在不同的层次，因为普通用户和国家都会涉及网络安全的问题。从技术层面来看，网络安全是利用安全措施来确保数据隐秘性、完整性和可用性的过程。系统管理员应保护包括局域网和服务器数据在内的网络资源，保护网络安全的目的就在于保护储存、传输和交换中的各种数据，故此网络安全的目标被认为是数据的可用性、完整性、可认证性和保密性。网络安全是信息社会发展的必要条件。网络安全是保护信息系统、网络和应用程序免受数字攻击的各种措施的实现。这里所谓的数字攻击通常是指窃取机密信息、修改或删除此类信息、网络敲诈用户或者破坏正常的运营工作等。网络安全有效措施的实现在当前绝对是一项复杂的任务，复杂的计算机网络设备越来越多，恶意使用行为也在不断增加。

网络安全的作用是保护相关的IT基础架构免受各种类型的网络威胁，包括病毒、蠕虫、木马、黑客攻击、拒绝服务攻击、间谍软件和广告软件等。网络安全最常见的组件是防火墙、防病毒软件、入侵检测和防御系统、虚拟专用网。网络安全既是实施保护系统的客观状态，也是使网络和软件应用程序免受数字攻击的措施。网络安全所应对的各种攻击行为常常是针对机密数据信息及相关信息系统的，其产生的效果也经常是系统运行异常或瘫痪。网络安全的基本原理是以多级保护的形式表达，涵盖了必须保护的计算机、网络、程序或数据。人员、工作流程和技术必须有组织地形成相互补充的关系，以提供有效的针对网络攻击的防护

[①] 参见 https://ru.wikipedia.org/wiki/%D0%9A%D0%B8%D0%B1%D0%B5%D1%80%D0%B2%D0%BE%D0%BE%D0%B9%D0%BD%D0%B0, https://www.anti-malware.ru/threats/cyberwarfare, https://www.proural.info/society/10148/, https://militaryarms.ru/voennye-konflikty/kiberneticheskaya-vojna/，2019年6月20日访问。

机制。

网络安全是信息安全的一个子集,它通过实施各种流程和技术,保护组织的网络、计算机、网络设备和数据免受未经授权的数字访问、攻击或破坏。信息安全与网络安全的不同之处在于,信息安全旨在以任何形式提供数据安全性,信息安全可确保物理设备和数字数据免受未经授权的访问、使用、披露、修改、验证或破坏,而网络安全仅保护数字数据。网络安全与信息安全的关系密切,俄罗斯更多使用的是信息安全这个包容性更强的概念。俄罗斯联邦信息安全是指个人、社会和国家免遭国内外信息威胁的防护态势,在遭到威胁的情况下保障个人和公民实现其宪法赋予的权利与自由,保障公民的生活质量和水平,维护俄罗斯联邦国家主权和领土完整、社会经济稳定发展,巩固国防和保护国家安全。在当前的国际交往中,尤其是在与美国的博弈过程中,俄罗斯使用的则是网络安全这个更容易引起共识的概念。①

12. 网络战争行为

俄罗斯的网络战争行为或网络战表述为 Боевые действия в киберпространстве,美国对应的术语是 Cyber Warfare。

网络战是指国家、国家集团、有组织的政治集团进行的旨在破坏网络基础设施的网络攻击行为,是军事行动的一部分。此处的网络战特指攻防行为,相对于前文的网络战争,即 Кибервойна(Cyber War),是一种动态的存在,前文的网络战争是指冲突对抗的客观状态,此处的网络战或网络战争则是指具体的对抗行为。从语言学角度来看,前文的网络战争使用的是合成的名词性短语,其所谓的战争是发生在互联网领域的一种交战态势,是介入战争的各方之间存在的一种客观状态。此处的网络战争是指发生在网络空间的各类军事行为,虽然也是名词性短语,但却使用的是动名词,因此是具体的行为。两个概念是静态与动态的关系,而且从本词条的用语来看,此处的网络战争侧重于军事斗争的含义,一方面把网络冲突的高级阶段作为一种军事战斗来对待,另一方面传统的军事斗争含义发生了扩张,逐步容纳了网络战、信息战这种新的战争形式。无论从何种角度来理解,此

---

① 参见 Доктрина информационной безопасности Российской Федерации(《俄罗斯联邦信息安全学说》),https://www.garant.ru/products/ipo/prime/doc/71456224/,2019 年 6 月 15 日访问。https://www.cisco.com/c/ru_ru/products/security/what-is-cybersecurity.html,https://ru.wikipedia.org/wiki/%D0%9A%D0%BE%D0%BC%D0%BF%D1%8C%D1%8E%D1%82%D0%B5%D1%80%D0%BD%D0%BE%D0%B9_%D0%B1%D0%B5%D0%B7%D0%BE%D0%BF%D0%B0%D1%81%D0%BD%D0%BE%D1%81%D1%82%D1%8C,http://itsecforu.ru/2018/01/02/%D0%BA%D0%B8%D0%B1%D0%B5%D1%80%D0%B1%D0%B5%D0%B7%D0%BE%D0%BF%D0%B0%D1%81%D0%BD%D0%BE%D1%81%D1%82%D1%8C-%D0%B8-%D0%BB%D0%B8-%D1%81%D0%B5%D1%82%D0%B5%D0%B2%D0%B0%D1%8F-%D0%B1%D0%B5%D0%B7%D0%BE%D0%BF/,2019 年 6 月 15 日访问。

处的网络战争都指向具体的行为，而非单纯的客观状态，因此它与具体的网络攻击行为联系密切，在表现形式上与网络攻击具有同一性，但在国际影响、发生后果、价值判断等诸多方面，网络战争又是明显高于网络攻击行为的。

俄罗斯网络战也被理解为信息战，2010 年《俄罗斯相关信息安全军事报告》指出，信息战在预防冲突上有重要作用，尤其是在识别对群众和政府的威胁和影响方面。在早期通过信息战达成政治目标无须军事力量介入，在军事力量介入以后则通过引导使得军事行动获得国际社会上的利益最大化。

信息战的内容包括情报和反情报、信息欺骗、电子战、通信干扰、导航战、心理战、计算机破坏战等。在现代战争条件下，信息战能力是保证核威慑有效性、占据常规对抗优势的基础，而网络战能力是信息作战的核心。2017 年 2 月，俄罗斯国防部部长表示，已经建立了一支负责发动信息战的专业部队，这是俄官方首次承认俄存在信息战部队。俄信息战部队的规模在 1 000 人左右，每年约获得 3 亿美元的经费支持。俄军总参谋长称，在俄武装力量"高加索—2016"大规模演习框架内首次演练了与假想敌的"信息对抗"，总参作战总局、军区"信息对抗中心"、信息战部队、无线电电子战部队和保护国家秘密勤务分队等参与遂行任务。据此俄军已完成总参—军区—部队各层级信息战力量的组建工作，其任务包括：保护俄联邦军事和民用基础设施（指挥和通信系统、计算机网络等）免遭网络攻击和网络窃密；保护俄联邦军人和平民免遭信息-心理战影响；对敌人的军事和民用基础设施实施网络攻击；网络窃密及实施信息-心理战。①

13. 网络攻击

俄罗斯将网络攻击表述为 Кибератака，美国对应的术语是 Cyber Attack。

网络攻击是为达成特定之破坏目的而使用网络武器的进攻行为。

网络攻击亦称为黑客攻击，是指试图破坏或干预计算机系统，劫持计算机或窃取重要数据。网络攻击或黑客攻击行为从广义上来看，其最初的含义本来是指一种头脑风暴，即寻找解决复杂问题的途径，黑客攻击中通常有一名或若干名高级专家参与，其结果一般是对问题传统解决方法的突破或者是对现有解决问题方法的优化调整。而从狭义上来讲，黑客攻击则是指企图破坏计算机系统的信息安全状态，其目的在于控制本地或远程计算机系统，干扰其稳定性，开展拒绝服务攻击等。网络攻击包括针对计算机信息系统、基础设施、计算机网络或个人计算机设备的，任何类型的进攻动作。在计算机和计算机网络中，破坏、揭露、修改、使软件或服务失去功能、在没有得到授权的情况下偷取或访问任何一台计算机的

---

① 参见 http://factmil.com/publ/soderzhanie/informacionnye_vojny/protivoborstvo_v_kiberprostranstve_napravlenija_razvitija_sil_i_sredstv_2018/107-1-0-1299，https://topwar.ru/39810-voyna-v-kiberprostranstve.html，https://specnazspn.livejournal.com/208077.html，2019 年 5 月 16 日访问。

数据，都会被视为在计算机和计算机网络中的攻击。网络攻击的主要类型包括恶意软件、网络钓鱼、SQL 注入、跨站脚本、DDoS 攻击、计算机病毒侵入等。

网络攻击可以分为 3 类：相对无害的网络攻击、恶意的网络攻击、网络恐怖主义。相对无害的网络攻击是指网络攻击者实施的所谓攻击行为并不会在客观上导致计算机设备或系统的损害，该行为通常是在计算机系统内部收集或窃取秘密信息，而并未对计算机系统造成实质的影响，计算机系统仍然可以正常工作，但此种行为属于违法行为，而且被窃取的数据也可能被用于违法目的。恶意的网络攻击行为则通常是针对特定的计算机系统实施的，例如通过有害软件工具破坏计算机系统，干扰其正常工作，摧毁加密数据，破坏操作系统，关闭或重启系统等，该行为会导致各种损失。网络恐怖主义可以说是最危险的网络攻击，其目标一般是重要的公共设施，例如能源、交通运输系统，此类攻击会迅速摧毁国家的基础设施。根据具体情况，网络攻击可以被标记为网络战争或网络恐怖主义。网络攻击可以被民族国家、个人、团体、社会组织使用。网络攻击可能是被匿名发起的，也可能是有着明确攻击实施者的行为。网络攻击者可以通过入侵敏感系统来窃取数据，改变或摧毁指定目标。网络攻击的范围很广，可以表现为在个人计算机上安装间谍软件，直到试图摧毁整个国家的基础设施。网络攻击的形式和方式变得越来越复杂和危险，计算机网络应用技术的长足发展，以及大数据和人工智能的崛起，使得发起网络攻击的难度极大降低，方式手段日新月异，但网络攻击后果则越来越严重。因此在评价一个网络攻击行为时应该从其具体的功能效果上进行评价，而不仅是关注其具体的手段和方法。①

14. 网络反击

俄罗斯的网络反击表述为 Киберконтратака，美国对应的术语是 Cyber Counter-Attack。

网络反击是指针对为达成特定之破坏目的而使用网络武器的进攻行为的反击行为。

网络反击是针对网络攻击行为而实施的积极的进攻行为，其根本目的仍然是维护本国的安全，因此常常被认为是正义的行为。虽然个人或者组织也可能遭受网络攻击的侵害，但个人采取的安全措施并不适合被称为网络反击，而只能是一种维护网络安全的措施，个人不能采取具有攻击性质的反击行为，如有必要也只能请求公权力机关介入干预，而不能自行采取。因此这里所谓的网络反击是从国

---

① 参见 https://ru-wiki.ru/wiki/%D0%9A%D0%B8%D0%B1%D0%B5%D1%80%D0%B0%D1%82%D0%B0%D0%BA%D0%B0，http://chto-takoe.net/chto-takoe-kiberataka-xakerskaya-ataka/，https://www.securitylab.ru/news/tags/%EA%E8%E1%E5%F0%E0%F2%E0%EA%E0/，2019 年 6 月 22 日访问。

家层面上来讨论的。从本质上来说，网络反击是一种应激反应，具有报复性的特征，其以存在网络攻击为前提，可以是对现有攻击行为的制止，也可以是针对网络攻击实施者的基础设施、网络系统等进行的攻击，正是因为存在外来网络攻击的前提，才能成就其作为反击的地位，否则网络反击也将是一种单纯的攻击行为。

从手段方法的角度看，网络反击与网络攻击十分相似，因为两者在行为的方式方法，甚至是后果方面具有同一性，只是在前提和动机方面有所不同。网络反击可以采取与网络攻击类似的黑客手段，可以使用相同的手法破坏对方的计算机系统，干扰其正常工作，摧毁加密数据，破坏操作系统等，也可以采取不同于对方的手段而达到前述目的。网络反击同样会产生破坏性结果，但这并不要求其产生的损害后果与网络攻击产生的损害后果相当，网络反击同时兼具防卫和攻击的效果，所以在实践中可能产生与网络攻击相当程度的损害，也可能产生高于网络攻击所造成的损害。所以我们说，网络反击虽然具有正当根据，但并不限于防卫手段，也就是说网络反击本身具有自卫的性质，但其手段上却可以不限于仅满足自卫之效果，而且常常会突破防御自卫行为之界限。正因如此，才会被称为网络反击，而不是网络防卫，这就突出并强调了其具有的攻击性本质，以相同或相近手段致网络攻击方以足够的损害，以达到制止和警告对方的目的，甚至通过网络反击使对方丧失继续进行网络攻击的能力，以及造成对方其他的重大损害。

网络反击的效果取决于反击方的网络技术能力和网络攻击者的防御技术能力，而且网络反击也可能被对方视为新的网络攻击行为，从而引起对网络反击的再反击，如此循环下去就会升级网络冲突为网络战争。尽管如此，网络反击能力在今天的环境下对于一个国家来说却是必要的，它的存在相对于网络攻击也是一种威慑，即使对他国不采取网络攻击行为，仍应具备防御和反击来自他国的网络攻击的能力。对网络反击的再反击当然是攻击行为的一种，同时也具有反击的性质。[①]

15. 网络防御性反制措施

俄罗斯网络防御性反制措施表述为 Оборонительные средства противодействия в киберпространстве，美国对应的术语是 Cyber Defensive Countermeasure。

网络空间对抗的防御性手段是指，为了反制、转移网络攻击，而部署的特别防御对抗手段。

俄罗斯网络防御性反制措施的性质属于防御，因此属于自卫行为，但在客观效果上则也可能存在对对手的损害，与网络反击不同的也正是其防御性，单纯的网络反制与网络反击含义基本相同，但网络防御性反制措施则更多强调的是具有

---

① 参见 https://erapr.ru/article/kics，https://www.securitylab.ru/blog/personal/tsarev/310628.php，https://ru.wikipedia.org/wiki/%D0%9A%D0%B8%D0%B1%D0%B5%D1%80%D0%B0%D1%82%D0%B0%D0%BA%D0%B0_%D0%BD%D0%B0_Dyn，2019 年 6 月 20 日访问。

自保性目的的反击行为。同时,此处的网络防御性反制措施与网络防御也存在区别,网络防御的手段可以是多样的,网络防御性反制措施仅是其中一类手段,此类手段虽然在性质上属于防御,但在形式上却具有攻击的特点。

本词条的原始意义是网络空间中的对抗性防御措施,相对于物理空间的国际的防御反制手段,网络防御性反制措施更加强调技术性,尤其是各种网络安全技术措施常被应用于网络防御中,同时此种防御措施还具有对抗性的特点,也就是具有所谓的反制功能,通过防卫手段反弹恶意网络攻击,甚至在必要的时候主动对进行网络攻击的一方采取积极手段,遏制其攻击能力,当然在客观上也可能造成对方一定程度的损害。网络防御性反制措施与网络反击存在关联,网络防御性反制措施相较网络反击,在外延上有所缩小,而网络反击可能是出于防卫之目的,也可能是出于攻击的目的,网络防御性反制措施则只能是出于防卫自保的动机。此外,网络反击在强度和引发后果方面没有特别的要求,有可能达不到与网络攻击相当的水平,也有可能显著超越了网络攻击的水平而导致更加严重的后果,网络防御性反制措施则与其不同,通常情况下这种手段与网络攻击行为的强度及其后果具有一定的相当性,即使未能及时发动而阻止危害后果的发生,那么反制手段给对方带来的损害后果通常与网络攻击产生的后果大体相当。当然,在特定条件下网络防御性反制措施可能向网络反击行为转化。

根据网络攻击的不同形态,可以采取不同的网络防御性反制措施。当网络攻击具有使用武力或使用武力相威胁的特性时,可以采取与其强度相当的反击行为。一般情况下网络防御性反制措施可以采取包括网络在内的各种军事化手段,但此处概念应该特别限定于网络反制手段,而不包括其他常规化的军事手段,但这并不是说当国家遭受网络攻击的时候,只能采取网络反制手段,而是可以采取与攻击的武装性相当的各种反制手段,即可以进行所谓的跨域自卫。如果网络攻击行为不具有使用武力或使用武力相威胁的特性,则网络防御性反制措施主要通过国内的法律规范来实现,即将处于本国范围内的对网络攻击实施者进行帮助或参与的自然人及法人通过国内法进行规制,从而达到反制的目的。[①]

16. 网络防御

俄罗斯网络防御表述为Кибероборона,美国对应的术语是Cyber Defense。

网络防御是指为了防御境外网络攻击、弱化境外网络攻击效果、有效恢复境外

---

① 参见 http://factmil.com/publ/strana/velikobritanija/protivoborstvo_v_kiberprostranstve_po_vzgljadam_voenno_politicheskogo_rukovodstva_vedushhikh_zarubezhnykh_gosudarstv_2017/9-1-0-1172, http://vpoanalytics.com/2013/04/25/informacionnoe-protivoborstvo-v-kiberprostranstve/, http://www.belvpo.com/32795.html/, http://petukhovsky.com/file/books/griniaev-pole-bitvy-kiberprostranstvo.pdf, https://digital.report/zashhita-infrastrukturyi-v-kiberprostranstve/, 2019年6月6日访问。

网络攻击后的不良影响而有机组织起来的一整套方法和行为。由于因特网的开放性极强,传输速度快,一些重要的文件或机密信息一旦泄露,那么从公民个人,到企业组织,甚至是国家,都会面临威胁,所以增强网络防御被视为重要战略目标。

  网络防御是网络安全防护或网络自卫的同义词,其根本着眼点在于保护自身的网络安全,乃至国家安全,这是网络防御的价值内涵,这就将一切与维护自身安全不符合的网络举措置于防御的意义之外。网络防御主要针对的是来自境外的网络攻击行为,至于网络攻击是从属于网络冲突还是网络战争则并不重要,防御手段应直接针对网络攻击行为本身进行,可能制止网络攻击行为,也可能仅降低了网络攻击行为的损害。虽然网络防御的对象是境外网络攻击,但网络防御的具体目标并非局限于境外,一些网络攻击可能主要来自境外,但也可能得到了境内组织或个人的帮助,因此具体防御举措可以是指向多方面的。另外防御的方法依托于防御设备和系统,这些基础设施主要存在于境内,故此网络防御举措主要是在境内展开的。

  网络防御保护的对象可以是多种多样的,既可以包括网络空间的各种应用技术和数据信息,也可以包括存在于物理空间中的各种重要客体,例如基础设施就是保护的重点内容之一,可以通过网络防御保护基础设施免受网络攻击,保护国家重要资产免受网络攻击等。若要有效地实施网络防御,就应当具备能够及时准确感知、探测、评判、定位网络攻击的技术能力,需要多方面多领域的专家建立起综合的安全防御体系,才能发挥相应作用。这里所说的网络防御是从国家层面来探讨的,其对于维护国家安全极其重要。对于今天的俄罗斯来说,建立一个能够监测、预防及阻止计算机攻击的网络防御系统是国家优先考量的事项之一。根据网络防御的样态可以将网络防御分为被动性防御和主动性防御,其中被动性防御主要是防止敌人对本国的目标产生有效攻击,防止或抵消网络攻击的效果;主动性防御是通过信息通信网络远距离遏制对手的行为,使其无法发动网络攻击,在极端情况下,主动性防御还可能表现为积极的网络攻击行为,但其动机不在于破坏,而在于使对手丧失网络攻击能力,从而保障自身的安全。网络防御可以在网络攻击发动之前进行预防性部署,当然也可以在网络攻击过程中或之后发挥作用。倘若网络防御手段并未能够彻底抵御网络攻击的破坏效果,则在事后仍可对网络攻击损害后果的扩大进行阻止和恢复,为此俄罗斯加强网络基础设施的建设,以应对来自境外的计算机网络攻击。①

---

  ① 参见 https://www.kommersant.ru/doc/3164482, https://www.osp.ru/cw/2013/09/13034979/, http://lawinrussia.ru/content/kiberagressiya-i-kiberoborona-borba-s-ekstremizmom-v-socialnyh-setyah, 2019年6月18日访问。

17. 网络防御能力

俄罗斯将网络防御能力表述为 Оборонительные возможности в киберпространстве，美国对应的术语是 Cyber Defensive Capability。

网络防御能力是指，有效发现网络攻击和保护免受网络攻击的能力，防范网络冲突的能力，以及预防敌人在网络空间使用那些可能被用于网络空间遏制手段的优势的能力。简言之，网络防御能力就是应对网络攻击及消除网络攻击损害后果的能力。

俄罗斯对网络威胁的理解是全方位的，那么所对应的网络防御也就应该是全方位。俄罗斯认为，网络威胁及具体的网络攻击行为既包括物质层面的，也包括精神层面的，那么无论是平时还是战时，信息战都占有重要地位。网络防御除了一般认为的对物理设备和基础设施破坏进行防御以外，还包括所谓对精神价值的贬值、大量暴力腐朽文化的传播、许多与俄罗斯社会价值观相悖的精神侵蚀等进行相应的防范。网络防御的重点是感知、探测、定位和吸引对手，以确保任务的成功和超越对手。这种从安全到防御的转变需要强调情报、监控和侦察的能力，以及将工作人员的活动整合到一起的能力，包括情报、业务、通信和规划活动。而这一切都需要相应的能力与其匹配。

鉴于此，网络防御能力就不再仅限于纯粹的技术能力。可以说，网络防御能力和网络进攻能力都是国家军事武库的重要组成部分，也是确保能够跟上全球参与者的必要步骤。网络空间安全是整体性安全，一个环节被攻破，就可能导致全网的崩溃。所以，对于提高网络防御能力来说，必须扎扎实实地从技术、装备、人员、管理等各个环节入手，整体性地提升网络安全防御能力。信息系统的安全必须得到保障，因此，必须要集中国内的网络安全力量，不断进行防御能力的安全检测，主动发现漏洞，消除网络安全的潜在威胁。

网络防御能力是信息战的工具之一，它是情报、反情报、信息欺骗、电子战、通信干扰、导航对抗、心理战、计算机破坏战等相关具体能力的组合。网络防御能力的组成因素中不仅包括相关的基础设施和网络设备，更重要的是要拥有相当规模的专门从事网络防御的人员和组织。这些人员中不仅要有专业的技术人员，而且应该包括外交家、技术专家、记者、作家、法学家、翻译人员、操作人员、通信人员、网站设计人员、黑客等各方面的人员，全方位地对网络攻击行为进行防御，其具体手段不乏实施电子战、心理战、反宣传战、黑客网络攻击战等。可见，俄罗斯的网络防御能力概念显然已经脱离了其原始意义，不再是一个单纯的技术术语，当然包括技术能力在内，而更加强调其政治意义，是国家层面的安全概念，还涉及网络舆论、文化宣传、意识形态等多个方面的意义，故此网络防御能力被认为是当今时代一国综合能力的重要内容之一。①

18. 网络进攻能力

俄罗斯网络进攻能力表述为 Наступательные возможности в киберпространстве，美国对应的术语是 Cyber Offensive Capability。

网络进攻能力是指实施网络攻击的能力，其本身也可能被用作网络空间遏制的手段。

网络进攻能力概念的定位是进攻，其本质属于网络攻击的客观条件。网络进攻能力可以被定义为操纵、拒绝、破坏、降级或破坏目标计算机、信息系统或网络的操作能力。从行为形态来看，网络进攻与网络攻击、网络反制、网络防御的积极手段等具有相似性，但从意义上看，网络进攻与网络攻击更接近。网络进攻更侧重侵犯性意义，是向对手实施的具有主动侵犯性的行为，其能力方面的要求通常高于一般的网络攻击行为。网络攻击通常包括3种类型，但网络进攻则一般属于大规模的网络攻击，通常是国家层面的网络侵袭行为，从广义上说，网络进攻能力也属于网络攻击能力，只是在量级上网络进攻能力更强大，是属于国家级别的有组织的大规模、大范围攻击。因此，网络进攻能力是指国家或具有足够侵犯能力的组织实施网络侵害的能力，此处的能力是指组织和发动网络进攻所应具备的各种条件的总和。

网络进攻能力被定义为"通过在网络空间中施加武力来投射权力的行动能力"。根据定义，进攻性网络操作不同于网络启用的间谍活动，其目标是收集信息而不产生影响。当信息收集是主要目标时，需要隐藏以免被监测，从而获得长期收集情报和持久访问的可能。当然，一些具有入侵或破坏功能的获取信息的行为也可以被视为网络进攻行为，其所对应的能力自然也可以被视为网络进攻能力。网络进攻能力需要具备以下要素或条件。第一是具备特定功能的网络进攻系统。网络进攻不限于军事进攻，网络进攻能力当然可以在今天被涵盖进军事打击的能力，因为从功能等效的角度来看，网络进攻能力绝不低于一般的军事进攻能力，而且很多军事活动是可以通过网络来实现的。此外网络进攻能力还可以作为辅助能力提升军事打击的效果，即可以成为军事进攻的倍增器，此类系统具有能够中断敌人信息基础设施的能力，在发动传统军事行动之前能扰乱金融市场、军事和民用通信能力以及敌人其他关键基础设施，还可以削弱敌人经济，降低敌人对联合威胁的反应能力。此类具有进攻能力的武器包括用于 DDoS 和间谍活动的大型先进的 BotNet、非核电磁脉冲武器、有害的仿冒计算机软件、先进的动态利用能力、

---

① 参见 https://digital.report/cybersecurity-terminology/，http://pentagonus.ru/publ/strategija_dejstvij_ministerstva_oborony_ssha_v_kiberprostranstve_2016/19-1-0-2728，http://vpoanalytics.com/2013/04/25/informacionnoe-protivoborstvo-v-kiberprostranstve/，2019年6月25日访问。

无线数据通信干扰器、网络逻辑炸弹、计算机病毒和蠕虫、网络数据收集利用计算机和网络侦察工具、嵌入式木马定时炸弹等。第二是庞大的专业人才队伍。俄罗斯每年培养 20 万科技毕业生，有 100 多万人从事软件的研究与开发工作，俄罗斯具有成为欧洲最大 IT 产业市场的潜力，同时还是全球重要的软件工业国。[①]

19. 网络刺探与网络利用

Использование преимуществ в киберпространстве 在俄罗斯语境中指网络刺探、网络利用或利用网络空间之优势，美国对应的术语是 Cyber Exploitation。

利用网络空间的优势是指，为了达成预定之目的，根据自身利益之需要而利用网络空间中具备的各种能力。该词的原始含义是指对网络空间资源的利用，是指一种运用资源的行为。这里的所谓资源或者财富，实际上是指一种优势状态，那么网络利用的就是这种优势，从而使国家处于国际竞争中的有利地位。

网络利用这个概念并不是俄罗斯习惯使用的术语，只是与美方谈判暂时妥协的结果。其含义是指使用计算机或网络本身，以及其所承载的数据信息，从而获得某种优势。根据俄文表述，此种优势地位应该是限于网络空间中的优势地位，而不是其他领域的优势地位，但这种网络空间中的优势地位势必会强化其他领域的状态，这个强化的过程即所谓的利用网络空间之优势。所谓优势地位应该包括掌握着较多的网络资源，控制着先进的计算机网络应用技术，拥有雄厚的信息系统基础、规范的网络管理机制、强大的软硬件研发力量、大量的专业人才等。除此之外，网络空间的优势还包括网络行为指向的对象情况，例如目标国网络安全系统的漏洞，缺乏可控的网络基础设施或系统，相关法律法规不健全，网络资源匮乏等。由此可见，网络空间的优势既包括实施网络行为者自身的强大网络实力，也包括对手的网络缺陷或管理漏洞，前者是绝对的优势，后者则是相对的优势。网络空间是一个活跃但却存在对抗的空间，要想维持网络空间的战略优势，就必须增强自己在网络空间的优势，掌握并使用网络空间的各种资源。

网络优势利用是相对而言的，既可以是一种整体性、综合性的网络优势，例如资源、技术、话语权等，也可以是局部的网络优势，例如某个领域的技术先进、某个场景的用户众多等。无论是哪种网络优势，都属于这里利用的对象。利用网络优势可以在国际竞争中取得领先地位，但也可能促使更加激烈的竞争，通过网络竞争，网络优势地位也会发生转变。对于网络空间中资源或优势地位，应该有计划地加以利用，形成综合性的发展体系，创造可持续发展的利用态势。通过利用网络优势改善竞争状况，通过竞争巩固优势地位。

[①] 参见 https://digital.report/cybersecurity-terminology/, http://katehon.com/ru/article/doktrina-trampa-dlya-kiberprostranstva, http://www.perspektivy.info/print.php? ID = 232592, http://itzashita.ru/kibervoyna/voyna-i-mir-v-kiberprostranstve.html, 2019 年 6 月 17 日访问。

目前，在战略部署中，要取得在陆海空天等物理领域的军事优势，很大程度上取决于在网络空间领域所能取得的优势，网络空间领域军事优势争夺的重要性已经被提升到了一个全新的高度，这说明网络优势的利用已经在现代军事竞争中占有了非常重要的地位。实现网络空间优势，最终目的是实现对敌手的战略优势。利用网络空间优势的行为可能是无害于任何一方的，也可能是服务于网络战争、网络冲突或者网络攻击目的的，当然还可能是为了实现网络防御或者网络威慑的目的的。[①]

20. 网络威慑与网络遏制手段

俄罗斯将网络威慑或网络遏制手段表述为 Средства киберсдерживания，美国对应的术语是 Cyber Deterrent。

网络遏制手段是众所周知的一种机制，即为阻止网络冲突而实施的某种举措，或者是网络空间中具有威慑力量的行为。该词俄文原意是网络控制的手段，当然可以引申为我们更为熟悉的网络遏制措施或者网络威慑。网络遏制手段既可以是预防性的，也可以是事后采取的，但终归都是为了使对手迫于来自网络空间的压力而作出一定的让步。

网络威慑是预防性的措施，旨在预防网络冲突的发生。网络威慑的前提是具有威慑的能力，即具有某种破坏对手网络的能力。网络威慑是一国通过充分显示强大的网络优势和网络对抗能力，使敌方因惧怕不堪后果而不敢贸然采取行动，或使其行动有所收敛的行为。网络威慑提出的思路同核威慑大体相似，强调威慑方拥有使敌方难以承受的报复能力。网络威慑分为主动网络威慑和被动网络威慑。从网络角度来看，被动网络威慑包括为保护我们的网络免受攻击而采取的行动，其利用弹性网络可以最大限度地减少攻击的影响。被动网络威慑本身不会造成必要的威胁，其只是防止对手攻击。主动网络威慑则是积极显示自身强大的网络力量，并设定和展示假想的网络攻击后果，以使目标对手感受到威胁而采取有利于威慑方的行动。网络威慑主要导致的是间接损害。网络威慑通常存在于双方或多方相互之间都具有确保侵入破坏对方网络能力的情况，只有在这种情况下才有网络威慑之必要，并因此逐渐形成双向或多向的网络遏制，迫使各方遵守一定的条件，保持互不攻击对方网络的态势。因此在国际上也会产生互不攻击对方网络的协议或公约，网络威慑也就成了国际战略领域中新的手段。网络威慑的方式通常是展示实力，例如，展示新的网络战装备、网络攻击技术、网络战实战演练效果等，也可以在网络战初期进行网络反击时选择地方重点目标进行攻击，或者对敌人的试探性攻击进行报复性、惩戒性的威慑行为。网络威慑可以包括3个部分：第

[①] 参见 https://digital.report/cybersecurity-terminology/，https://studfiles.net/preview/5271109/page:4/，2019年6月30日访问。

一、网络军队，能够采取防御和进攻行动；第二，发展网络武器，包括用于网络攻击的"数字炸弹"；第三，必要时，利用真正的军事力量攻击敌方网络。网络威慑已逐渐以其效力大、可行度高、非对称性强等特点成为行之有效的威慑手段。

网络威慑可以避免爆发大规模的网络战，在网络实力相当的国家之间达到一种制衡的状态，网络威慑的成本相对于取得效果而言为低，针对不同程度的网络冲突可以采用多样的威慑手段，方式较为灵活。但网络威慑能否必然遏制网络冲突，目前尚无可靠的案例，而且其发挥作用的范围有限，一些网络实力不强的国家难以使用网络威慑手段，因此网络威慑的适用条件、启动程序等仍需继续研究。[1]

俄罗斯信息网络空间关键术语有其自身的特点，俄罗斯长期以来把与"网络"相关的概念置于"信息"相关概念之下。早在苏联时期，俄罗斯就非常重视信息情报工作，并建立了完善的情报信息中心，制定有不少关于信息情报处理的规范。这里所说的情报，并不是指军事意义上的资讯，而是泛指各类重要信息，当然其中也有与政治、外交和军事活动相关的内容。苏联解体以后，信息处理工作并未因此而受到明显影响，而是被新政府所承继，并且还出现了新的内容。苏联时期，信息的处置工作虽然在一定程度上依靠计算机等设备，但由于当时网络技术并未大范围应用，其影响也远没有现在大，故此当时的规范大多以信息处置的操作规范为主。苏联解体后的相当长一段时间内，俄罗斯仍然沿用着这样的思维模式，即使互联网应用出现了普及的趋势，但仍然以"信息"作为相关术语的核心。上述关键术语的解析中已经显露出这个问题，所解读概念之所以以"网络"作为相关术语的核心，是因为国际交流合作中"网络"相关术语已经逐渐成为共识，被国际社会广泛接受，故此俄罗斯在国际合作的相关文件中也顺应惯例使用了这些概念，但这并未从根本上改变其国内各类规范性文件中的表述。

五、中俄网络空间安全合作的建议

为了加强与俄方在网络安全领域的合作，求同存异，互通有无，资源共享，共同致力于国际网络安全规则的形成和共同防范网络威胁，立足于我国的根本利益、国家安全，积极寻求共赢的合作路径和模式，共同抵御来自网络空间的霸权主义和各种风险，共同构建和平、安全、开放、合作、有序的网络空间，紧密结

---

[1] 参见 http://wiki.informationsecurity.club/lib/exe/fetch.php/documents_all:russia-u_s_bilateral_on_terminology_rus.pdf，https://www.anti-malware.ru/news/2016-02-10/18049，http://sprotyv.info/ru/news/kiev/v-ssha-prinyali-zakon-o-kibersderzhivanii-i-otvetnyh-merah，https://ru.journal-neo.org/2014/05/29/kibersderzhivanie-kak-faktor-stabil-nosti-v-virtual-nom-prostranstve/，https://inosmi.ru/politic/20170109/238495388.html，2019年6月28日访问。

合中俄两国在互联网领域的发展需求和各自优势，本书提出如下建议。

1. 建立中俄两国在网络安全领域的长期对话机制

中俄两国在互联网领域各有所长，为了共同的利益和各自发展的需要应该建立起稳定的、长期的、务实的对话机制，互通有无，加深理解，为双方进行更广阔的合作奠定基础。网络空间的各种合作均需要通过"对话"来实现，而中俄两国在该领域的合作前景十分令人期待，合作空间将非常广阔，这就需要建立起通畅的沟通渠道和高效的对话机制。本书认为，现有的合作已经出现在两个层面上，一是政府间签订的合作协议，二是以中国网络空间安全协会和俄罗斯互联网安全联盟为代表的合作。这说明合作意向和框架已经基本形成，尚需在此框架内建立起稳定的对话机制。在该机制内应该拟定双方在网络空间安全领域合作的具体步骤及其时间节点，以此推动双方合作的进程。应尽快确定我国未来网络空间发展的阶段性目标，并将各个目标细化为具体的任务，根据任务目标来指引我们与俄罗斯进行对话的方向，力求能够解决现实问题，对互联网产业发展、网络安全、国家安全能够产生实质性的推动作用。

2. 建立打击网络犯罪的联动机制

网络犯罪能够突破国界，跨国网络犯罪的危害更是全球性的。为了更有力地打击网络犯罪，尤其是跨国网络犯罪，中俄两国有必要建立起防控网络犯罪的联动机制，共享信息，积极预防。网络犯罪可以在一国内实施并且影响本国某个主体的利益，其危害后果也可能会分散至世界各个角落，从而对不特定的对象产生现实危害。此外，跨国网络犯罪的惩治与预防更是需要多个国家，乃至全世界的共同努力，才能产生显著效果。中国与俄罗斯有着密切的地缘关系，对于协同打击网络犯罪既有需求，也有便利条件。建议两国在防控网络犯罪、刑事侦查、收集证据、共享犯罪信息、采取强制措施等方面建立起联动机制，互相协助、密切配合、积极反馈，共同打击网络犯罪，维护网络安全。两国尤其应该密切关注时下较为猖獗的电信网络诈骗犯罪、金融诈骗犯罪、网络盗版犯罪、网络色情犯罪等行为，应组织双方对此类犯罪进行专门研讨，充分交流经验，交换信息，对跨国有组织地实施上述犯罪行为的，应该开展联合行动，加大打击力度，还给网民一个清朗的网络空间。

3. 构建以中俄为核心的区域性恐怖主义防控体系

两国都在不同程度上面临着恐怖主义势力、宗教极端主义势力和民族极端主义势力的威胁，而且在地缘上还存在着千丝万缕的联系，相关极端组织之间也存在着各种联系，此类组织正在利用互联网进行非法宣传和联络，甚至发动网络恐怖袭击。鉴于此应该构建以中俄为核心的区域性恐怖主义防控体系，以维护两国及地区的和平与安宁。俄罗斯与中国都是多民族国家，地域辽阔，信仰也比较复杂，由于历史遗留等多方面的原因，两国都经受着恐怖主义势力的威胁，人民的生命财产安全也受到威胁，进而直接影响着国家的利益与安宁。俄罗斯的情况更为复杂，在俄罗斯关于网络空间发展与安全的重要政策性文件中，经常强调要杜绝恐怖主义、宗教极端主义和民族极端主义对社会秩序和国家安全的破坏，尤其是利用互联网实施的破坏活动。中国对此有着同样的需求，两国如能建立起共同打击恐怖主义势力的机制，尤其在打击网络恐怖主义方面充分合作，并与防控网络犯罪的行动协调一致，那将取得事半功倍的效果。

4. 强化网络主权共识，维护国家利益

《中华人民共和国网络安全法》已经将"网络空间主权"作为网络安全的重要价值目标，该法明确规定要维护我国网络空间主权。网络空间主权是一国国家主权在网络空间中的自然延伸和表现。习近平总书记曾指出，《联合国宪章》确立的主权平等原则是当代国际关系的基本准则，覆盖国与国交往的各个领域，其原则和精神也应该适用于网络空间。各国自主选择网络发展道路、网络管理模式、互联网公共政策和平等参与国际网络空间治理的权利应当得到尊重。俄罗斯也较早地把维护网络空间主权作为制定相关政策和进行国际交往合作的重要内容之一。中俄两国对网络主权的立场较为一致，当然也存在分歧。但基本精神是一致的，都是要宣示本国对本国网络的所有权和管辖权，要在网络空间延伸适用本国的法律，同时遵循国际法的相关准则。本书建议，本着求同存异的精神，可以在两国利益一致的范围内继续扩大共识，加强合作，减少分歧，共同防范利用互联网干涉国家内政、危害国家主权的行为，同时也包括防范那些利用网络推行政治与军事霸权的行为。

5. 加强中俄两国在制定国际网络行为规范方面的合作

网络安全国际规范的制定涉及所有接入互联网国家的利益。2011年和2015年曾经以中俄为核心的中亚各国向联合国递交了两次《信息安全国际行为准则》，是为参与国际网络规则制定的尝试。为了更多、更有效地参与国际网络安全规则的制定，维护国家的利益，有必要加强中俄两国在制定国际网络行为规范方面的合作，积极争取世界网络话语权。俄方认为，为了从根本上解决网络安全问题，应将网络管理权从国家层面提升到国际层面。网络安全问题应通过国际组织来解决，比如国际电信联盟和国际标准化组织。互联网的管理应该在联合国的框架内予以实现，而不应该属于某一个国家。虽然中国互联网应用发展极其迅速，但主要的网络资源仍然掌握在以美国为代表的发达国家手中，这使得中国在互联网产业的发展、国内外网络安全环境、国家主权和国家利益的维护等方面处于相对被动的地位。由此，应积极与包括俄罗斯在内的其他国家，以及相关国际组织合作，参与到国际互联网管理规则的制定中来，逐步扩大我国网络空间的国际影响力和话语权。

6. 加强中俄两国在网络软硬件和基础设施建设方面的合作

俄罗斯在计算机算法方面具有独特的优势，在工控网络建设方面也很有经验，此外俄罗斯还制定有相应的软件清单制度。这些正是我国互联网发展、维护国家安全所需要的，建议进一步强化两国在这方面的合作。2014 年克里米亚事件发生后，俄罗斯感觉到对西方软件产品依赖过大，不利于本国软件产业的发展，同时也会给国家网络安全带来隐患，于是开始倡导尽可能地使用本国软件产品，避免受制于西方。总统普京呼吁俄罗斯国内减少对国外科技公司产品的依赖，首都莫斯科市还要求把所有的微软软件替换为俄罗斯本国软件。俄罗斯政府还对在俄罗斯经营业务的美国软件公司提高税收，迫使对方的软件产品涨价，从而影响其市场占有率。俄罗斯已经开始研发适合本国使用的操作系统，以便逐渐摆脱对微软产品的依赖。本书建议，在操作平台研发方面可以借鉴俄罗斯的部分经验，另外也可以考虑建立国产软件清单制度，增加国产软件的市场占有率，同时也能减少使用外国软件的安全风险。此举的主要目的在于维护国家网络安全，而并非为了在软件市场制作"对抗"，正常的产品竞争是符合市场经济规律的，不应过多干预。

7. 加强中俄两国在网络安全监管机制方面的合作

对互联网进行监管已经成为世界各国的共识。俄罗斯对网络的监管非常重视，进行了大量立法，不仅对网络内容加强审查，而且还对网络数据处理、软件工具应用等进行了严格的管理。我国也同样面临网络信息安全的问题，因此建议积极推进两国在网络安全监管机制方面展开更广泛的合作。俄罗斯对互联网信息的监管一直很严格，与其配套的是一系列监管网络信息内容的法律法规，即所谓的监管法律依据。另外就是进行了执法权限的配置，即根据现有的法律法规，如何确定监管部门，如何在监管部门之间分配监管权限。俄罗斯颁布的《网络黑名单法》对网络监管的分工有明确的规定，从中我们可以看到俄罗斯采取的是多元监管与集中监管相结合的双层模式。此类经验非常值得我国借鉴。此外，《保护儿童免于遭受危害其健康和发展的信息侵害法》中确立的网络信息产品分级制度虽然暂时不符合我国的国情，但却可以作为信息监管的依据加以参考。在有害信息检索过滤技术方面，两国也存在相互合作的空间。

8. 加强中俄两国在个人信息保护方面的合作

个人信息安全是社会信息安全和国家信息安全的基础和前提。俄罗斯制定有专门的《个人数据法》，此外还有关于个人信息保护的大量法律、法规，例如《信息、信息技术和信息保护法》《大众传媒法》等。其中对电信、网络用户个人信息的保护提出了明确标准，把用户隐私数据保护置于重要地位。俄罗斯于 2015 年 9 月 1 日正式实施修订后的《个人数据法》，该项法律规定俄罗斯公民的个人信息数据只能存储于俄罗斯境内的服务器中，以实现数据本地化。任何收集俄罗斯公民个人信息的本国或者外国公司在处理与个人信息相关的数据，包括采集、积累和存储时，必须使用俄罗斯境内的服务器。该项法律中所指的个人信息，不止包括姓名、住址、出生日期等，而是与公民身份相关的任何信息。当公民进行跨境活动，接受来自境外的服务时，其个人数据可传输至境外暂存，当停止服务时应将该信息立即删除。俄罗斯个人信息保护专门立法与其他关联法律共同构成了保障个人信息安全的法律体系，需要说明的是，这些保护个人数据信息的举措已经被上升为维护国家安全的措施。这对我国当前个人信息保护问题较有借鉴价值，因此建议强化两国在这个领域的合作。

9. 加强中俄两国在网络新媒体、网络文化传播领域的合作

俄罗斯一直非常注重与其他国家在网络新媒体应用领域的合作，这也是利用互联网传播其民族文化的重要途径。在这个领域，俄罗斯采取的是两条线索并进的方式，主线是通过合作推广本民族文化的传播，副线是围绕文化传播推销其技术方案。其中副线常常是显性的，而主线则是相对隐性的。俄罗斯在各种政策性文件中曾不止一次强调，要在主流网络媒体中传播正能量的民族文化，抵御来自境外敌对势力的文化入侵，坚决防止互联网成为传播侵害国家民族文化的又一个阵地，进而加强对互联网应用和网络新媒体的管控。俄罗斯认为，来自西方社会负载其价值观的文化产品正在通过互联网大规模向俄罗斯传播，已经严重影响了青少年价值观和世界观的形成，正在不断弱化本国公民的爱国主义思想，因此应该采取积极措施扭转局势。我国正在积极推进网络文化走出国门、走向世界的进程，而且也面临与俄罗斯相似的境遇，完全可以考虑与俄罗斯在该领域的国际合作方向对接，促进民族文化的传播，增强相关领域的国际竞争力。

10. 构建有利于世界信息安全的中俄合作模式范例

互联网的无国界性意味着网络安全需要依靠世界各国共同努力才能实现，尤其是掌握网络前沿技术、支配主要网络资源的国家就显得更为重要。从互联网成为世界性重要资源的时刻起，其就已经被理解为影响国际关系的重要因素。互联网的无国界性正在逐渐改写地缘政治地图。本书认为，考虑我国利益和周边的安全，有必要在网络空间中建立起网络安全同盟圈，这个安全范围与地缘政治相关但又不依靠地缘。俄罗斯在网络安全方面与我国有着很多相同或相似的利益取向，可以在一定范围内与俄罗斯成为同盟伙伴。同时，上海合作组织、中亚五国、金砖国家、部分亚太组织成员国等，都可以通过对话扩大共识，在最大范围内打造网络安全的同盟圈。中俄的合作进程相对走得更远，也比较趋于成熟，虽然还处在积累经验、相互磨合的阶段，但其前景是比较乐观的。因此，本书建议把中俄网络空间安全国际合作的模式作为我国区域性或双边合作的范例，推广至与其他国家合作的过程中，在网络世界中逐步构建中国互联网安全圈。

总之，俄罗斯建立了严格的网络监管法律体系，同时非常注重网络安全的战略统筹和顶层设计，并积极开展网络空间的国际合作，维护其网络主权和国家利益。俄罗斯对内的审查监管力度很大。在俄罗斯看来，第一，网络活动应该符合俄罗斯的国家利益，以俄罗斯宪法和法律为准绳，网络活动应该符合其国家安全的要求，反对各种形式的恐怖主义、极端主义和分裂主义利用网络危害国家利益；第二，网络活动应该符合俄罗斯社会利益，有违社会主流价值观的色情、暴力、赌博等"网络毒品"在俄罗斯的危害性越来越大，必须对其进行清除，以维护社会文明与秩序；第三，网络活动应该符合公民的个人利益，凡是涉及网络诈骗、侵犯隐私、侮辱诽谤、侵犯个人信息安全等的行为都被归入禁止之列。俄罗斯对外的合作需求非常强烈。网络侵害遍布全球，单纯依靠自身力量难以解决，合作才是有效的解决途径。更为重要的是，为了不受网络霸权主义的侵害，维护自身利益，俄罗斯需要网络空间合作伙伴，既可以放大国际呼声，推动世界网络新秩序的形成，也可以相互协作，解决国内存在的技术和制度问题。从国际合作这个角度来看，我国同样也有这个需求，本书甚至认为，目前这种合作对我国更为有利。无论是从顶层设计，还是从国内立法来看，俄罗斯毕竟走在了我们前面，值得我们学习与借鉴的东西不少。但合作也应保持距离，俄罗斯的合作基础是自身利益的保障，因此两国在各个领域的合作也都是有限的。曾因被指控向中国出售情报而被判处叛国罪的波罗的海国立技术大学教授在乌里扬诺夫斯克州监狱死去，其核心证据虽然存在争议，但这个教授仍然被判罪名成立。中俄从世界大格局上来说，具备结成伙伴合作关系的基础和背景，但这种合作一定是分阶段的、有限范围内的合作。

六、结论

俄罗斯的网络安全战略从宏观上分为3个层次，分别是网络安全立法、网络安全政策和网络安全国际合作。每一个层次内部都自成体系，是为网络安全战略的微观层次。俄罗斯至今已经制定了很多的网络安全法律法规，从各个角度、各个领域调整互联网法律的关系。从保护个人数据信息权利到保障国家信息安全，从保障民生网络信息服务到保护国防军事信息基础设施，网络安全立法的调整范围非常广泛。在国家信息安全政策制定方面，俄罗斯从20世纪90年代开始制定相关的战略规划，直到2000年《俄罗斯联邦信息安全学说》的出台，标志着俄罗斯在信息安全领域已经迈进了新的时代。目前，俄罗斯已经审议通过了新版的《俄罗斯联邦信息安全学说》，并已经正式颁布实施。俄罗斯的信息安全国家政策指引着国内网络安全立法的基本方向，网络安全立法则在各自具体的领域内实现着国家政策的规划目标，信息安全政策发挥着指导国内立法和引领网络信息技术发展方向的作用，而网络安全立法则把信息安全政策在制度层面上落到实处。俄罗斯以网络立法和信息安全政策为依托，积极开展网络安全领域的国际合作，至今已经取得了初步的成效。俄罗斯通过推动国际网络行为规范的制定，加强网络安全技术交流，提升打击各类网络违法犯罪的水平等，来营造有利于俄罗斯国家利益的国际网络环境。俄罗斯在国际合作中的主要态度是，在维护国家网络主权的前提下，争取尽可能多的国家利益，以合作和发展为目的，避免对抗和冲突，不断增强技术力量，提高网络影响力。中国与俄罗斯近年来在网络安全方面的合作颇有进展，双方在相关联合声明中，表明了共同促进网络安全的愿望，并拟定了若干具体的实施方案，在网络安全方面进一步扩大了官方、学术界、产业界和民间的交往规模。俄罗斯的网络安全制度建设对于我国来说，具有一定的借鉴意义，尤其是在个人数据保护、网络信息安全立法方面。俄罗斯各种国家信息安全战略规划的制定，对于尚缺少网络安全顶层设计方略的我国来说，也有借鉴价值。

附录1 俄罗斯主要信息安全政策与法律法规概览

一、俄罗斯早期相关政策性文件

1. Концепция информатизации и формирования информационных рынков РФ (1991г.)

《俄罗斯联邦信息化和构建信息市场纲要》(1991年)

2. Государственная концепция информатизации РФ (1993—1995годы) (1992г.)

《俄罗斯联邦信息化国家纲要（1993—1995年)》(1992年)

3. Концепция правовой информатизации России (от 28 июня 1993 г. №966)

《俄罗斯法律信息化纲要》(1993年6月28日966号令)

4. Концепция единого информационного пространства России (Указ президента РФ от 01.07.1994 г. №1390)

《俄罗斯统一信息空间纲要》(1994年7月1日1390号总统令)

5. Концепция информационной безопасности Российской Федерации (1995г.)

《俄罗斯联邦信息安全纲要》(1995年)

6. Концепция развития законодательства РФ в сфере информации и информатизации (1995г.)

《俄罗斯联邦在信息和信息化领域立法发展纲要》(1995年)

7. Концепция использования результатов научно-технической деятельности созданных за счёт средств федерального бюджета (1996г.)

《对依靠联邦预算资金所创造的科技活动成果的利用纲要》(1996年)

8. Концепция создания единого информационного пространства стран СНГ (1997г.)

《独联体国家统一信息空间建设纲要》(1997年)

9. О правах и обязанностях по отношению к информационным ресурсам (положение правительства РФ №950 от 24 июля 1997 г.)

《关于获取信息资源的权利和义务》(1997年7月24日联邦政府950号决议)

10. О государственной политике по вовлечению в хозяйственный оборот результатов научно-технической деятельности объектов интеллектуальной собственности в сфере науки и технологий (1998г.)

《将科技活动成果和在科学、技术领域的知识产权客体投入经济流通领域的国家政策》(1998年)

11. О Формировании, использовании и защите государственных информационных ресурсов и систем в РФ (1998г.)

《国家信息资源和信息系统的形成、利用和保护》(1998年)

12. Положение об учёте и контроле за использованием государственных информационных ресурсов (1998г.)

《关于国家信息资源利用监督和统计的决定》(1998年)

13. Концепция государственной информационной политики (1998г.)

《国家信息政策纲要》(1998年)

14. Концепция формирования информационного общества в России (1999г.)

《俄罗斯建立信息社会纲要》(1999年)

15. Концепция управления государственными информационными ресурсами (1999г.)

《国家信息资源管理纲要》(1999年)

16. Концепция государственного регулирования негосударственными информационными ресурсами (1999г.)

《对于非国家信息资源的国家调节规划》(1999年)

二、2000年以后俄罗斯相关政策性文件

17. Доктрина информационной безопасности Российской Федерации (утверждена Президентом Российской Федерации В. Путиным 9 сентября 2000 г. № Пр-1895)

《俄罗斯联邦信息安全学说》(2000年9月9日普京1895号总统令颁行)

18. Концепция межведомственной программы Электронные библиотеки России (2000г.)

《俄罗斯联邦电子图书馆部际规划》(2000年)

19. Программа народного телефона РФ (2000г.)

《俄罗斯联邦人民电话计划》(2000年)

20. Совместная программа "Создание сети информационно-маркетинговых центров Беларуси и России и создание центров электронной торговли (2000г.)

《建立白俄罗斯和俄罗斯信息中心网络及电子商务中心联合规划》(2000年)

21. Концепция развития в России систем сетовой подвижной связи общего пользования на период до 2010 года（Одобрена решением Государственной комиссии по электросвязи 29 ноября 2000 г. №19）

《2010年前建立普遍利用的俄罗斯移动通信网络纲要》(2000年)

22. О федеральной целевой программе " Развитие единой образовательной информационной реды（2001—2005 годы)"（постановление Правительства РФ от 28.08.2001 г. №630)

《俄罗斯联邦发展统一的教育信息化环境规划（2001—2005年)》(2001年8月28日630号联邦政府令)

23. Программа развития Интернет РФ до 2005 года（2001г.)

《至2005年俄罗斯联邦互联网发展规划》(2001年)

24. Концепция информатизации России до 2010 года（2001г.)

《至2010年俄罗斯信息化纲要》(2001年)

25. Концепция развития рынка телекоммуникационных услуг РФ（2002г.)

《俄罗斯联邦远程通信服务市场发展纲要》(2002年)

26. Программа стандартизации в сфере информатизации на период 2002—2004 г.（2002г.)

《2002—2004年信息化领域标准化规划》(2002年)

27. Концепция реструктуризации организаций федеральной почтовой связи（2002г.)

《俄罗斯联邦邮政通信重组纲要》(2002年)

28. Концепция развития рынка телекоммуникационного оборудования Российской Федерации на 2002—2010 годы（2002г.)

《2002—2010年俄罗斯联邦远程通信设备市场发展纲要》(2002年)

29. Концепция развития рынка информационных технологий в Российской Федерации（2002г.)

《俄罗斯联邦信息技术市场发展纲要》(2002年)

30. Концепция создания автоматизированной системы "Государственный регистр населения"（2002г.)

《建立国家居民登记自动化系统纲要》(2002年)

31. Федеральная целевая программа "Электронная Россия（2002—2010）годы"（2002г.)

《"2002—2010年电子俄罗斯"联邦规划》(2002年)

32. Концепция совершенствования статистической деятельности в отрасли связи

и информатизации（2003г.）

《完善通信和信息化部门统计活动的纲要》（2003 年）

33. Концепция информационной безопасности сети связи общего пользования взаимоувязанной сети связи Российской Федерации（2003г.）

《俄罗斯联邦通信网络信息安全纲要》（2003 年）

34. Обеспечение доступа к нформации о деятельности правительства Российской Федерации и федеральных органов исполнительной власти（постановление правительства РФ от 12 февраля 2003 г. №98）

《保障获取联邦政府及联邦政权机关信息的决定》（2003 年 2 月 12 日 98 号联邦政府令）

35. Концепция использования информационных технологий в деятельности фелеральных органов государственной власти до 2010 года（одобрена распоряжением правительства Российской Федерации от 27 сентября 2004 г. №1244）

《至 2010 年前俄罗斯联邦国家机关信息技术利用纲要》（2004 年 9 月 27 日 1244 号联邦政府令）

36. Концепция фдеральной целевой программы "Культура России（2006—2010 годы）"（2005г.）

《俄罗斯联邦 2006—2010 年文化整体规划》（2005 年）

37. Концепция развития рынка услуг почтовой связи до 2010 года（2005г.）

《2010 年前邮政通信服务市场发展纲要》（2005 年）

38. Программы развития в Российской Федерации системы цифрового телевизионного вещания DVB（2005г.）

《俄罗斯联邦发展数字电视转播 DVB 系统规划》（2005 年）

39. Стратегия развития информационного общества в России（2006г.）

《俄罗斯信息社会发展战略》（2006 年）

40. Концепция федеральной целевой программы "Развитие телерадиовещания в Российской Федерации" 2007—2015 годы（2006г.）

《俄罗斯联邦无线电通信发展纲要（2007—2015 年）》（2006 年）

41. О мерах по обеспечению информационной безопасности Российской Федерации в сфере международного информационного обмена（2006г.）

《国际信息交换领域联邦信息安全保障措施》（2006 年）

42. Государственная программа "Создание в Российской Федерации технопарков в сфере высоких технологий"（одобрена распоряжением правительства Российской Федерации от 10 марта 2006 г.）

《在俄罗斯联邦建立高新技术科技园区的国家规划》(2006 年 3 月 10 日政府决议)

43. Стратегия Российской Федерации в области развития науки и инноваций на период до 2010 г. (2006г.)

《2010 年前俄罗斯联邦科技创新发展战略》(2006 年)

44. Концепция информационно-технологического обеспечения государственной деятельности и формирования электронного правительства (2006г.)

《国家活动的信息技术保障和建设电子政府纲要》(2006 年)

45. О создании национальной сети центров хранения данных и инфраструктуры их производства и эксплуатации (2006г.)

《数据保护、生产和加工的国家网络中心建设纲要》(2006 年)

46. О переходе к цифровому телевизионному вещанию и проекте концепции федеральной целевой программы развития цифрового телевизионного вещания в Российской Федерации (2006г.)

《向数字电视过渡及发展的联邦规划》(2006 年)

47. Об обновлении и развитии группировки гражданских спутниковых систем связи и вещания государственного назначения (2006г.)

《公民卫星通信系统分类的更新和发展规划》(2006 年)

48. О программе развитии инфраструктуры почтовой связи Российской Федерации до 2012 года (2006г.)

《2012 年前俄罗斯联邦邮政通信基础设施发展规划》(2006 年)

49. Стратегия развития информационного общества в Российской Федерации (Утверждена Президентом Российской Федерации В. Путиным 7 февраля 2008 г., № Пр-212)

《俄罗斯联邦信息社会发展战略》(2008 年 2 月 7 日 212 号总统令)

50. Стратегия национальной безопасности Российской Федерации до 2020 года (2009г.)

《俄罗斯联邦至 2020 年国家安全战略》(2009 年)

51. Государственной программы Российской Федерации "Информационное общество (2011—2020) годы" (утверждена распоряжением Правительства Российской Федерации от 20 октября 2010 г. № 1815-р)

《俄罗斯联邦信息社会 2011—2020 年国家规划》(2010 年 10 月 20 日 1815 号政府令)

52. Основные направления государственной политики в области обеспечения безопасности

автоматизированных систем управления производственными и технологическими процессами критически важных объектов инфраструктуры Российской Федерации（Утверждены Президентом Российской Федерации Д. Медведевым 3 февраля 2012 г. , № 803）

《俄罗斯联邦关于保障管理生产和技术过程关键性基础设施的自动化系统安全的国家政策基本方针》(2012 年 2 月 3 日 803 号令)

53. Основы государственной политики Российской Федерации в области международной информационной безопасности на период до 2020 года（Утверждены Президентом Российской Федерации В. Путиным 24 июля 2013 г. , № Пр-1753）

《俄罗斯联邦至 2020 年国际信息安全领域的国家政策纲要》(2013 年 7 月 24 日 1753 号总统令)

54. Концепция стратегии кибербезопасности Российской Федерации（На сайте Совета Федерации опубликована10 января 2014）

《俄罗斯联邦网络安全战略构想（草案）》(2014 年 1 月 10 日公布于联邦委员会官网)

55. Выписка из Концепции государственной системы обнаружения, предупреждения и ликвидации последствий компьютерных атак на информационные ресурсы Российской Федерации (Концепция утверждена Президентом Российской Федерации 12 декабря 2014 г. № К 1274)

《俄罗斯联邦关于国家预防和消除针对信息资源的计算机犯罪所导致后果的国家预警系统摘录》(2014 年 12 月 12 日 1274 号文件确认)

56. Доктрина информационной безопасности Российской Федерации

《俄罗斯联邦信息安全学说》(2016 年 12 月 5 日 646 号总统令批准)

三、俄罗斯相关立法

57. О средствах массовой информации（от 27 декабря 1991г. №2124-1）

《大众信息传媒法》(1991 年 12 月 27 日 2124 号令颁行)

58. О правовой охране программ для электронных вычислительных машин и баз данных（от 23 сентября 1992 г. №3523）

《计算机软件和数据库保护法》(1992 年 9 月 23 日 3523 号令)

59. О прворой охране топологий интегральных микросхем（от 23 сентября 1992г. №3526）

《集成电路拓扑图保护法》(1992 年 9 月 23 日 3526 号令)

60. Конституция Российской Федерации（от 12 декабря 1993г. ）

《俄罗斯联邦宪法》(1993 年 12 月 12 日通过)

61. О дополнительных гарантиях прав граждан на информацию (указ президента РФ от 31 декабря 1993г. №2334)

《公民信息权利补充保障规定》(1993 年 12 月 31 日 2334 号令)

62. Об информации, информатизации и защите информации (от 20 февраля 1995г. №24-ФЗ)

《信息、信息化和信息保护法》(1995 年 2 月 20 日 24 号令颁行)

63. Уголовный кодекс Российской Федерации (Глава 28. Преступления в сфере компьютерной информации) (от 13 июня 1996г. №63-ФЗ)

《俄罗斯联邦刑法典》第 28 章计算机信息领域的犯罪（1996 年 6 月 13 日 63 号令）

64. Закон о государственной тайне (от 6 октября 1997г. №131-ФЗ)

《国家秘密法》(1997 年 10 月 6 日 131 号令)

65. О почтовой связи (от 17 июля 1999г. №176-ФЗ)

《邮政法》(1999 年 7 月 17 日 176 号令颁行)

66. Об электронной торговле (от 6 июня 2001г. №1582)

《电子商务法》(2001 年 6 月 6 日 1582 号令)

67. Об электронной цифровой подписи (от 10 января 2002 г. №1-ФЗ)

《电子数字签名法》(2002 年 1 月 10 日 1 号令)

68. О тезническом регулировании (от 27 декабря 2002г. №184-ФЗ)

《技术调节法》(2002 年 12 月 27 日 184 号令)

69. О связи (от 7 июля 2003г. №126-ФЗ)

《通信法》(2003 年 7 月 7 日 126 号令颁行)

70. Об участии в международном информационном обмене (от 29 июня 2004 г. №58-ФЗ)

《国际信息交换法》(2004 年 6 月 29 日 58 号令颁行)

71. О коммерческой тайне (от 9 июля 2004 г. №98-ФЗ)

《商业秘密法》(2004 年 7 月 9 日 98 号令)

72. О перечне сведений, отнесенных к государственной тайне (указ президента РФ от 11 февраля 2006г. №90)

《国家秘密信息清单》(2006 年 2 月 11 日 90 号令)

73. Об информации, информационных технологиях и о зашите информации (от 27 июля 2006г. №149-ФЗ)

《信息、信息技术和信息保护法》(2006 年 7 月 27 日 149 号令颁行)

74. О персональных данных (от 27 июля 2006г. №152-ФЗ)

《个人数据法》(2006 年 7 月 27 日 152 号令)

75. Гражданский кодекс Российской Федерации (часть червёртая) (от 24 ноября 2006г.)

《俄罗斯联邦民法典》(第四部分，2006 年 11 月 24 日通过)

76. Концепция защиты персональных данных в информационных системах персональных данных оператора связи (2010г.)

《电信运营商信息系统中的个人数据保护规定》(2010 年)

77. Об обеспечении доступа к информации о деятельности государственных органов и органов местного самоуправления (от 9 февраля 2009 г. N 8-ФЗ)

《政府信息公开法》(2009 年 2 月 9 日 8 号令)

78. О защите детей от информации, причиняющей вред их здоровью и развитию (от 28 июля 2012г. №139-ФЗ)

《保护儿童免于遭受危害其健康和发展的信息侵害法》(2012 年 7 月 28 日 139 号令)

79. О внесении изменений в отдельные законодательные акты Российской Федерации по вопросам защиты интеллектуальных прав в информационно-телекоммуникационных сетях (от 2 июля 2013г. №187-ФЗ)

《俄罗斯联邦反盗版法案》(2013 年 7 月 2 日 187 号令)

80. Программа "Цифровая экономика Российской Федерации"

《俄罗斯联邦数字经济规划》(2017 年 7 月 28 日政府批准)

附录 2　《俄罗斯联邦信息安全学说》（原文）

ДОКТРИНА

информационной безопасности Российской Федерации

I. Общие положения

1. Настоящая Доктрина представляет собой систему официальных взглядов на обеспечение национальной безопасности Российской Федерации в информационной сфере.

В настоящей Доктрине под информационной сферой понимается совокупность информации, объектов информатизации, информационных систем, сайтов в информационно-телекоммуникационной сети "Интернет" (далее - сеть "Интернет"), сетей связи, информационных технологий, субъектов, деятельность которых связана с формированием и обработкой информации, развитием и использованием названных технологий, обеспечением информационной безопасности, а также совокупность механизмов регулирования соответствующих общественных отношений.

2. В настоящей Доктрине используются следующие основные понятия:

а) национальные интересы Российской Федерации в информационной сфере (далее - национальные интересы в информационной сфере) - объективно значимые потребности личности, общества и государства в обеспечении их защищенности и устойчивого развития в части, касающейся информационной сферы;

б) угроза информационной безопасности Российской Федерации (далее - информационная угроза) - совокупность действий и факторов, создающих опасность нанесения ущерба национальным интересам в информационной сфере;

в) информационная безопасность Российской Федерации (далее - информационная безопасность) - состояние защищенности личности, общества и государства от внутренних и внешних информационных угроз, при котором обеспечиваются реализация конституционных прав и свобод человека и гражданина, достойные качество и уровень жизни граждан, суверенитет, территориальная целостность и устойчивое социально-экономическое развитие Российской Федерации, оборона и безопасность государства;

г) обеспечение информационной безопасности - осуществление взаимоувязанных правовых, организационных, оперативно-разыскных, разведывательных, контрразведывательных, научно- технических, информационно-аналитических, кадровых, экономических и иных мер по прогнозированию, обнаружению, сдерживанию, предотвращению, отражению информационных угроз и ликвидации последствий их проявления;

д) силы обеспечения информационной безопасности - государственные органы, а также подразделения и должностные лица государственных органов, органов местного самоуправления и организаций, уполномоченные на решение в соответствии с законодательством Российской Федерации задач по обеспечению информационной безопасности;

е) средства обеспечения информационной безопасности - правовые, организационные, технические и другие средства, используемые силами обеспечения информационной безопасности;

ж) система обеспечения информационной безопасности - совокупность сил обеспечения информационной безопасности, осуществляющих скоординированную и спланированную деятельность, и используемых ими средств обеспечения информационной безопасности;

з) информационная инфраструктура Российской Федерации (далее - информационная инфраструктура) - совокупность объектов информатизации, информационных систем, сайтов в сети "Интернет" и сетей связи, расположенных на территории Российской Федерации, а также на территориях, находящихся под юрисдикцией Российской Федерации или используемых на основании международных договоров Российской Федерации.

3. В настоящей Доктрине на основе анализа основных информационных угроз и оценки состояния информационной безопасности определены стратегические цели и основные направления обеспечения информационной безопасности с учетом стратегических национальных приоритетов Российской Федерации.

4. Правовую основу настоящей Доктрины составляют Конституция Российской Федерации, общепризнанные принципы и нормы международного права, международные договоры Российской Федерации, федеральные конституционные законы, федеральные законы, а также нормативные правовые акты Президента Российской Федерации и Правительства Российской Федерации.

5. Настоящая Доктрина является документом стратегического планированияв сфере обеспечения национальной безопасности Российской Федерации, в котором

развиваются положения Стратегии национальной безопасности Российской Федерации, утвержденной Указом Президента Российской Федерации от 31 декабря 2015 г. № 683, а также других документов стратегического планирования в указанной сфере.

6. Настоящая Доктрина является основой для формирования государственной политики и развития общественных отношений в области обеспечения информационной безопасности, а также для выработки мер по совершенствованию системы обеспечения информационной безопасности.

II. Национальные интересы в информационной сфере

7. Информационные технологии приобрели глобальный трансграничный характер и стали неотъемлемой частью всех сфер деятельности личности, общества и государства. Их эффективное применение является фактором ускорения экономического развития государства и формирования информационного общества.

Информационная сфера играет важную роль в обеспечении реализации стратегических национальных приоритетов Российской Федерации.

8. Национальными интересами в информационной сфере являются:

а) обеспечение и защита конституционных прав и свобод человека и гражданина в части, касающейся получения и использования информации, неприкосновенности частной жизни при использовании информационных технологий, обеспечение информационной поддержки демократических институтов, механизмов взаимодействия государства и гражданского общества, а также применение информационных технологий в интересах сохранения культурных, исторических и духовно-нравственных ценностей многонационального народа Российской Федерации;

б) обеспечение устойчивого и бесперебойного функционирования информационной инфраструктуры, в первую очередь критической информационной инфраструктуры Российской Федерации (далее - критическая информационная инфраструктура) и единой сети электросвязи Российской Федерации, в мирное время, в период непосредственной угрозы агрессии и в военное время;

в) развитие в Российской Федерации отрасли информационных технологий и электронной промышленности, а также совершенствование деятельности производственных, научных и научно-технических организаций по разработке, производству и эксплуатации средств обеспечения информационной безопасности, оказанию услуг в области обеспечения информационной безопасности;

г) доведение до российской и международной общественности достоверной информации о государственной политике Российской Федерации и ее официальной позиции по социально значимым событиям в стране и мире, применение информационных технологий в целях обеспечения национальной безопасности Российской Федерации в области культуры;

д) содействие формированию системы международной информационной безопасности, направленной на противодействие угрозам использования информационных технологий в целях нарушения стратегической стабильности, на укрепление равноправного стратегического партнерства в области информационной безопасности, а также на защиту суверенитета Российской Федерации в информационном пространстве.

9. Реализация национальных интересов в информационной сфере направлена на формирование безопасной среды оборота достоверной информации и устойчивой к различным видам воздействия информационной инфраструктуры в целях обеспечения конституционных прав и свобод человека и гражданина, стабильного социально-экономического развития страны, а также национальной безопасности Российской Федерации.

III. Основные информационные угрозы и состояние информационной безопасности

10. Расширение областей применения информационных технологий, являясь фактором развития экономики и совершенствования функционирования общественных и государственных институтов, одновременно порождает новые информационные угрозы.

Возможности трансграничного оборота информации все чаще используются для достижения геополитических, противоречащих международному праву военно-политических, а также террористических, экстремистских, криминальных и иных противоправных целей в ущерб международной безопасности и стратегической стабильности.

При этом практика внедрения информационных технологий без увязки с обеспечением информационной безопасности существенно повышает вероятность проявления информационных угроз.

11. Одним из основных негативных факторов, влияющих на состояние информационной безопасности, является наращивание рядом зарубежных стран возможностей информационно-технического воздействия на информационную инфраструктуру в военных целях.

Одновременно с этим усиливается деятельность организаций, осуществляющих техническую разведку в отношении российских государственных органов, научных организаций и предприятий оборонно-промышленного комплекса.

12. Расширяются масштабы использования специальными службами отдельных государств средств оказания информационно-психологического воздействия, направленного на дестабилизацию внутриполитической и социальной ситуации в различных регионах мира и приводящего к подрыву суверенитета и нарушению территориальной целостности других государств. В эту деятельность вовлекаются религиозные, этнические, правозащитные и иные организации, а также отдельные группы граждан, при этом широко используются возможности информационных технологий.

Отмечается тенденция к увеличению в зарубежных средствах массовой информации объема материалов, содержащих предвзятую оценку государственной политики Российской Федерации.

Российские средства массовой информации зачастую подвергаются за рубежом откровенной дискриминации, российским журналистам создаются препятствия для осуществления их профессиональной деятельности.

Наращивается информационное воздействие на население России, в первую очередь на молодежь, в целях размывания традиционных российских духовно-нравственных ценностей.

13. Различные террористические и экстремистские организации широко используют механизмы информационного воздействия на индивидуальное, групповое и общественное сознание в целях нагнетания межнациональной и социальной напряженности, разжигания этнической и религиозной ненависти либо вражды, пропаганды экстремистской идеологии, а также привлечения к террористической деятельности новых сторонников. Такими организациями в противоправных целях активно создаются средства деструктивного воздействия на объекты критической информационной инфраструктуры.

14. Возрастают масштабы компьютерной преступности, прежде всего в кредитно-финансовой сфере, увеличивается число преступлений, связанных с нарушением конституционных прав и свобод человека и гражданина, в том числе в части, касающейся неприкосновенности частной жизни, личной и семейной тайны, при обработке персональных данных с использованием информационных технологий. При этом методы, способы и средства совершения таких преступлений становятся все изощреннее.

15. Состояние информационной безопасности в области обороны страны

характеризуется увеличением масштабов применения отдельными государствами и организациями информационных технологий в военно-политических целях, в том числе для осуществления действий, противоречащих международному праву, направленных на подрыв суверенитета, политической и социальной стабильности, территориальной целостности Российской Федерации и ее союзников и представляющих угрозу международному миру, глобальной и региональной безопасности.

16. Состояние информационной безопасности в области государственной и общественной безопасности характеризуется постоянным повышением сложности, увеличением масштабов и ростом скоординированности компьютерных атак на объекты критической информационной инфраструктуры, усилением разведывательной деятельности иностранных государств в отношении Российской Федерации, а также нарастанием угроз применения информационных технологий в целях нанесения ущерба суверенитету, территориальной целостности, политической и социальной стабильности Российской Федерации.

17. Состояние информационной безопасности в экономической сфере характеризуется недостаточным уровнем развития конкурентоспособных информационных технологий и их использования для производства продукции и оказания услуг. Остается высоким уровень зависимости отечественной промышленности от зарубежных информационных технологий в части, касающейся электронной компонентной базы, программного обеспечения, вычислительной техники и средств связи, что обусловливает зависимость социально-экономического развития Российской Федерации от геополитических интересов зарубежных стран.

18. Состояние информационной безопасности в области науки, технологий и образования характеризуется недостаточной эффективностью научных исследований, направленных на создание перспективных информационных технологий, низким уровнем внедрения отечественных разработок и недостаточным кадровым обеспечением в области информационной безопасности, а также низкой осведомленностью граждан в вопросах обеспечения личной информационной безопасности. При этом мероприятия по обеспечению безопасности информационной инфраструктуры, включая ее целостность, доступность и устойчивое функционирование, с использованием отечественных информационных технологий и отечественной продукции зачастую не имеют комплексной основы.

19. Состояние информационной безопасности в области стратегической стабильности и равноправного стратегического партнерства характеризуется

стремлением отдельных государств использовать технологическое превосходство для доминирования в информационном пространстве.

Существующее в настоящее время распределение между странами ресурсов, необходимых для обеспечения безопасного и устойчивого функционирования сети "Интернет", не позволяет реализовать совместное справедливое, основанное на принципах доверия управление ими.

Отсутствие международно-правовых норм, регулирующих межгосударственные отношения в информационном пространстве, а также механизмов и процедур их применения, учитывающих специфику информационных технологий, затрудняет формирование системы международной информационной безопасности, направленной на достижение стратегической стабильности и равноправного стратегического партнерства.

IV. Стратегические цели и основные направления обеспечения информационной безопасности

20. Стратегической целью обеспечения информационной безопасности в области обороны страны является защита жизненно важных интересов личности, общества и государства от внутренних и внешних угроз, связанных с применением информационных технологий в военно-политических целях, противоречащих международному праву, в том числе в целях осуществления враждебных действий и актов агрессии, направленных на подрыв суверенитета, нарушение территориальной целостности государств и представляющих угрозу международному миру, безопасности и стратегической стабильности.

21. В соответствии с военной политикой Российской Федерации основными направлениями обеспечения информационной безопасности в области обороны страны являются:

а) стратегическое сдерживание и предотвращение военных конфликтов, которые могут возникнуть в результате применения информационных технологий;

б) совершенствование системы обеспечения информационной безопасности Вооруженных Сил Российской Федерации, других войск, воинских формирований и органов, включающей в себя силы и средства информационного противоборства;

в) прогнозирование, обнаружение и оценка информационных угроз, включая угрозы Вооруженным Силам Российской Федерации в информационной сфере;

г) содействие обеспечению защиты интересов союзников Российской Федерации в информационной сфере;

д) нейтрализация информационно-психологического воздействия, в том числе направленного на подрыв исторических основ и патриотических традиций, связанных с защитой Отечества.

22. Стратегическими целями обеспечения информационной безопасности в области государственной и общественной безопасности являются защита суверенитета, поддержание политической и социальной стабильности, территориальной целостности Российской Федерации, обеспечение основных прав и свобод человека и гражданина, а также защита критической информационной инфраструктуры.

23. Основными направлениями обеспечения информационной безопасности в области государственной и общественной безопасности являются:

а) противодействие использованию информационных технологий для пропаганды экстремистской идеологии, распространения ксенофобии, идей национальной исключительности в целях подрыва суверенитета, политической и социальной стабильности, насильственного изменения конституционного строя, нарушения территориальной целостности Российской Федерации;

б) пресечение деятельности, наносящей ущерб национальной безопасности Российской Федерации, осуществляемой с использованием технических средств и информационных технологий специальными службами и организациями иностранных государств, а также отдельными лицами;

в) повышение защищенности критической информационной инфраструктуры и устойчивости ее функционирования, развитие механизмов обнаружения и предупреждения информационных угроз и ликвидации последствий их проявления, повышение защищенности граждан и территорий от последствий чрезвычайных ситуаций, вызванных информационно-техническим воздействием на объекты критической информационной инфраструктуры;

г) повышение безопасности функционирования объектов информационной инфраструктуры, в том числе в целях обеспечения устойчивого взаимодействия государственных органов, недопущения иностранного контроля за функционированием таких объектов, обеспечение целостности, устойчивости функционирования и безопасности единой сети электросвязи Российской Федерации, а также обеспечение безопасности информации, передаваемой по ней и обрабатываемой в информационных системах на территории Российской Федерации;

д) повышение безопасности функционирования образцов вооружения, военной и специальной техники и автоматизированных систем управления;

е) повышение эффективности профилактики правонарушений, совершаемых с использованием информационных технологий, и противодействия таким правонарушениям;

ж) обеспечение защиты информации, содержащей сведения, составляющие государственную тайну, иной информации ограниченного доступа и распространения, в том числе за счет повышения защищенности соответствующих информационных технологий;

з) совершенствование методов и способов производства и безопасного применения продукции, оказания услуг на основе информационных технологий с использованием отечественных разработок, удовлетворяющих требованиям информационной безопасности;

и) повышение эффективности информационного обеспечения реализации государственной политики Российской Федерации;

к) нейтрализация информационного воздействия, направленного на размывание традиционных российских духовно-нравственных ценностей.

24. Стратегическими целями обеспечения информационной безопасности в экономической сфере являются сведение к минимально возможному уровню влияния негативных факторов, обусловленных недостаточным уровнем развития отечественной отрасли информационных технологий и электронной промышленности, разработка и производство конкурентоспособных средств обеспечения информационной безопасности, а также повышение объемов и качества оказания услуг в области обеспечения информационной безопасности.

25. Основными направлениями обеспечения информационной безопасности в экономической сфере являются:

а) инновационное развитие отрасли информационных технологий и электронной промышленности, увеличение доли продукции этой отрасли в валовом внутреннем продукте, в структуре экспорта страны;

б) ликвидация зависимости отечественной промышленности от зарубежных информационных технологий и средств обеспечения информационной безопасности за счет создания, развития и широкого внедрения отечественных разработок, а также производства продукции и оказания услуг на их основе;

в) повышение конкурентоспособности российских компаний, осуществляющих деятельность в отрасли информационных технологий и электронной промышленности, разработку, производство и эксплуатацию средств обеспечения информационной безопасности, оказывающих услуги в области обеспечения информационной безопасности, в том числе за счет создания благоприятных условий для осуществления деятельности на территории Российской Федерации;

г) развитие отечественной конкурентоспособной электронной компонентной базы и технологий производства электронных компонентов, обеспечение потребности внутреннего рынка в такой продукции и выхода этой продукции на мировой рынок.

26. Стратегической целью обеспечения информационной безопасности в области науки, технологий и образования является поддержка инновационного и ускоренного развития системы обеспечения информационной безопасности, отрасли информационных технологий и электронной промышленности.

27. Основными направлениями обеспечения информационной безопасности в области науки, технологий и образования являются:

а) достижение конкурентоспособности российских информационных технологий и развитие научно-технического потенциала в области обеспечения информационной безопасности;

б) создание и внедрение информационных технологий, изначально устойчивых к различным видам воздействия;

в) проведение научных исследований и осуществление опытных разработок в целях создания перспективных информационных технологий и средств обеспечения информационной безопасности;

г) развитие кадрового потенциала в области обеспечения информационной безопасности и применения информационных технологий;

д) обеспечение защищенности граждан от информационных угроз, в том числе за счет формирования культуры личной информационной безопасности.

28. Стратегической целью обеспечения информационной безопасности в области стратегической стабильности и равноправного стратегического партнерства является формирование устойчивой системы неконфликтных межгосударственных отношений в информационном пространстве.

29. Основными направлениями обеспечения информационной безопасности в области стратегической стабильности и равноправного стратегического партнерства являются:

а) защита суверенитета Российской Федерации в информационном пространстве посредством осуществления самостоятельной и независимой политики, направленной на реализацию национальных интересов в информационной сфере;

б) участие в формировании системы международной информационной безопасности, обеспечивающей эффективное противодействие использованию информационных технологий в военно-политических целях, противоречащих международному праву, а также в террористических, экстремистских, криминальных и иных противоправных целях;

в) создание международно-правовых механизмов, учитывающих специфику информационных технологий, в целях предотвращения и урегулирования межгосударственных конфликтов в информационном пространстве;

г) продвижение в рамках деятельности международных организаций позиции Российской Федерации, предусматривающей обеспечение равноправного и взаимовыгодного сотрудничества всех заинтересованных сторон в информационной сфере;

д) развитие национальной системы управления российским сегментом сети "Интернет".

V. Организационные основы обеспечения информационной безопасности

30. Система обеспечения информационной безопасности является частью системы обеспечения национальной безопасности Российской Федерации.

Обеспечение информационной безопасности осуществляется на основе сочетания законодательной, правоприменительной, правоохранительной, судебной, контрольной и других форм деятельности государственных органов во взаимодействии с органами местного самоуправления, организациями и гражданами.

31. Система обеспечения информационной безопасности строится на основе разграничения полномочий органов законодательной, исполнительной и судебной власти в данной сфере с учетом предметов ведения федеральных органов государственной власти, органов государственной власти субъектов Российской Федерации, а также органов местного самоуправления, определяемых законодательством Российской Федерации в области обеспечения безопасности.

32. Состав системы обеспечения информационной безопасности определяется Президентом Российской Федерации.

33. Организационную основу системы обеспечения информационной безопасности составляют: Совет Федерации Федерального Собрания Российской Федерации, Государственная Дума Федерального Собрания Российской Федерации, Правительство Российской Федерации, Совет Безопасности Российской Федерации, федеральные органы исполнительной власти, Центральный банк Российской Федерации, Военно-промышленная комиссия Российской Федерации, межведомственные органы, создаваемые Президентом Российской Федерации и Правительством Российской Федерации, органы исполнительной власти субъектов Российской Федерации, органы местного самоуправления, органы судебной власти, принимающие в соответствии с законодательством Российской Федерации участие в решении задач по обеспечению информационной безопасности.

Участниками системы обеспечения информационной безопасности являются: собственники объектов критической информационной инфраструктуры и организации, эксплуатирующие такие объекты, средства массовой информации и массовых коммуникаций, организации денежно-кредитной, валютной, банковской и иных сфер финансового рынка, операторы связи, операторы информационных систем, организации, осуществляющие деятельность по созданию и эксплуатации информационных систем и сетей связи, по разработке, производству и эксплуатации средств обеспечения информационной безопасности, по оказанию услуг в области обеспечения информационной безопасности, организации, осуществляющие образовательную деятельность в данной области, общественные объединения, иные организации и граждане, которые в соответствии с законодательством Российской Федерации участвуют в решении задач по обеспечению информационной безопасности.

34. Деятельность государственных органов по обеспечению информационной безопасности основывается на следующих принципах:

а) законность общественных отношений в информационной сфере и правовое равенство всех участников таких отношений, основанные на конституционном праве граждан свободно искать, получать, передавать, производить и распространять информацию любым законным способом;

б) конструктивное взаимодействие государственных органов, организаций и граждан при решении задач по обеспечению информационной безопасности;

в) соблюдение баланса между потребностью граждан в свободном обмене информацией и ограничениями, связанными с необходимостью обеспечения национальной безопасности, в том числе в информационной сфере;

г) достаточность сил и средств обеспечения информационной безопасности, определяемая в том числе посредством постоянного осуществления мониторинга информационных угроз;

д) соблюдение общепризнанных принципов и норм международного права, международных договоров Российской Федерации, а также законодательства Российской Федерации.

35. Задачами государственных органов в рамках деятельности по обеспечению информационной безопасности являются:

а) обеспечение защиты прав и законных интересов граждан и организаций в информационной сфере;

б) оценка состояния информационной безопасности, прогнозирование и обнаружение информационных угроз, определение приоритетных направлений их предотвращения и ликвидации последствий их проявления;

в) планирование, осуществление и оценка эффективности комплекса мер по обеспечению информационной безопасности;

г) организация деятельности и координация взаимодействия сил обеспечения информационной безопасности, совершенствование их правового, организационного, оперативно-разыскного, разведывательного, контрразведывательного, научно-технического, информационно-аналитического, кадрового и экономического обеспечения;

д) выработка и реализация мер государственной поддержки организаций, осуществляющих деятельность по разработке, производству и эксплуатации средств обеспечения информационной безопасности, по оказанию услуг в области обеспечения информационной безопасности, а также организаций, осуществляющих образовательную деятельность в данной области.

36. Задачами государственных органов в рамках деятельности по развитию и совершенствованию системы обеспечения информационной безопасности являются:

а) укрепление вертикали управления и централизация сил обеспечения информационной безопасности на федеральном, межрегиональном, региональном, муниципальном уровнях, а также на уровне объектов информатизации, операторов информационных систем и сетей связи;

б) совершенствование форм и методов взаимодействия сил обеспечения информационной безопасности в целях повышения их готовности к противодействию информационным угрозам, в том числе путем регулярного проведения тренировок (учений);

в) совершенствование информационно-аналитических и научно-технических аспектов функционирования системы обеспечения информационной безопасности;

г) повышение эффективности взаимодействия государственных органов, органов местного самоуправления, организаций и граждан при решении задач по обеспечению информационной безопасности.

37. Реализация настоящей Доктрины осуществляется на основе отраслевых документов стратегического планирования Российской Федерации. В целях актуализации таких документов Советом Безопасности Российской Федерации определяется перечень приоритетных направлений обеспечения информационной безопасности на среднесрочную перспективу с учетом положений стратегического прогноза Российской Федерации.

38. Результаты мониторинга реализации настоящей Доктрины отражаются в ежегодном докладе Секретаря Совета Безопасности Российской Федерации Президенту Российской Федерации о состоянии национальной безопасности и мерах по ее укреплению.

附录3 《俄罗斯联邦信息安全学说》(译文)

一、总则

1. 本学说是俄罗斯联邦在信息领域保障国家安全的官方观点汇总。本学说涵盖信息总体、信息客体、信息系统、互联网、通信网络、信息技术、与信息使用和研发相关的行为主体、与发展和利用上述信息技术相关的主体、与保障信息安全相关的主体以及相应的社会关系调整机制。

2. 本学说使用了以下基本概念。

(1) 俄罗斯联邦在信息领域的国家利益(以下简称"信息领域的国家利益")是指在保障信息领域安全与稳定发展中,个人、社会和国家客观上的重要需求。

(2) 俄罗斯联邦面临的信息安全威胁(以下简称"信息威胁")是指在信息领域致使产生危害国家利益危险的各种行为和因素。

(3) 俄罗斯联邦信息安全(以下简称"信息安全")是指个人、社会和国家免遭国内外信息威胁的防护态势,在遭到威胁的情况下保障个人和公民实现其宪法赋予的权利与自由,保障公民的生活质量和水平,维护俄罗斯联邦国家主权和领土完整、社会经济稳定发展,巩固国防和保护国家安全。

(4) 信息安全保障是指在以下方面要相互协调:法律、组织、业务研究、侦查、反侦查、科技、信息分析、专业人才、经济以及在预警、检测、遏制、预防、反击信息威胁和消除其后果影响等方面的措施。

(5) 信息安全保障力量是指国家机关以及国家机关有关部门及公务员、地方自治管理机关和根据俄罗斯联邦立法授权而执行保障信息安全任务的组织。

(6) 信息安全保障手段是指法律的、组织的、技术的和其他使用信息安全保障力量的手段。

(7) 信息安全保障体系是指运用信息安全保障手段实现计划性协调行动的各种信息安全保障力量的总和。

(8) 俄罗斯联邦的信息基础设施(以下简称"信息基础设施")是指设置在俄联邦领土上的,以及位于俄联邦司法管辖领土范围内的,或依据俄联邦签署的国际协议使用的全部信息化项目、信息系统、互联网和通信网络。

3. 本学说根据俄联邦国家战略优先权，基于对主要信息威胁的分析和对信息安全态势的评估，确定信息安全保障的战略目标和根本方针。

4. 本学说的法律依据是俄罗斯联邦宪法、国际法和俄罗斯签署的国际条约公认的原则、联邦宪法性法律、联邦法律、联邦总统和政府颁布的规范性法律文件。

5. 本学说是俄联邦信息安全保障领域的战略规划性文件，它发展了2015年12月31日俄联邦总统683号令批准的俄联邦国家安全战略，以及其他信息安全领域的战略规划文件。

6. 本学说是信息安全领域制定国家政策和发展社会关系的基础，也是制定完善信息安全保障体系措施的依据。

二、信息领域的国家利益

7. 信息技术具有全球性、跨国界的特点，并成为个人、社会和国家全部活动不可分割的一部分。信息技术的有效利用将加速国家经济发展，推动信息社会的形成。

信息领域在保障实现俄联邦国家战略优先权方面发挥着重要的作用。

8. 信息领域的国家利益包括：

（1）保障和保护宪法赋予个人和公民在获取和使用信息方面的权利和自由，保障在使用信息技术时个人生活不受侵犯，保障信息技术对民主制度、国家与公民社会相互协调的机制的支撑，以及通过使用信息技术保护俄联邦各民族人民的文化、历史、民族精神和道德；

（2）无论是在和平时期、遭受侵略直接威胁的情况下，亦或在战时，都要保障信息基础设施的稳定和持续运行，首先保障俄联邦的关键信息基础设施（以下简称"关键信息基础设施"）安全和俄联邦电信网络的安全；

（3）发展俄联邦的信息技术行业和电子产业，完善生产、科研活动、科技组织的研发活动，生产和使用信息安全保障设备，为保障信息安全领域提供服务；

（4）准确地将俄罗斯联邦的国家政策和对国内外重要社会事件的官方立场传达到俄罗斯社会和国际社会，运用信息技术保障俄罗斯文化领域的国家安全；

（5）促进国际信息安全体系的建立，抵御以信息技术破坏战略平衡的威胁，加强在信息安全领域平等的战略伙伴关系，保护俄罗斯联邦在信息空间的主权。

9. 为了实现信息领域的国家利益，就要形成可信的信息交互环境，要有稳定应对各类影响的信息基础设施，以便保障宪法赋予个人和公民的权利与自由，保障国家社会经济稳定发展以及俄罗斯国家安全。

三、主要的信息威胁与信息安全状况

10. 信息技术的使用日趋广泛，已经成为发展经济、完善社会职能和国家制度的因素，但同时也引发新的信息威胁。

信息的跨境流动的复杂性越来越多地被用于达成地缘政治与违反国际法的军事政治、恐怖主义、极端主义、犯罪和其他违法目的，进而损害国际安全和战略平衡。

鉴于此，对信息技术的应用若不与保障信息安全紧密结合，则必然会提高信息威胁出现的概率。

11. 影响信息安全态势的消极因素之一是，一些国家利用信息技术对军事用途的信息基础设施进行攻击的可能性与日俱增。

同时，一些组织对俄罗斯的国家机关、科研机构和国防工业企业的技术刺探活动也在加强。

12. 个别国家扩大特别服务的范围，作为施加信息心理影响的手段，旨在破坏世界各地区的政治与社会局势，颠覆其他国家主权，破坏其他国家的领土完整。参与到此类活动中的有宗教组织、种族势力、人权组织和其他组织等，以及一些个别的公民团体，因此信息技术被广泛使用。

国外大众传媒中对俄罗斯国家政策进行偏见性报道的趋势正在上升。

俄罗斯大众传媒经常在境外遭到露骨的歧视，使俄罗斯媒体记者从事职业活动也受到影响。

信息对俄罗斯民众的影响也在增加，首先就是针对青年人，目的在于弱化他们的俄罗斯传统道德价值观。

13. 各种恐怖主义组织和极端主义组织广泛利用信息对个人、团体和社会意识的影响机制，加剧民族间和社会的紧张对立，煽动宗教与民族的仇恨或敌意，宣传极端主义意识形态，甚至拉拢新的追随者参与恐怖活动。此类组织还采取积极手段破坏关键信息基础设施。

14. 计算机犯罪大规模增长，首先是在金融信贷领域。侵犯个人和公民宪法性权利与自由的犯罪数量在不断增加，其中包括利用信息技术处理个人数据，侵犯私生活、个人及家庭秘密的行为。此类犯罪的方式、方法和手段也变得越来越狡猾。

15. 国防领域的信息安全状况呈现如下特点：个别国家和组织将信息技术用于军事政治目的的范围有扩大的趋势，其中包括违法颠覆俄罗斯及其盟国的主权、破坏政治与社会稳定、破坏领土完整等违反国际法的行为，威胁国际和平、全球及地区安全。

16. 国家与社会的信息安全形势日趋复杂，对关键信息基础设施的计算机攻击规模越来越大，外国针对俄罗斯的侦察活动也在加强，利用信息技术损害俄罗斯的主权、领土完整、政治和社会稳定的威胁也在不断增加。

17. 经济领域的信息安全状况是，有竞争力的信息技术发展水平不高以及应用其生产产品与提供服务的能力不足。民族工业对国外信息技术的依赖程度很高，尤其是相关的电子设备、程序保障、计算技术和通信设备等，这就使得俄罗斯的社会经济发展水平受制于外国地缘政治利益。

18. 科技教育领域的信息安全状况是，有发展前景的信息技术科研效能不足，国内研发水平较低，信息安全保障人才不足，公民保护个人信息安全的意识不高。在此种情况下，保障信息基础设施的安全，包括信息的完整性、可用性和稳定性，使用国产信息技术和安全产品常常缺乏配套基础。

19. 战略平衡与平等战略伙伴关系方面的信息安全状况是，个别国家利用技术优势谋取信息空间的霸权。

目前国家间资源的分配方式对于保障互联网安全和稳定运行是必要的，但其并非是在基于信任原则下的共同的公正管理模式。

缺乏调整信息空间关系的国际法规范，缺少充分体现信息技术特点的使用机制与程序，因此难以建立起保障战略平衡和平等战略伙伴关系的国际信息安全体系。

四、保障信息安全的战略目标及主要方针

20. 保障国防领域信息安全的战略目标如下：保护个人、社会和国家的重要利益，免受国内外将信息技术用于军事政治目的等违反国际法行为的威胁，其中包括颠覆国家主权、破坏领土完整、威胁国际和平、安全与战略平衡的敌对行为和侵略行为。

21. 根据俄联邦的军事政策，保障国防领域信息安全的主要方针是：

（1）保持战略威慑和预防因使用信息技术而引发的军事冲突；

（2）完善俄联邦武装力量、其他部队、军事单位和机关的信息安全保障系统，包括自身信息对抗力量与手段；

（3）预警、发现和评估信息威胁，包括俄联邦武装力量在信息领域面临的威胁；

（4）促进保障俄罗斯盟国在信息空间的利益；

（5）消除信息心理影响，包括消除有害于保卫祖国的历史根基和爱国主义传统。

22. 保障国家和社会信息安全领域的战略目标是：保卫国家主权，保持政治和

社会稳定，保护俄罗斯的领土完整，保障个人与公民的基本权利和自由，以及保护关键信息基础设施。

23. 保障国家和社会信息安全领域的主要方针是：

（1）反对利用信息技术宣传极端主义意识形态、散布排外主义和民族主义思想，反对损害国家主权、政治和社会稳定、强制改变宪法制度和破坏俄联邦领土完整的行为；

（2）制止外国特种部队、组织乃至个人运用技术手段和信息技术从事损害俄联邦国家安全的活动；

（3）提高关键信息基础设施的防御能力和运行稳定性，发展信息威胁的预警机制和检测机制，以及消除影响的机制，提高公民保护能力和领土防御能力，避免因信息技术引发的对关键基础设施造成突发事件的影响；

（4）提高关键信息基础设施项目的安全性，其中包括保障国家机关稳定协同运转，不允许外国对这些项目进行监控，保障其运行的完整性和稳定性，保障俄联邦电信网络的安全，以及在该网络中传输信息的安全，保障俄罗斯领土上各种信息系统的信息安全；

（5）提高各种武器、军事技术和特种技术与自动化管理系统的安全性；

（6）提高预防利用信息技术实施违法行为的效能，有效防范此类违法犯罪行为；

（7）加强对含有国家秘密的信息的保护以及禁止传播的信息的监管，这需要依托相关信息技术保障能力的提升；

（8）完善产品生产和安全使用的方式、方法，扶持使用国内研发且能够满足信息安全要求的信息安全技术与产品；

（9）提高实现俄罗斯联邦国家政策信息保障的效率；

（10）消除淡化俄罗斯传统精神道德和价值观的信息影响。

24. 保障经济领域信息安全的战略目标是：将由于使用国产信息技术和电子工业发展水平不高而产生的消极因素的影响降至最低，研制和生产有竞争力的信息安全保障设备，提高在信息安全保障领域提供服务的规模和质量。

25. 保障经济领域信息安全的主要方针是：

（1）创新发展信息技术和电子工业部门，增加此类部门在国内总产品以及国家出口结构中的数量份额；

（2）通过组建、发展和广泛应用本国研发项目，包括利用其生产的产品和提供的服务，来消除国内工业对国外信息技术和信息安全设备的依赖；

（3）提高俄罗斯信息技术和电子工业企业的竞争力，提高研发、生产和使用信息安全保障设备企业的竞争力以及在信息安全保障领域提供服务的企业的竞争力，包括为在俄罗斯领土上进行科研和生产创造有利条件；

（4）发展具有竞争力的本国电子元件基地和电子元件生产技术工艺，保障国内市场对此类产品的需求以及国际市场对其出口的需求。

26．保障科技教育领域信息安全的战略目标是，支持创新，加快发展信息安全保障系统、信息技术和电子工业。

27．保障科技教育领域信息安全的主要方针是：

（1）使俄罗斯的信息技术获得竞争能力，发展信息安全保障领域的科学技术潜力；

（2）创新和应用原有的能够有效应对各种情况的信息技术；

（3）进行科学研究，转换研发成果，创造有发展前景的信息技术和信息安全保障设备；

（4）在信息技术应用领域和信息安全保障领域发挥人员的潜力；

（5）保障公民免遭信息安全威胁，这就要求培养个人的信息安全素养。

28．保障战略平衡和平等战略伙伴领域的信息安全战略目标是，在信息空间形成稳定的非冲突的国家间关系。

29．保障战略平衡和平等战略伙伴关系方面信息安全的主要方针是：

（1）通过在信息领域独立自主地实现国家利益之政策，来保卫俄罗斯联邦信息空间的主权；

（2）参与国际信息安全体系建设，该体系应有效抵御违反国际法使用信息技术于军事政治之目的，以及有效防范恐怖主义、极端主义、犯罪活动和其他违法活动；

（3）根据信息技术的特点建立国际法律机制，以预防和调整信息空间中国家间的冲突；

（4）在国际组织活动框架内推广俄罗斯的立场与观点，保障在信息领域所有感兴趣的方面开展平等互利的合作；

（5）发展俄罗斯互联网的国家管理系统。

五、保障信息安全的组织基础

30．信息安全保障体系是俄罗斯国家安全保障体系的一部分。

保障信息安全需要依托于立法、司法、检察、审判、监督以及国家机关其他形式的活动相结合，同时与地方自治管理机关、组织和公民相配合。

31．信息安全保障系统的建设依据立法机关、执法机构和审判机关在该领域职权的划分，同时还要考虑俄联邦国家政府机关、俄联邦主体国家政府机关以及在信息安全领域俄联邦法律认可的地方自治机关管辖的对象。

32. 信息安全保障体系的构成由俄罗斯联邦总统决定。

33. 信息安全保障体系的组织基础由下列部门构成：俄联邦会议委员会、俄联邦会议国家杜马、俄联邦政府、俄联邦安全委员会、俄联邦政府执行机关、俄联邦中央银行、俄联邦军事工业委员会、俄罗斯总统和俄罗斯政府协调机关、俄联邦主体执行机关、地方自治管理机关、依据俄联邦法律参与解决信息安全保障任务的司法机关。

信息安全保障体系的参与者是：关键信息基础设施项目的所有者及运营者，大众传媒，金融信贷组织，外汇部门，银行和其他金融市场领域，通信操作员，信息系统操作员，创建和运营信息系统和通信网络的组织，研发、生产和运营信息安全保障设备的组织，在信息安全保障领域提供服务的组织，在信息安全领域从事教育活动的组织，其他依据俄联邦法律参与信息安全保障工作的社会团体、组织和公民。

34. 国家机关信息安全保障工作遵循以下原则：

（1）信息领域各种社会关系应具有合法性，所有参与此类社会关系的主体享有宪法赋予的平等地位，公民有权以任何合法之方式搜索、获取、转发、生产和传播信息；

（2）国家机关、组织和公民在执行信息安全保障任务时应相互配合；

（3）在信息领域，应在公民自由交换信息的需求与保障国家安全的必要限度之间保持平衡；

（4）通过对信息威胁的实时监控来确定足够的保障信息安全的设备和力量；

（5）遵守公认的国际法准则和规范，遵守俄联邦签署的国际条约，以及俄罗斯联邦的立法。

35. 国家机关在保障信息安全工作中的任务：

（1）保障公民和组织在信息领域的权利和法益；

（2）评估信息安全状况，预警和发现信息威胁，确定威胁的主要方向，预防和消除其后果影响；

（3）计划、实施和评估信息安全保障系列措施的有效性；

（4）组织和协调信息安全保障力量，完善其法律、组织、业务搜索、侦查、反侦查、科技、信息分析、人员和经济等方面的保障措施；

（5）针对研发、生产和运营信息安全保障设备的组织，以及在信息安全保障领域提供服务和从事教育活动的组织，制定和落实国家扶持措施。

36. 国家机关在发展和完善信息安全保障体系方面的任务：

（1）在联邦、区域间、地区、市政层面，以及在信息化项目、信息系统和通信网络人员层面加强垂直管理和集中力量保障信息安全；

（2）完善信息安全保障力量相互协调的形式和方法，以提高其对抗信息威胁的准备能力，其中包括定期进行演练（学习）；

（3）从信息分析和科学技术方面完善信息安全保障体系的功能；

（4）提高国家机关、地方自治管理机关、组织和公民在执行信息安全保障任务时相互协同的效率。

37. 本学说的实现依托于俄罗斯联邦战略规划性文件，为了落实俄罗斯联邦安全委员会的相关文件，应在俄罗斯联邦战略预测的基础上确定保障信息安全主要方向的中期目标清单。

38. 本学说的落实结果将反映在俄联邦安全委员会秘书写给俄罗斯总统的关于国家安全态势及其强化措施的年度报告中。